———— • 書系緣起 • ————

早在二千多年前，中國的道家大師莊子已看穿知識的奧祕。
莊子在《齊物論》中道出態度的大道理：莫若以明。

**莫若以明是對知識的態度，而小小的態度往往成就天淵之別
的結果。**

「樞始得其環中，以應無窮。是亦一無窮，非亦一無窮也。
故曰：莫若以明。」

是誰或是什麼誤導我們中國人的教育傳統成為閉塞一族？答
案已不重要，現在，大家只需著眼未來。

共勉之。

大思考
微解說

150個擺脫偏見的思考準則

THIS WILL MAKE YOU SMARTER

BY JOHN BROCKMAN

New Scientific Concepts to Improve Your Thinking

約翰·柏克曼——編著

楊晴、顏慧儀、柯乃瑜——譯

目錄

16

前言

大衛・布魯克斯（DAVID BROOKS）

《紐約時報》專欄作家，著有《社會性動物：愛、性格與成就的來源》（*The Social Animal*）

　　每個時代都有屬於那個時代的活躍知識分子。二十世紀初倫敦有「布魯姆斯伯里藝文圈」（Bloomsbury Group）；一九五〇年代則有替《黨派評論》（*Partisan Review*）這類「小雜誌」撰稿的紐約知識分子；而我們這個時代最有影響力的思想家，是認知科學、演化心理學和資訊科技的核心人物。這群閃爍著光芒的思想家，受到丹尼爾・康納曼（Daniel Kahneman）、諾姆・喬姆斯基（Noam Chomsky）、艾德華・奧斯本・威爾森（E. O. Wilson）、史迪芬・平克（Steven Pinker）、史帝夫・賈伯斯（Steve Jobs）和謝爾蓋・布林（Sergey Brin）等人的影響，在豎立當代思想風氣上貢獻卓著。他們提出根本的問題，並跨出自己的學術象牙塔，到公共領域中引發大眾的思辯。

　　當中多位領袖人物都會在本書中登場；他們實在幸運，生逢蓬勃領域的萌芽之時，又有機會彼此切磋。擅長跨知識場域的出版經紀人約翰・柏克曼舉辦了高峰會來邀集這群人。他還籌備了座談會，鼓勵線上交流，透過 Edge.org 讓各界人才共襄盛舉；更重要的是，他邀請學者們走出學術的象牙塔，鼓勵他們與不同領域的人士互動，與企業總裁對談，與普羅大眾交流。

　　高等學術機構的研究規範是重要基石，力求方法上的嚴謹，但並非真的與現實聯結（為何關心內在人生的領域叫做心理學，而另一個關心外在人生的領域叫社會學？這兩者之間的差異或許並不大，還很容易互相穿透？）如果人生要有靈活的智慧，總得有人把學者拖出他們的小圈子，而柏克曼就是藉由 Edge 辦到了。

　　你手上的這本書會帶來兩種影響，一種是潛在的，一種是實質的。你會受到它的潛移默化，徹底窺見當今世界上某些頂尖思想家所著迷的事，注意到他們對於科技如何改變文化和交流而感到樂觀（或焦慮）；也會觀察到他們頻頻渴望超越演繹推理，出現更嚴謹的整體性思維，或突發奇想；還會察覺出這群人的

真性情。有這類素養的人，熱衷精巧的謎題，酷愛有趣的提問。本華·曼德博（Benoit Mandelbrot）早早即提出他那最知名的問題：「英國的海岸線有多長？」過了很久才把這個主題寫成了專書。從這個例子即可充分得知這群人偏好怎樣的謎題。這個問題看似簡單，只要查查百科全書就行。但曼德博卻注意到，英國海岸線的長度取決於測量方式。如果在地圖上畫出海岸線大致的輪廓，會得出一種結論；但若試著測量每個大小海灣實際上的凹凹凸凸、每塊卵石和沙粒的曲線，就會算出截然不同的長度。

這個問題擴大知識思維的複雜性，卻也越辯越明；它剖析了我們觀察事物的方式。上一代以來，本書中的人物帶領我們潛入自己的思識，向我們揭露深奧的模式和生命的境界。我認為他們都受到矽谷精神的影響，深信創新是英雄之舉，不覺得冒險失敗很羞恥。這些人充滿熱情，最重要的是，他們不是冷冰冰的宿命論者。在他們的影響下，認知科學和其他科學也一直從文學故事和人文學科中取經。在本書中，約書亞·格林（Joshua Greene）的那篇文章精采絕倫，他試圖界定科學與人文、大腦造影與《馬克白》間的關係，並表示兩者在追求至高真理上相輔相成與密切關聯，這多少消彌了兩個圈子間的嫌隙。

本書的實質影響，就是賦予讀者思考世事時更好的工具。雖然是學者寫的文章，卻充滿日常生活中的實用智慧。

與這本書一同邁進或共舞，就會發現有些內容說明了世間的模式。古樂朋（Nicholas Christakis）是強調世上有許多事的性質無法個別探討的學者之一。光是拆解那些性質，並無法使人明白其意義，必須觀察整體的交互作用才行。史蒂方·亞歷山大（Stephon Alexander）堪稱重視世間二元性的兩位作者之一。正如電子有波粒二象性，許多事物可能也同時具備兩套性質。克雷·薛基（Clay Shirky）強調，我們常想像到處都是鐘型曲線，其實最能恰當描繪人間萬象的，卻是帕雷托原理（Pareto Principle）。人間很多事，都會極度傾向往高層配置。在任一家公司中，有百分之二十的員工做大部分的事，在這當中，又有最優秀的百分之二十扛起這群人大部分的產能。

一邊閱讀一篇篇探詢世間運作模式的文章，會一邊意外發現某些驚人的事實。例如，我以前都不曉得，有高達印度人口兩倍的人，使用手機像家常便飯。

不過本書中大部分的文章談的都是後設認知，也就是去思考自己的思維模式。其中康納曼的「聚焦幻覺」、保羅·沙佛（Paul Saffo）的「完工時距的幻覺」、約翰·麥克沃特（John McWhorter）的「路徑相依理論」，以及葉夫根尼·

莫洛佐夫（Evgeny Morozov）的「定勢效應」，都令我震撼。如果你是組織的領導人，或工作上必須思考世事的種種面向，那麼這些工具就像萬能之鎚。它們會幫助你，從即刻起到未來的整個人生，多多看清世間的一切，更確實發覺自己的偏見。

最後我還要強調一件事：這些學者賦予我們思考的工具聽起來很功利，確實；但藏在本書字裡行間的，是與內在情感和心靈境界有關的真知灼見，處處可見人類是怎樣的生靈，而有些見解並不討喜，如葛羅莉雅・歐里吉（Gloria Origgi）所寫的「擺爛學」（Kakonomics），指出我們偏好低水準的結果。不過，羅傑・海菲爾德（Roger Highfield）、強納生・海特（Jonathan Haidt）和其他人則寫出「生存互偎」，認為演化不單靠競爭，而普遍靠合作，甚至會利他。海特很機智，他說我們是利他的長頸鹿。人的天性中，有高尚，也有平庸。

本書中的人物都是熱門領域的佼佼者，這些文章只透露出一點點他們從事的專業。但願你不僅能因為他們奔放分享的態度而感動，也能感受到他們語調中的謙遜。書中有幾篇文章突顯出我們用充滿嚴重缺失的角度看待世界，我們所知也往往偏頗。他們尊重科學方法和集體事業，正是因為個人理智的力量很弱小。在這些引人入勝的篇章中，結合了人性和膽識的思想，格外不凡，至關緊要。

編者序：Edge 大哉問

約翰・柏克曼（JOHN BROCKMAN）

Edge 出版商兼主編

　　一九八一年，我成立了「現實俱樂部」（Reality Club），一直到一九九六年間，在中國餐館、藝術家工作室、投資金融公司的董事會議室、宴會廳、博物館、起居室，還有其他場所舉辦這個俱樂部的會談。「現實俱樂部」與「阿岡昆圓桌會議」（Algonquin Round Table）、「使徒會」（The Apostles）或「布魯姆斯伯里藝文圈」不同，但知識活動的水準相當。或許最相近的團體是十八世紀末、十九世紀初的「伯明罕圓月社」（Lunar Society of Birmingham），這是全新工業時代的非正式組織，與會者是知識圈的領袖人物，如瓦特、達爾文、威治伍德、普里斯特里、富蘭克林等。「現實俱樂部」也與「圓月社」相似，想召集探索後工業時代主題的人物。

　　一九九七年，「現實俱樂部」變成網上園地，並更名為Edge。Edge所呈現的觀點都是推測性的，代表著演化生物學、基因學、電腦科學、神經生理學、心理學和物理學等各門知識中尚未開發的領域。從這些來稿中，興起了新自然哲學，是瞭解物理系統的新方式，也是對於許多基本假設表示懷疑的新思考模式。

　　我曾在半夜請來稿者回應我或特派員想到的問題，刊登於每一期週年紀念版的Edge。要想出一個問題並不簡單，正如我已故的朋友，一度也是我合作夥伴的詹姆斯・李・拜亞（James Lee Byars）曾說的：「我可以回答這個問題，不過，我是否有足夠的聰明才智去提出這樣的問題？」我想提出能激發意外答案的問題，我的目標是促使人們以跳脫慣例的方式思考。

　　今年的大哉問，由平克提議，康納曼附議，從研究智力、紐西蘭但丁尼奧塔哥大學（University of Otago in Dunedin）政治研究教授詹姆斯・弗林（James Flynn）的見解開始。弗林將「抽象速記法」（shorthand abstractions，簡稱SHA）定義為摘自科學的概念，而且這種方法已融入語言，提供廣為適用的溝通樣版，而使人們更聰明；「市場」、「定心丸」、「隨機抽樣」和「自然主義謬誤」是

他舉出的一些「抽象速記法」的例子。他的想法是，以單一認知意元（cognitive chunk）來表達抽象概念，可用來當作思考和辯論時的元素。

二〇一一年Edge大哉問
哪種科學觀念可改善大家的認知？

在此，「科學」一詞是廣義的，指取得任何事物知識（無論是人類行為、企業行為、行星命運，還是宇宙未來）最可靠的方式。「科學觀念」可能來自哲學、邏輯、經濟學、法學或任何其他分析性的學科，只要是能簡便摘述現象，又可廣泛用於瞭解世事的嚴謹工具都算。

「深邃時間」和遙遠的未來

英國皇家學會名譽主席、宇宙學和天文學教授、劍橋大學三一學院碩士，著有
《我們的末世紀》（*Our Final Century: The 50/50 Threat to Humanity's Survival*）

　　我們得延長時間軸。更該深刻地警覺，未來遠比到目前為止消逝的過去還要長久。

　　目前的生物圈是約四十億年演化的結果，而宇宙史則可回溯到距今一百三十七億年前的「大爆炸」。過去演化所橫跨的驚人時間，現已屬於大眾文化和常識的範疇，即使這個概念還沒傳播到整個堪薩斯和阿拉斯加。雖然每位天文學家都很熟悉無邊無際往前延展的時間軸，普羅大眾的文化中卻尚未同樣通曉這個概念。

　　太陽的壽命已過了中年。太陽是在四十五億年前生成，再過六十多億年就會燃燒殆盡，接著就會猛烈炙燒，吞噬太陽系內部的行星，使地球上殘存的生命全部蒸發。但縱使太陽消逝，宇宙仍會繼續擴張，或許永遠會這麼擴張下去，注定變得比過去更冷、更空洞。這是宇宙學家對於遙遠未來最起碼能準確預測到的結局，即使有少數人依然樂觀堅信，數十億年後還有發生別種結果的可能。

　　人們對於未來「深邃時間」（Deep Time）的注意尚未普及。確實，大部分的人都想像人類的存在代表著演化的高潮，而且不僅有宗教信仰的人才崇尚這個觀點。但是沒有一位天文學家是這樣認為的，他們反而推測人類演化的進度還不到一半，而這個說法也同樣成立。人類消失後，無論是地球，還是更遠的星球，無論有機體或無機體，都還有大量的時間可演化出更具備多樣性，甚至比從單細胞有機體變成人類還更高等的生物。當我們理解到，未來演化將會繼續，並非循著達爾文天擇說中著名的百萬年時間規模，而是受到基因改造和人工智慧進步的影響，以更快的速度進行（而且，任何想在地球之外打造居所的人類，都將遭遇極端環境的壓力，迫使演化的腳步加快），這樣的結論就更有力了。

　　達爾文體認到「沒有一個現存的物種，到了遙遠的未來還會幾乎維持著原

貌」。現在我們知道「未來」比達爾文所預見的更長，改變也可能發生得更快。我們還明白，無論哪些生命可能延續下去，宇宙遠比他想像中更廣大和多樣。因此，人類當然不是演化這棵樹的枝椏末稍，而是在宇宙史上較早浮現的物種，受到多樣性演化的特別關照，但這並不會令人類的重要地位消失。我們值得自豪，因為人類是已知第一個有力量打造出自己演化傳奇的物種。

我們很獨特

馬塞洛‧格萊澤（MARCELO GLEISER）

艾普頓自然哲學教授兼達特茅斯學院物理天文學教授，著有《不完美的宇宙》（*A Tear at the Edge of Creation: A Radical New Vision for Life in an Imperfect Universe*）

要改善大眾認知，必要的科學觀念就得適用全人類。我們必須有所改變，把自己當成某個物種，或者，如我打算說明的，當成界定自己集體角色的關鍵因素。這個觀念必定會影響我們看待自己是誰、為何在此的角度；應該重新界定我們活出人生與計畫集體未來的方式，然後必須闡明一點：我們舉足輕重。

這個觀念也會放出一種能量，讓我們知道，人類生長在稀有的星球上，是獨特的，也格外重要。那哥白尼學說怎麼辦？所謂的越瞭解宇宙，越明白人類沒那麼重要？我會說，習慣上對於現代科學的詬病，在於它將我們存在的意義簡化成冷漠宇宙中一場無意義的偶發事件，其實它的意旨正好相反。它的確表示，我們是冷漠宇宙中的一場偶發事件，但它也提到，這場偶發事件相當罕見，因此並非無意義。

等等！這難道不是悖論嗎？難道不該指望在宇宙中生命是常見的，而我們只是當中眾多生物的一分子而已？畢竟，隨著發現越來越多繞著其他太陽運轉的世界，那些所謂的太陽系外行星時，就會發覺種種驚奇的可能性。同時，由於物理化學的法則全宇宙通用，我們也該想見生命是到處存在的；如果這裡有生命，其他很多地方一定也有。既然如此，又為何聲稱我們很獨特？

生命與高智慧生命之間，天差地別。我所謂高智慧生命，並不是聰明的牛或海豚，而是能夠自覺，能夠發展進步科技的生靈，也就是說，不僅會使用現成工具，還要能把素材變成可多工處理的設備。單細胞生物雖然不是靠種種生理和生化學的要素而存在，但不應排除在這顆星球上所有生命的特質之外，這點我認同；原因是：首先，地球上的生物都是以最快的速度誕生，不到幾十億年的時間，這種萌生的態勢才平緩下來；其次，有嗜極生物（extremophile）的存在，

生命的形式得以在極端條件（非常熱或非常冷、非常酸或／和放射性、缺氧等等）下生存，這表示生命很堅韌，會盡其所能適應各種環境。

然而，單細胞有機體的存在，不一定會形成多細胞有機體，更遑論變成「高智慧」的多細胞生物。生命的事業，就是在特定環境下力圖生存，如果環境發生變化，那麼能在新環境下生存的生物，就會演化成高智慧生物。這句話並不表示，一旦生命出現，只要耐心等待，然後就會「碰」一聲蹦出聰明的生物。生命的目的是為了創造高智慧生命，這麼說好像帶著生物科技的意味，但這說法迷住很多人，因為那使我們成為某種偉大計畫的特殊成果，這樣的理由很明確。地球的生命史，並無法證實演化是朝著變出高智慧生物而發展的說法。在演化的過程中，許多生物都是越變越複雜，沒有任何一種生物的演化是淺顯易見的：原核生物變真核單細胞生物（而且有三十億年的時間都沒有新進展！）、單細胞變多細胞，出現了有性生殖、哺乳類、高智慧哺乳類，然後是 Edge.org……如果當初戲不是這樣演的，現在我們就不會在這裡了。

觀察地球以及促使我們誕生的因素，馬上就會明白，我們的星球多麼特別，簡單列舉如下：富含氧氣的保護性大氣層長期存在著；地球的地軸傾斜度是靠單單一顆大月球來維持；臭氧層和磁場共同保護著地球上的生物，使這些生物不會受到致命的宇宙輻射危害；板塊構造調節了二氧化碳含量，穩定全球溫度；太陽略小又相當穩定，不太容易噴發出大量電漿。這樣看來，認為全宇宙到處都是所在環境跟地球一樣複雜的生命，實在太天真了。

再進一步說明，即使某處存在著高智慧生物，而我們當然不能排除那樣的可能性（科學的精神，就是找出存在的事物，而不是排除不存在的事物），但他們也會是在非常遙遠的地方；實際來看，我們還是孤獨地存在著。即使 SETI 發現宇宙中其他高智慧生物存在的證據，我們也不會開始密切與對方合作。假使我們孤獨存在，而這樣的孤獨，就是察覺活著的意義與保持活著的重要性，就會產生一種截然不同的全新宇宙中心觀，比哥白尼學說出現前，那種視地球為上帝創造宇宙之中心的宗教觀更有意義。我們很重要，因為我們很稀有，而我們也明白這一點。

我們也同樣理解，我們活在一個了不起的太空孤繭中，可以創造語言和火箭飛船，要是換到另一個顯然沒那麼靈巧的星系，這些都會改變。除非找到其他有自覺能力的高智慧生物，否則，我們的思維即代表著宇宙思維。或許我們也該開始享受彼此作伴的滋味了。

平庸原則

邁爾斯（P. Z. MYERS）

明尼蘇達大學生物學家、部落格「咽」（Pharyngula）創立者

我才剛花了一整個學期教大一生物學導論，而且接下來幾個月還會重複做這件事。我得說，腦中第一個閃過的東西就是代數，還有初等機率和統計學，我覺得這些正是人人必備的技能，不管發生什麼事，肯定都會讓我的日子好過些。看到聰明的學生因為小學就該學好的基礎數學能力不足而犯錯，實在叫人喪氣。

但這還不足以表達我的擔憂，因為，初等數學能力是科學界和科技社會中理所當然的必備工具。人們該掌握哪些「觀點」，才能更瞭解自己在宇宙中的定位？

我推薦平庸原則（Mediocrity Principle）。它是科學的基石，對許多人而言，也是一個爭議最多、最難掌握的觀念。宗教、神造宇宙說、愛國侵略主義和失敗的社會政策，都會大力反對平庸原則。但只要大家都瞭解這個簡單的觀念，就可以把很多認知上的毛病輕鬆打包起來丟掉。

平庸原則很簡單，就是在說，你一點都不特別。宇宙不是圍著你而轉；這顆星球一點也不獨特；你的國家不是神聖使命之下的完美產物；你的存在不是直接、刻意的命運所產生的；你午餐吃的鮪魚三明治，也不是故意害你消化不良。世界上所發生的事，大部分只是宇宙自然法則的後果，這些法則可套用於任何地方、任何東西，不會為了你而特別豁免或擴大，一切變化都是偶發的。你身為人類，以為在宇宙中很重要的一切，皆屬意外。當你父母生了一個孩子，遺傳法則和生物天性會決定這孩子在結構上是個人類，而且生理功能大部分都很正常，但你的性別、高矮、眼睛是棕色還是藍色等等組合特徵，是減數分裂期間基因特質任意排列、隨機突變，以及受精時某顆精子幸運拔得頭籌的結果。

可別為這感到難過，不是只有你這樣。星星的形成，是原子性質組合起來的結果；每顆星星的特性，都是由塵雲和氣雲一圈圈凝結起來而隨機決定的。我們的太陽並非一定要出現在這裡，一定要發出那樣的光；它就只是剛好出現在那

裡，而我們也是搭上這個順風車而誕生的。我們這樣的物種，一部分是由環境透過天擇的力量塑造出來，另一部分則是隨機變化。如果人類千百年前就絕種了，地球還是會繼續轉下去，生命會繼續奮鬥下去，在我們的地盤上，某些其他的物種會繁衍下去，而且很可能不是依照我們這種傾向智慧和科技的模式。

只要你瞭解平庸原則，就會明白這些都沒問題。

為何這個原則是科學的基石？因為它是我們理解自己如何誕生到這個世界、萬物萬象如何運作的開端。先尋求可套用到整體宇宙的一般性法則，那可解釋了不少現象，然後再找出產生細節變化的特殊習性和例外；這是個成功的策略，在取得更深層的知識上也很實用。這樣假設吧！以某個違反宇宙特質的生物來代表，他是帶著特殊目的而「碰」一下誕生，而誕生的條件無法再套用到別的生物上，這表示你憑空想出一個前所未有且不尋常的說法，一點也不合理。平庸原則告訴我們，我們的狀態並非刻意的產物，宇宙既沒惡意也不慈愛，但一切的確都依循法則，而掌握那些法則，就是科學的目標。

無意義的宇宙

西恩・卡洛（SEAN CARROLL）

加州理工學院理論物理學家，著有《從永恆到現在》（*From Eternity to Here: The Quest for the Ultimate Theory of Time*）

世間萬物均遵循法則。若一直問「為什麼」宇宙中會發生那樣的事，終究會得到「因為宇宙狀態和自然法則」這樣的答案。

人們顯然並不容易這樣想。以人類為中心的眼光來看待宇宙，就會忍不住以因果和自然存在之道來審視萬象。古希臘的柏拉圖和亞里斯多德用目的論來觀察世界，認為下雨是因為水想下降到大氣以下，動物（和奴隸）是自然屈從於人類公民之下。

懷疑論者很早就出現了。德謨克利特（Democritus）和盧克萊修（Lucretius）是早期的自然主義者，他們要大家思考遵循法則的事物，而非追著因果跑，也不要懷著目的來解釋。但是，在阿維森納、伽利略和牛頓這些思想家提升大眾對於物理的瞭解之前，人們並不相信宇宙是靠自己的力量發展，不受任何凌駕其上的事物引導與支持。

神學家有時候會對天祈禱「請撐起這個世界」，相信那是上帝的工作。但我們很清楚，世界並不需要靠誰來撐起，它本來就是如此。拉普拉斯曾說過，世間萬物遵循的特定法則，就是若我們舉某個例子來指出宇宙的完整（或單獨取其中任一部分）狀態，物理法則會告訴我們，接下來它會變成什麼，當我們應用這些法則再推論，又可得出後來會如何，依此類推，直到建立完整的宇宙史為止（當然是指原則上可以建立出來）。宇宙並不是朝著某個目標前進，而是被某種無懈可擊的模式緊緊抓牢。

這種物理進程的世界中心觀，對於我們與社會之間的關係，有舉足輕重的影響。人類好稱事發皆有因，將兒童之死、空難或隨機槍擊案，通通解釋成某種幕後計畫的結果。派特・羅柏森（Pat Robertson）聲稱卡翠娜颶風是上帝對美國道德沉淪感到憤怒所引發的，他打算為看來莫名其妙的事件解釋來龍去脈。

大自然所教導我們的卻不是如此。事情之所以發生，是自然法則決定的，都是宇宙狀態和演化過程中的結果。地球上的生命，並非為了成就某個偉大的計畫才出現，而是失衡的環境中熵增加的副產品。我們的頭腦優秀，並不是因為生命受到某種引導，所以朝複雜和高智慧的方向發展，而是基因、有機體與周遭的互動機制所產生的。

　　但這些都不表示生命缺少目的和意義。只是，我們詮釋萬象的方式都是自己創造的，而不是從宇宙的基礎架構中發現的。萬物會遵循著本身的法則繼續變化，而我們則可以自行決定理解它們的方式，並且賦予價值。

哥白尼原則

山謬・阿貝斯曼（SAMUEL ARBESMAN）

應用數學家、哈佛醫學院健保政策系博士後研究員、哈佛大學量化社會科學研究所成員

哥白尼知道地球在太陽系中並沒有享受特殊待遇。這個一流的發現發展成充滿力量的觀點，就是所謂的「哥白尼原則」（Copernican Principle），表示我們並不特別，也未蒙寵愛。鑑於這個原則，看待世界時可克服一些對於自身的偏見，重新審視我們與宇宙之間的關係。

將「哥白尼原則」加入我們對於空間的慣用比喻，就會注意到太陽處於銀河系中某個平凡的邊陲，而銀河系位於宇宙中某個不起眼的地方。這個原則還可帶領我們去暸解擴張的宇宙，我們會明白，從宇宙中的任一處都可觀察到其他的銀河系在快速遠離，就像我們在地球上看到的一樣。我們不是特殊的存在。

天文物理學家約翰・理察・高特（J. Richard Gott）提出的時間位置也延用過「哥白尼原則」，不靠別的資訊，即可估算出事件的壽命。如高特所言，除了承認人類有使用智慧來觀察的能力之外，沒理由相信我們是在多麼特別的時機下存在著。「哥白尼原則」讓我們得以量化不確定性，明白我們並非事物的開端，也並非結束。高特曾用這個原則準確估出柏林圍牆何時倒塌，甚至提出人類存活的實用數據。

這個原則還可用來決定我們在萬物數量級（orders of magnitude）中的定位：我們比宇宙中大部分的星系小很多，比大多數的化學物質大很多，比次原子運動慢很多，比地理和演化的程序快很多。它也引導我們去研究萬物數量級中排在我們前後更大或更小的事物，總不能以為它們的程度規模也跟我們一樣。

儘管這個證明我們十分平庸的方法很嚴厲，也不必絕望；就我們所知，人類還是宇宙中唯一對自己的存在地位有認知的物種。「哥白尼原則」的矛盾在於，唯有好好認識我們的地位（即使抱持最謙虛的態度），才能真正理解自己的特殊處境；這麼做時，我們的價值就不再那麼微不足道了。

我們在宇宙中並不孤單

克萊格・凡特（J. CRAIG VENTER）

基因體科學家、克萊格・凡特機構創辦人兼主席，著有《解碼生命》（*A Life Decoded*）

對人類而言，我想不到有哪個發現，比發現太陽系外有別的生命的衝擊還大。絕大多數的文化和社會思維中，瀰漫著以人類和地球為中心的觀點。發現數個、甚至可能數百萬個生命起源，以及宇宙中生命是到處存在的事實，將會大大影響每一個人類。

我們生活在一個充滿微生物的星球上。在海水、湖水、河水、地殼深處、大氣之中，每一立方公分的單位，就有一百萬個微生物細胞。人體內外，就有超過一百兆個微生物。這些微生物抵擋得住數百萬雷得的游離輻射，或足以腐蝕我們皮膚的強酸強鹼。微生物可以在冰層中生長，也可以在超過攝氏一百度的地方存活。在二氧化碳、沼氣、硫磺和糖分中都有生命活動的跡象。過去數十億年來，已有上兆的細菌被送上太空，而我們與火星之間一直都有共同的物質；因此，如果在太陽系中，特別是火星上，還找不到微生物的生命證據，也未免令人難以置信。

迪米塔爾・薩塞羅夫（Dimitar Sasselov）和同事最近發現在太陽系外有為數眾多的地球和酷似地球的行星，它們都含有水域；大幅提高發現生命的機率。薩塞羅夫推估，我們的銀河系中大約有十萬顆地球和酷似地球的行星。宇宙很年輕，只要在哪裡發現了微生物，將來就可能在同樣的地方發現高智慧的生物。

將科學的觸角伸向遠方的天際，將會永遠改變我們的命運。

微生物主宰著世界

史都華・布蘭德（STEWART BRAND）

《全球目錄》（*The Whole Earth Catalog*）創辦人、全球電子連結（The Well）
共同創辦人、全球企業網路（Global Business Network）共同創辦人，著有
《地球的法則》（*Whole Earth Discipline*）

「微生物主宰著世界」是美國國家科學研究委員會（National Research Council）出版的《新總體基因體學》（*The New Science of Metagenomics*）一書的開場白，吹起了以新方式瞭解生物學，或許還有社會學的起床號。

這當中的突破就是DNA隨機定序（shotgun sequencing），與替我們超前帶來人類基因體的科技相同。自二〇〇三年起，凡特和其他人就開始為大量的細菌母群體定序；他們發現了數以千計的新基因（是之前所發現總數的兩倍），從中觀察出基因會產生哪種蛋白質，因此具備哪種功能，開始揭露這群密密麻麻的細菌所為何來。這個「總體」基因體學帶來一場微生物學上的革命，而接下來的數十年中，隸屬生物學的其他領域都會響應這場革命。

微生物學家卡爾・烏斯（Carl Woese）表示，微生物占所有生物質的百分之八十；凡特則提出，每五分之一茶匙的海水就有一百萬個細菌（和一千萬個病毒），還說：「如果不喜歡細菌，就表示你生錯星球了，因為地球上充滿了細菌。」這意味著，這顆星球上大部分生物的新陳代謝都跟微生物有關。當詹姆斯・洛夫洛克（James Lovelock）試圖找出構成地球大氣層、使生命創造出地球（蓋亞假說）的氣體是怎麼來的時候，微生物學家琳・馬古利斯（Lynn Margulis）為他解答。微生物主宰了我們的大氣層，也主宰了人體的絕大部分。在人體內臟、口腔、皮膚和其他部位的微生物聚落中，常駐著三千種細菌，共有三百萬種不同的基因（我們自己的細胞僅靠差不多一萬八千種基因撐著）。新研究顯示，這些人體微生物，驅使著我們免疫系統和重要消化系統器官的作用。

已經持續進行了三十六億年的微生物演化，與我們以為的標準達爾文演化論——也就是基因必須傳遞給下一代，慢慢通過天擇的淘汰考驗——截然不同。

不同世代的細菌之間會隨機互換基因。在許多不同種類的細菌中，這種「水平基因轉移」的機制有三，因此演化的頻率很高，速度也很快。牠們將趁機取得的基因傳給後代，因此每隔一小時觀察一下，就會覺得酷似拉馬克式（Lamarckian）演化，也就是具備獲得性遺傳的特徵。

這些例行基因轉殖的微生物，說明了經過基因改造工程的作物，一點也不新奇、不特別，也不危險。野外生物學家都瞭解，生物圈看起來就像有人稱為泛基因體（pangenome）的系統，在這個系統中，不斷流傳的基因互相連結著，是構成所有物種血緣之全部基因的超級大集合。在合成生物學這個新領域中的生物工程師，正直接處理著這些可輕易替換的微生物基因。

在這個生物科技當道的世紀中，微生物將會助上一臂之力，或許也會帶來啟發。社會達爾文主義這個觀念已經沒有任何價值，而「文化演化」一詞向來沒多大意義，因為爆紅竄起和社會影響力，與標準達爾文演化論這種膨脹的保守主義完全無關。但隨著我們繼續探索微生物間特徵的流通和極精密的機制，如群體感應（quorum sensing）、生物膜、遞水桶式代謝（metabolic bucket brigades）、生活方式基因（lifestyle genes）等等，「社會微生物主義」一詞可能就有意義了。遭遇難題時，想得到豐富的解決辦法，我們可能要問「微生物會怎麼做？」

雙盲控制實驗

理察・道金斯（RICHARD DAWKINS）

牛津大學演化生物學家、著有《演化的證據》（*The Greatest Show on Earth: The Evidence for Evolution*）

　　並非所有專業科學家採用的觀念都會改善大家的認知。在此不是要對科學研究者自己做學問有利的工具，而是要能夠幫助不是科學家的人更瞭解科學，足以做出更好判斷，而且終生受用。

　　為什麼美國有一半的人相信有鬼魂、四分之三的人相信有天使、三分之一的人相信占星術、四分之三的人相信有地獄？為什麼有四分之一的美國人相信，美國總統不是在這個國家出生的，因此不符合當總統的資格？為何有超過百分之四十的美國人覺得宇宙是從狗被馴養之後開始的？

　　別回答那些失敗主義者會給的答案，也別怪一切都是他們太愚蠢。或許有部分的人是這樣，但我們該樂觀一點，著重在還能挽救的地方。他們缺乏批判性思考的訓練，對於個人意見、偏見和傳聞不懂得要求證，於是照單全收。我認為雙盲控制實驗肩負雙重職責，它不僅是優異的研究工具，在傳授人們如何批判性思考上也富有教導的價值。我的論點是，不需要實際去做雙盲控制實驗才能改善自己的認知。只需要瞭解原則，領會它之所以重要的原因，然後受到它的薰陶。

　　假使所有學校都有教學生如何做雙盲控制實驗，我們的認知在以下各方面都會獲得改善：

1. 我們會學到不要拿傳聞來以偏蓋全。
2. 我們會學到，如何評判某個相當重要的結果，是否可能剛好只是單一個案。
3. 我們會學到，消除主觀偏見，以及主觀偏見並不意味著等於某種程度的不誠實或腐敗。這個教訓有深層的意義，可以避免我們高估權威和個人意見，因此是有益的。

4. 我們會學到，不被假醫術、江湖郎中或庸醫所誘導，終將遏止這些人到處行騙。

5. 我們會學到，更普遍養成批判性思考和懷疑的習慣，這不僅可改善我們的認知，或許也會拯救世界。

推廣科學的生活方式

馬克斯・鐵馬克（MAX TEGMARK）

麻省理工學院物理學家、「精密宇宙學」研究員、基礎問題研究院
（Foundational Questions Institute）科學總監

我想最能改善大家認知的科學觀念，就是「科學觀念」本身。

儘管全球科學社群都有令人嘆為觀止的研究成果，但一提到去教育大眾也不乏失敗的記錄，這點同樣驚人。二〇一〇年，海地人燒死了十二名「女巫」。美國最近的民調顯示，有百分之三十九的人認為占星術是科學，百分之四十的人相信人類物種出現不到一萬年。如果每個人都瞭解「科學觀念」是什麼，這些百分比就會歸零。世界甚至會變得更美好，因為人們過著科學的生活方式，根據正確的資訊做決定，擴大了成功的機率。購物和投票的時候做理智的決定，也加強了公司、組織和政府做決策時的科學態度。

為什麼我們科學家會這樣慘敗呢？我想答案主要就在心理學、社會學和經濟學當中。

要有科學的生活方式，在「收集」與「使用」資訊時必須要有科學的態度，而這兩個舉動都存在著陷阱。如果在下決心前，先注意到論點的全貌，顯然比較可能做出正確的決定，但是，人們得不到完整資訊的原因卻很多；很多人缺乏取得資訊的管道（在阿富汗，只有百分之三的人能上網；在二〇一〇年的民調中，有百分之九十二的人不知道九一一攻擊事件）；很多人責任纏身、分身乏術，沒辦法去追求資源；很多人只從可確認他們偏見的訊息來源去找資訊。即使是可以上網，也不受資訊審查限制的人，也可能很難找到最有價值的資訊，因為這些資訊都被媒體上大量充塞的不科學消息掩沒。

再來是我們對掌握的資訊如何處理的問題。科學生活方式的核心，就是面對與自己觀點相左的資訊時要改變想法，避免思維惰性，然而，許多人卻讚揚一些執著自己觀點的領袖人物，認為那是「意志堅強」。偉大的物理學家費曼曾高呼「別信任專家」就是科學的基石，然而到處都是從眾心理以及盲目信奉權威人

士。邏輯構成科學理性的基礎，然而一廂情願、無理性的恐懼和其他認知上的偏見，經常主宰著人們的決定。

如何推廣科學的生活方式？

最直接的答案就是改善教育。在某些國家，即使是改善最初級的教育，也可能造成極大的影響（巴基斯坦只有不到半數的人識字）。教育可以將基要主義和不寬容斬草除根，削減暴力和戰爭。教育讓女性有力量，可以抑制貧窮和人口爆炸。

即使是人人都能受教育的國家，改善教育依然能造成極大的影響。我們太常看到學校就像博物館，是反映過去而非打造未來。授課應該從同口徑地一味往下灌輸和遊說，改成這個世紀需要的技能，促進人際關係、健康、避孕、時間管理、批判性思考與辨識宣傳。對年輕人而言，學外語和打字遠勝於學長除法和草寫。在網際網路時代，我自己身為教師的角色也已改變。學生不再視我為資訊泉源而需要我，因為他們自己可以輕易下載任何資訊；我的角色關鍵變成鼓勵科學的生活方式、好奇心和學習慾望。

讓我們現在來想一個最有趣的問題：如何「確實」根植科學的生活方式，並讓它開枝散葉？

早在我包尿布前，很多理智的人就提出類似的改善教育說，然而，包含美國在內的很多國家，教育和奉行科學生活方式的情況不但沒改善，還可說是衰敗。為什麼？顯然是有股強大的反向力量在推動著，而且越推越有效。企業擔心人們越瞭解某些科學問題，就會傷害到他們的利益，因此鼓勵水越濁越好；偏激的宗教團體也是如此，擔心他們偽科學的宣言一旦受到質疑，就會破壞他們的威信。

那麼該怎麼辦？科學家要做的第一件事，就是從高高的馬背上下來，承認我們遊說的策略失敗了，然後開發更好的策略。我們的優勢就是論點好，但反科學聯盟的優勢是資金，他們的制度甚至更符合科學精神，這真是一大諷刺！如果某個公司想改變公眾看法，以提升他們的獲利，就會部署科學效率高的行銷工具：人們現在相信什麼？我們希望人們未來相信什麼？可以利用人們的哪種恐懼、不安全感、希望和其他情緒？改變人們想法最符合成本效益的方式是？規畫廣告活動。發表。完成。

訊息是否過於簡單或誤導？是否破壞公平競爭的信條？在最新智慧型手機或香菸的行銷手法中，這種情況屢見不鮮；所以當這些反科學聯盟對抗科學時，如果以為他們的行為守則有所不同，那就太天真了。

然而我們科學家經常有惱人的天真性格，矇騙自己，只是因為覺得自己的道德標準比較高，就可以用遭淘汰的不科學策略，打敗這種企業型態的基要主義聯盟。當我們在同仁聚餐的場合，以及向記者列舉統計資料的時機，抱怨「我們不會甘拜下風」和「人們必須改變」時，要根據哪些科學論點，才能喊出真正的改變？基本上，我們科學家的說辭老是「用坦克很沒天良，所以就用刀劍來對抗坦克。」

　　要傳授人們科學觀念是什麼、科學的生活方式如何改善他們的人生，我們也必須用科學的方法。需要成立新的科學發言組織，用反科學聯盟全然相同的科學行銷和募資工具。我們必須用許多科學家畏縮排拒的工具，從廣告、遊說到設計焦點訪談的片段，搶奪大眾視聽。

　　然而，我們並不需要徹底向「理智上的不誠實」低頭，因為在這場戰爭中，我們的陣營掌握了最強大的武器，就是事實。

實驗

羅傑・尚克（ROGER SCHANK）

「教育引擎」公司（Engines for Education, Inc.）心理學家和電腦科學家，著有《別讓菁英教育僵化我們的思想》（*Making Minds Less Well Educated Than Our Own*）

有些科學觀念被教育制度毀了，所以我必須好好解釋人人自以為懂，其實一點也不懂的事。

在學校，我們學到實驗是什麼：科學家會做實驗，而在中學的實驗室，只要我們複製科學家的做法，就會得到同樣的結果；科學家所做的實驗通常跟事物的物理化學性質有關；他們會在科學期刊上發表實驗結果。所以我們的結論是：覺得實驗很無聊，都是科學家做過的事，跟我們的日常生活一點關係也沒有。

這就有問題了。實驗是人人經常在做的事：小嬰兒會嘗試什麼適合放到自己的嘴裡；幼童會嘗試各式各樣的行為，看看自己做什麼才不會被懲罰；青少年會嘗試性、吸毒和搖滾樂。但人們不太認為這些就是實驗，也不認為是收集經驗以支持或反駁假設的方式，所以不覺得自己常常在實驗，也不覺得需要更瞭解這件事。

每當我們服下處方藥，就表示自己在做實驗。但我們不會仔細記錄每次服藥後的反應，也不會設計對照組，還因為沒有一次僅改變一種行為而混淆了變數，所以當我們為副作用所苦時，追究不出真正的導因。在人際關係上，我們也是這樣做：當關係生變，我們搞不清楚為什麼，因為每種情況都不一樣。

儘管要拿生活中各層面來做實驗的對照組有困難，我們還是可以瞭解，接下新工作、想在比賽中換新戰略、挑選就讀的學校、試著明白別人的感受、想著為何自己有那樣的感受時，的確都是在做實驗。

生活的每個層面都是實驗，只要我們這樣想，就可以更加瞭解它們。因為我們未體認到這點，所以無法瞭解有必要利用收集的證據進行邏輯思考、仔細考慮做實驗的條件，以及判斷何時或如何再做一次實驗可得到更好的結果。以實驗為

中心的科學活動，就是在面對實驗取得的證據時清楚思考。比起認為自己的行為是實驗、知道如何謹慎理性看待資料的人，缺乏同樣認知者，未來能從實驗中學到的教訓總是比較少。

我們大多數人在無聊的國中科學課上都聽過「實驗」這個詞，而且老早就懂得別盡信科學和實驗與我們的生活有關。如果學校傳授的是基本認知觀念，例如拿日常生活經歷來實驗，而非著重教代數，認為那才是人們學會理智思考的方式；那麼人們在思考政治、育兒、人際關係、商業和生活等各個層面的事務時，效果會更好。

對照實驗

提摩・漢內（TIMO HANNAY）

麥克米倫出版公司數位科學董事總經理

　　大多數人都能充分理解、善用的科學觀念就是「對照實驗」，幾乎等於科學的同義詞。

　　大部分不是科學家的人要下決定時，直覺反應就是自己一個人想，也可能找人來集思廣益；然而科學告訴我們，應盡量做合宜的對照實驗法。科學已解開很多世間現象之謎，像哥白尼原則、物競天擇演化論、廣義相對論、量子力學這麼多的科學理論，與一般人憑直覺做出的判斷竟然都是相反的，這更顯出尊崇對照實驗法的重要。欣然接受靠著實驗（而非常常識、輿論偏好、前人說什麼就信什麼、受到神的旨意，或任何其他方式）得來的真理，就能讓我們有效脫離既定成見和缺乏想像力，領會到光憑直覺洞察不了的奧妙。

　　很可惜，平時竟然只有科學家在做這樣的實驗。要是商人和政策制訂者，少花點時間在憑直覺判斷或爭論一知半解的事，多花點時間去想出客觀方法並藉此得到理想答案，會如何呢？我想通常就能做出更好的決策。

　　在某些領域，這已經開始發生了。像亞馬遜和谷歌這樣的網路公司，並不煩惱網站該怎麼設計才好，他們會運用對照實驗法，給不同的使用者群看不同的版本，反覆實驗來得出最佳解答（根據網站的流量，幾秒內就可完成針對各別使用者群的測試）。當然，要快速取得資料與進行產品迭代，網路這種媒介的效率特別高，不過，這些網站的領導人往往有工程或科學的背景，因此具備科學思維，所謂的實驗精神才是成功的主因。

　　制訂從學校教育、刑罰以至課稅的政策時，如果都盡量採用對照實驗法也會有好處，不過許多人一看到這裡就開始反對，像兒童教育或監禁罪犯這類重大、有爭議的事，一旦變成實驗的對象，彷彿藐視了大家對於公平正義的追求，也冒犯了人人皆有權獲得平等待遇的強烈信念，畢竟，分出實驗組和對照組，總有一方必然會出局。不該這樣想的，因為我們事先並不知道哪一組比較好，這正是為

何要做實驗的原因。唯有不做有助於判斷何者更好的實驗，才會產生真正的輸家，那些本來可能受益於實驗結果的下一代子孫；人們反感，只因為不習慣看到這些議題被拿來實驗，別忘了，對於像臨床測試這種更重大、實際上還攸關生死的事，我們反而欣然接受實驗。

實驗當然不是萬靈丹，不會告訴我們一個被起訴的人到底有沒有罪這種事；實驗結果甚至經常充滿不確定性，在這樣的情況下，科學家可以聳聳肩，說自己還是不確定，但商人和立法者通常不能享受這樣的閒情，可能無論如何都不得不做出決策。儘管如此，這些都不足以否定，揭露世間真理最好的辦法還是對照實驗，每當我們遇到可行的情況時，都該盡量採用。

臆想實驗

基諾‧沙格瑞（GINO SEGRE）

賓州大學物理教授，著有《平凡的天才》（*Ordinary Geniuses: Max Delbrück, George Gamow, and the Origins of Genomics and Big Bang Cosmology*）

自從理論物理學問世以來，臆想實驗（Gedankenexperiment）的概念一直是這門學科不可或缺的工具。它涉及設計一套想像的機制，在腦中做簡單的實驗以證明或反證明某個假設。只能採用臆想實驗的情況很多，例如物體落入黑洞的資訊就無法靠實際的實驗來取得。

在量子力學的發展過程中，這個觀念特別重要，過去是波耳和愛因斯坦這樣的人物用神奇的臆想實驗測試各自的新點子：不確定原理和波粒二向性。像「薛丁格的貓」甚至變成眾所周知的詞彙，貓是否同時死亡又活著？特別值得一提的還有測試光波和粒子通過的經典雙縫實驗，是最早嘗試瞭解量子力學的方法之一，也一直是瞭解量子力學意義的工具。

不過，臆想實驗的對象不一定是深奧的主題。我自己最喜歡的就是伽利略的實驗，他證明了與亞里斯多德相反的觀點，也就是在真空的環境中，質量不同的物體，落下的加速度相同。有人可能認為，要測試這樣的假設必須實際做實驗，但是，伽利略只要我們推理：假使亞里斯多德是對的，如果有條很輕的線綁著大小兩塊石頭，這兩塊石頭落下的速率不同，則大石頭會使小石頭加速下墜，而小石頭則會拖慢大石頭。但是，如果這條線的長度幾近於零，單一物體的質量等於兩個物體的總質量，則下墜的速率應該會比各自落下的還快，這根本說不通。結論是，在真空狀態下，所有物體掉落的速率都相同。

無論我們有沒有意識到，在日常生活中多少都會用上臆想實驗，甚至受訓依照各種規範來這麼做；不過，如果對於如何執行、如何積極應用臆想實驗能再熟悉一些會更好。遇到難解的情況時，我們可以這樣問：「該如何設計可解決這個問題的臆想實驗？」金融、政治和軍事專家如果也採用這樣的策略，或許結果會變得皆大歡喜。

科學史上的悲觀後設歸納法

凱薩琳・舒爾茨（KATHRYN SCHULZ）

記者，著有《犯錯的價值》（*Being Wrong: Adventures in the Margin of Error*）

　　好好好！我明白這個用語聽起來很不討喜，請容我解釋一下，這不是我自己發明的，科學哲學家們談論它也有好一段時間了。儘管「科學史上的悲觀後設歸納法」（the pessimistic meta-induction from the history of science）拗口又難記，仍是個很棒的觀念。其實正如「後設」的含意，它是一種海納其他觀點的思維。

　　它的要義是這樣的：過去有太多科學理論結果都是錯的，因此必須假設現在大部分的理論最後都會被證明是不正確的。這個觀念在各種知識領域中都通用，包括政治、經濟、科技、法律、宗教、醫學、育兒和教育。無論從人生的哪個面向來看，某個世代信仰的真理，通常到了下個世代就會變成謬誤，所以，基於各種人事物的前車之鑒，或許也該採取悲觀後設歸納法。

　　優秀的科學家理解這一點，他們明白自己也參與了漫長的同化過程，知道自己在建構模式，而非挖掘現實；他們處於不確定的狀態，不僅僅無法確定「這些資料能支持我的假設嗎？」這種小問題，也同樣被無法確定「是否偏離了絕對真理」這種大問題追著跑，卻還是安然。

　　其他像我們這樣的人則相反，通常都患有某種暗中隨時間增長的自大症。我們跟那些誤信地球是平的、地球為宇宙中心或冷核融的笨蛋不一樣，我們可是幸運得很，剛好生逢人類智慧的高峰。文學評論家哈利・列文（Harry Levin）說得很客氣：「到處都是習以為自己的世代遇上了文明高峰期、自己住的地方就是世界中心、自己的眼界等於全人類覺知極限的怪現象。」我們充其量豢養出知識永遠可累積的夢想，並因此認定未來的人就會懂得比我們多。但我們忽視或拒絕接受知識往往一邊發展一邊崩解的事實，自己最珍視的信念，在後人看來，可能顯然是場謬誤。

　　儘管後設歸納法的名稱中有悲觀二字，本質上其實並不悲觀。或者該這麼說，如果你討厭犯錯，就會覺得是悲觀的；要是反而認為，發覺自己的錯誤可以

改善對於世界的認識，那麼這種見解就是非常樂觀的。

　　後設歸納法背後的思維是，所有理論基本上都是暫訂的，很可能都是錯的。如果能把這個觀念加入自己的認知工具，就更願意懷抱好奇心和同理心去傾聽與我們意見相左的人。最好還能注意到反證，那些使我們對於世界的想像變得有些怪異、多點神秘、沒那麼單純、不太熟悉的異常資料。這樣我們就能用更謙卑的態度守住自己的信念，樂觀期待著，更好的點子肯定就要出現了。

人人都很平凡，卻又獨一無二

塞繆爾‧巴倫德斯（SAMUEL BARONDES）

加州大學舊金山分校神經生物學暨心理學中心主任，著有《揭開人類性格的秘密》（*Making Sense of People: Decoding the Mysteries of Personality*）

人人都很平凡，卻又獨一無二。

每個人都是標準規格，由兩種細胞結合成為胚胎，孕育在子宮裡，邁向發育成熟，最後消逝。每個人也都很獨特，具有從全人類基因體變異而來的特選基因，這些基因深深埋藏在特定的家族、文化、時代和同儕群體中。我們憑藉與生俱來對於環境的適應能力，為自己打造出生存之道和自我認知。

人人都是既普通又特別，這個生物學家和行為學家一直以來都能充分證實的雙重觀點，現在看來是不證自明；不過，它潛在的意義相當重要，為了很快加深對它的印象，還是值得我們在此特別關注一下。理解自己與他人之間有多少共通之處，可以培養我們的同理心、謙卑、尊重和大愛；理解自己的獨特，則會提升自尊心、自我成長、創意和成就。

接納自己在現實中的雙重面向，可以豐富日常生活的體驗，我們能享受身為平凡人的自在，又能同時為自己的與眾不同感到興奮。

因果關係、道德上的軍事手段以及套利性的錯誤歸因

約翰‧圖比（JOHN TOOBY）

演化心理學創立者、加州大學聖塔芭芭拉演化心理學中心副主任

　　我們差不多可以肯定一句話：如果人們能接受不喜歡的觀念，並強迫自己運用它們，搞不好現在就會變得更聰明了。這句話告訴我們，人們油然而生的優越感和拉攏小圈圈的行為，都是愚昧的錯誤。面對一個陌生、浩瀚、錯綜複雜又出人意料的世界，我們基本上都很無知；想脫離無知，就要靠好觀念，好觀念是邏輯推理的泉源，湧出幫助我們釐清思緒與洞察萬象的智慧，帶來的發現總是教人深深著迷，但人們卻拒絕盡情善用它們，因為那會令自己感到難堪或挫敗，原來，那麼多洋洋自得的事都沒什麼了不起的。不懂神話意涵的人就缺乏伊底帕斯的勇氣，那種在黑暗中依然閃閃發光的堅毅，驅使著他去拼湊出可怕的真相，即使早有惡兆警告他別那麼做。我們如此軟弱，所以歐威爾才會說：「必須不斷掙扎，才能看清事實。」何以掙扎？伊底帕斯窮盡心力掙扎後所發現的真相太可怕，致使他刺瞎了自己的雙眼；一般人則貪圖安逸，對真相以不見為淨，寧願心盲，不願眼盲。

　　然而，即使是個人的思考方式有些微進步，也可能改變群眾的見識，個體之間大量互動，在集體中造成的連鎖反應就會白熱化。如果覺得這套靠思考工具發揚智慧的斷言太誇張，可以這樣想：一個沒什麼靈感，但懂得用微積分當思考工具的現代工程師，能夠瞭解、規劃與打造出來的事物，遠超過不懂微積分的達文西和數理學上備受尊崇的柏拉圖。多虧有牛頓的無窮小量（即大於零、小於大量有限值）顛覆了固有陳舊的觀念，我們也才會受益無窮。比微積分更簡單的觀念革命，如實驗（危及權威）、零、熵、波以耳的原子、數學證明題、天擇、隨機、基因染色體遺傳、道爾頓的元素、原子分布、形式邏輯、文化、夏農（Shannon）對於資訊的定義、量子，影響甚至更為深遠。

有三個簡單的思考工具可以幫助我們看清事實：「因果關係」、「道德上的軍事手段」，和「套利性的錯誤歸因」。因果這個思考工具本身是個演變的過程，我們會用它來簡化、系統化、鎖定對於情況的詮釋。這種認知機制引導人從原因的角度來思考，認為某種結果必有單一的原因。不過，深入一點來說，將結果詮釋為受到各種因素（包含缺乏可排除條件的情況）交互作用或互相關聯所引起，其實比較精確。托爾斯泰在《戰爭與和平》裡問道：「蘋果成熟了會落地，為什麼會落地？是地心引力？果莖枯萎了？被陽光曬乾？越長越重？風吹的？」任何一位現代科學家都能輕鬆把托爾斯泰設想的答案無窮無盡延續下去。然而，我們卻變成依賴即興的認知工具，想知道馬上獲得回報所能採取的行動，詮釋情況時，腦筋也演變成強調因果關係中的元素，並操控這些元素來呈現自己偏好的結果，而保持穩定不變的元素（如重力或人性），都被我們這種詮釋原因的方式排除在外。

同樣可以這麼說，因果關係中無法控制卻可預測結果（蘋果落地）的可變因素（如風吹），也值得當成原因來詮釋，讓我們做好利用機會或避險的準備。因此，因果關係的真相，往往被我們在認知上偏好單一原因的異想天開所忽略。這種手法對於搜刮糧食或許還蠻有效，但若想懷抱科學精神來理解與討論（無論是菁英階層，科學家或大眾）癌症、戰爭、暴力、精神疾病、不忠、失業、氣候、貧窮等現象的「原因」時，根本乏善可陳，實在很荒謬。我們也是不斷演變的社交動物，注定去詮釋他人的行為，並把後果想成自由意志（刻意）引起的，也就是說，我們變成把「人」視為「其本身行動的創造者」。出現了我們不喜歡的後果，就忽略整串因果關係，把「所謂」原因的環節歸咎到某個人身上，通常就是倒果為因，把造成後果的原因都詮釋成人為的。我們把「原因」（歸咎）推到某個人或許多人身上，就是懲罰別人，迫使他們別造成不討喜的結果（或迫使他們造成討喜的結果）。更卑劣的是，如果發生很多人覺得是惡果的情況，人們會伺機從因果關係中抽出足以搬弄是非、攻擊敵對一方（顯然是值得歸咎的對象）的蛛絲馬跡。這很悲哀，表示人類心理狀態下的道德觀大部分都演變成軍事手段，一種無情的零和鬥爭。在軍事化的攻擊手段中，通常會將對手引到不利的位置，或公開指責對手就是造成惡果的原因，藉以消滅他們；軍事化的攻擊手段還包括讓對手彈盡援絕，無法對付我們。

這種帶有歸咎色彩的道德鬥爭，隸屬套利性的錯誤歸因。舉例，流行病學家說過，一九〇五年前最好別去看外科醫生。（塞麥爾維斯〔Ignaz Semelweiss〕注

意到醫生會加倍提高產婦的死亡率）。在人們注意到外科醫師的合理職責前，這個角色早已存在了數千年；那又為何會有外科醫生？經濟學家、天氣預報員和專業投資經理的工作，通常也只是賭賭機率，不過仍然可以獲得豐厚的收入。根據氣候模型，未開發國家的糧價會高漲到發生飢荒的程度，問題是，這些氣候模型並無法成功預測出那些歷史上發生過的已知氣候現象。有人得病而提告，律師替他們打贏了求償官司，獲賠大筆金額，但這些原告得病的機率，並沒有比其他沒暴露在「所謂」致病因子之下的人高。這是怎麼回事？因果關係裡瀰漫著複雜的干擾，產生了一層不可信的迷霧，掩蓋了真正的原因。錯誤歸因或找值得歸罪的對象（如蓄意之罪比過失之罪嚴重）時，當中的絲毫偏見，都鞏固了不當邀功或不當歸咎的利基；如果病人康復了，都是因為我施救的英雄之舉；如果病人沒有痊癒，都是因為病情太嚴重；要不是我提出了宏觀經濟政策，景氣會更差。捨棄道德上的軍事手段，用更寬廣的角度來看待因果關係和錯誤歸因，至少可以幫助大家擺脫某些破壞性的錯覺，而這些錯覺已經讓人類飽嚐代價了。

自私的偏見

大衛・邁爾斯（DAVID G. MYERS）

希望學院社會心理學家，著有《善意寫給懷疑論者與無神論者的信》（*A Friendly Letter to Skeptics and Atheists*）

絕大多數的人都自我感覺良好，這就是一種時而有趣、時而危險的現象，社會心理學家稱之為「自私的偏見」。

承擔成功和善行的責任，比承擔失敗和惡行的責任還大。

在實驗中，當人們被告知自己成功了，就會很樂意接受表揚，歸功於自己的能力和努力。但要是失敗了，就會歸咎於一些外在因素，如運氣太差或問題本身就是「沒辦法處理」。玩拼字遊戲時，如果贏了，是因為我們精通語言。輸了，是因為「我卡在Q，少了U」。在運動員（比賽勝利或失敗後）、學生（得知考試成績高低後）、駕駛（車禍後）和經理人（獲利或損失後）身上，都看得出自私的特性。「為什麼我會得到這種待遇？」是我們在遇到麻煩而非稱心如意時會提出的問題。

「高人一等效應」（better-than-average）造成的現象如：要如何愛自己？讓我列出幾種方式。

所有孩子都高人一等，不僅出現在「烏比岡湖效應」（Lake Wobegon Effect）中，在一份由大學理事會針對八十二萬九千所高中生的調查中，自評「與他人相處的能力」為低人一等的學生為百分之零，自評「身為前百分之十佼佼者」的學生為百分之六十，自評「身為前百分之一佼佼者」的學生為百分之廿五。大部分的人與一般同儕相比時，都會覺得自己更聰明、長得更好看、更沒偏見、更有道德感、更健康、可能會活得更久。佛洛依德曾針對這種現象開了一個知名的玩笑，有個男人這樣跟他的妻子說：「哪天如果我們兩個誰先死了，我就會搬到巴黎。」日常生活中，十個駕駛中有九個都是自認高人一等，多半是這樣。在針對大學職員的調查中，有百分之九十以上的人自評比其他一般的同事更優秀（自然而然多少會招嫉和惹人厭，覺得自己的才華不受重視）。當夫妻在計較誰做的家

事多，或工作團隊的成員在衡量誰的貢獻大時，對於自我的評估照例會提高超過百分之百。

　　針對自私偏見及其相關現象如虛妄樂觀、自我辯解和我群偏見的研究，提醒了我們文學和宗教所提出的教訓：驕傲在敗壞以先。偏袒自己和所屬群體，可以保護我們抵抗不景氣、緩衝壓力，以及撐起希望；但也會在發生婚姻不協調、談判僵局、高傲的成見、國家傲慢和戰爭時讓我們付出代價。對自私的偏見有所警覺，並不是要我們行事低調過頭，而是懷著謙遜的心，肯定自己的天賦和美德，也用同樣的態度對待別人。

認知的謙遜態度

蓋瑞・馬可斯（GARY MARCUS）

紐約大學兒童語言中心主任，著有《當人腦演化成雜牌電腦》（*Kluge: The Haphazard Evolution of the Human Mind*）

儘管哈姆雷特曾說，人類的理性多麼高貴，才能如何無窮；然而根據四十年來的認知心理學實驗結果，其實我們的智能不但有限，也根本不高貴；明白智能有限，才可變得更理性。

之所以有限，幾乎都是基於一個特殊的事實，就是人類記憶力的問題；儘管人腦頗能儲存資訊，卻不太能擷取這些資訊。幾十年過去，我們還是可以認得高中畢業紀念冊裡的照片，卻想不起來昨天早餐吃了什麼。已知記憶缺陷會致使證人做出錯誤的證詞（因而誤關犯人）、婚姻失和（像是忘了結婚紀念日），甚至死亡（跳傘選手忘記拉開傘繩就是知名的例子，估計約占跳傘死亡事故原因的百分之六）。

電腦記憶體比人類記憶力好很多，因為早期的電腦科學家發現了演化向來都辦不到的把戲，就是把每道記憶指派至某個位置圖譜；在這個位置圖譜中，每個待儲存的資訊位元，都會指派在電腦記憶庫中唯一的識別位置，藉此把資訊組織起來。看來相形之下，人類就是少了這種記憶的位置圖譜，擷取資訊的方式相當隨性，就是用線索（或暗號）去找東西。因此，我們搜索記憶時，無法像電腦（或網際網路資料庫）那樣系統化或可靠；非但如此，人類的記憶還深受環境的影響。舉例說，潛水員在水下接受測試，比起在陸地上接受測試時更記得在水下學到的字詞，即使那些字詞和海洋無關。

有時候，這種環境敏感度很有用。比起在滑雪場那樣的地方，我們在廚房裡會更想得起來該怎麼做菜。但這種記憶方式也是有代價的，如果必須在不同於當初儲存記憶的情境下想起某些事的時候，通常很難擷取那些記憶。例如，教育最大的挑戰之一，就是讓學童在真實世界的情境下應用在校所學。人類比較傾向記住與自己信念一致而非違背信念的證據，或許這種後果是最糟的。兩個人之間有

歧見時，通常都是因先入為主的觀念而去記住（或聚焦於）證據的不同面向。要好好考慮某件事，當然要評估論點的雙重面向，但是，除非我們肯多走幾步路，刻意逼自己去思考另一種可能性（而通常這都不會自然發生），否則我們還是傾向想到與信念一致而非違背信念的證據。

要克服這種心智弱點（稱為驗應性偏見，confirmation bias）是一場終身的奮鬥；理解我們全都為之受苦，就是重要的第一步。我們可以試著解決它，彌補天生帶著自私偏見去回憶的傾向，訓練自己，不但要考量可忠於我們信念的資料，也要考量可忠於他人不同信念的資料。

科技帶有偏見

道格拉斯・洛西可夫（DOUGLAS RUSHKOFF）

媒體理論家、紀錄片編劇，著有《數位時代的十誡》（*Program or Be Programmed: Ten Commands for a Digital Age*）

人們樂觀想像媒體或科技都是中立的，只有在運用科技時才會決定科技的效應，只有媒體的內容才會決定媒體的作用。畢竟，槍不會殺人，人才會殺人；即使拿枕頭來悶死年邁親人或外遇配偶的案例屢見不鮮，但一般人的定見中，槍枝還是比枕頭更偏向殺人武器。對於自己使用科技的偏見，我們是多麼缺乏辨識，甚至缺乏察覺的能力，使我們無法真正把這些科技當媒介。我們以為 iPad、臉書和車子，本來就像表面上看起來的預設功能那樣，而不是素來帶有偏見的工具。

馬歇爾・麥克魯漢（Marshall McLuhan）告誡我們，要知道媒體對於我們的影響，遠超過經由媒體向我們傳播的內容。而他透過媒體表達的訊息本身就被媒體誤植（《媒體即訊息》（*The Medium is the Message*）這本書的原文標題曾被排版工看錯一個字母，變成《媒體即按摩》（*The Medium is the Massage*），麥克魯漢決定將錯就錯，趁機突顯他在書中想針對媒體申論的中心意旨），這表示，所有科技當然也會發生這種誤植的現象。我們開車去上班，車子的動力來源可以是汽油、柴油、充電或氫氣，隨我們任意選擇，而這種選擇的感覺，使我們看不到自己對於車子在距離、通勤、郊區和能源消耗有根本上的偏見。

抽象的科技也很類似，從中央貨幣到心理治療，本身的構成方式就帶有偏見，跟執行起來的偏見一樣多。無論花掉多少美元，照樣會鞏固金融體系和資本集中的現象。讓心理治療師躺在病患的就診沙發上，而病患坐在治療師的辦公椅上，治療師就會開始出現症狀，而這些症狀都是可治的。一切都是早就設計好的，就像臉書就是要我們用「讚」給自我評價；iPad 就是要我們開始付費使用媒體，但他們自己卻停止生產內容。

要讓「科技帶有偏見」的觀念變成共識，我們可以刻意懷抱著目的去執行。如果不喚起大眾注意這個觀念，科技及其作用就會繼續威脅我們，令人無所適從。

偏見是敏銳的直覺

傑拉德・斯莫伯格（GERALD SMALLBERG）

紐約市神經內科醫師、外外百老匯戲劇《創始成員》（*Charter Members*）、
《金戒指》（*The Gold Ring*）劇作家

　　資訊爆炸又易於存取，不僅使我們衡量資訊真實度的能力變得更重要，也變得更難達到。重點是資訊是否切合，是否有意義；如何利用資訊做決策，如何將資訊納入知識的架構，決定了資訊的終極價值。

　　洞察力是領悟真理的關鍵；然而，我們卻沒有體會客觀的現實。辨識或詮釋電脈衝式感官刺激所得來的資料，就是我們建立洞察力的基礎。大腦會利用這些資料來模擬真實世界中的具體事物，創造出這些有形體的類比和模型。經驗則可讓我們預料到每一種遭遇，影響著我們對於一切事物的洞察力，讓我們增廣見聞。這就是為何歌德會說：「想知道櫻桃和草莓的滋味，就要問小孩和鳥兒。」這整套由直覺、感受和想法組成的偏好，用比較沒那麼美妙的詞來形容，就是「偏見」，挑戰著我們是否能準確權衡證據來求得真理。偏見就是照著自己的偏好來判斷事情。

　　人類的腦筋進化成在資訊有限的情況下，必須把賭注押在最有利的選擇上。俗話常說，機運是留給準備好的人。偏見以期望、傾向和預感的形式，幫助我們及早介入，讓事情照著我們的偏好發展，因此我們天生就有這種思維。偏見是一種本能、敏銳度或感受力，就像在我們的見解之外裝上一片濾鏡。威廉・布雷克（William Blake）曾說：「如果把洞察力的門窗擦乾淨，人就會看到每件事都有無限的可能。」但是，如果不靠偏見來集中注意力，可能就會在那無窮無盡的擴張之中迷失。我們任憑自己有各式各樣無以數計的偏見，把這些偏見組合起來，就成了個人特有的印記。這些偏見可調控我們的理性與感性，幫助我們把看法凝聚成意見、評斷、歸類、隱喻、類比、理論和意識型態，為我們圈起一個觀看世事的框架。

　　偏見是過渡性的，可隨著事實而調整；也是一時的假設，是正常的反應。

偏見是如何選擇與看待資訊的產物，就這點而言，雖是正常的，但也不能忽略了它對於思想的副作用。長久以來，醫學界始終注意著收集與分析臨床資料時固有的偏見。開發雙盲隨機對照實驗的研究，以及臨床試驗的黃金標準，都是想來抵銷這些實驗本身造成的副作用。

　　然而，生活的世界並不是實驗室，無法消除偏見。嚴格利用偏見，表示可以敏銳瞭解收集資料的時機、目標和手段。對於歸納法和演繹法而言，偏見都是基本功。達爾文並非隨機或無所偏頗地蒐集資料來建構出物競天擇的演化論。偏見是敏銳的直覺。

　　真理必須持續用所有的證據來驗證，公平公正接受針對而來的挑戰。科學就是以正規的方法做實驗，而且任何依循科學法則的人都能複製出相同的結果。沒有哪一種意識型態、宗教、文化或文明享有這方面的特權。通過這項考驗的真理，還肩負另一種使命；就像拼字遊戲一樣，它必須能與其他已經正確拼出的字母媒合。媒合的結果越精準恰當，真理越能得到肯定。在科學的範疇內不容例外，一律經過無情的糾正、從錯誤中學習、推翻並改寫即便是最莊嚴的紀錄，直到拼出完整的結果為止。

聚焦的幻覺

丹尼爾・康納曼（DANIEL KAHNEMAN）

普林斯頓大學伍德羅威爾遜學院（Woodrow Wilson School）心理學與公共事務榮譽教授、二○○二年諾貝爾經濟學獎得主

教育是決定收入的關鍵因素之一，但大部分人都不覺得如此重要。如果每個人的教育程度都一樣，收入的不平等會降低百分之十。聚焦在教育，就會忽略大量決定收入的其他因素；教育程度相同的人，彼此之間的收入差距還是非常大。

收入是決定人們生活滿意度的關鍵因素，但大部分人都不覺得如此重要。如果每個人的收入相同，生活滿意度的差距會降低百分之五。

然而，在決定幸福感的因素中，收入也不是那麼重要。彩券中獎了，實在高興，但這種興奮感不會持續太久。平均而言，高收入的人心情比低收入的人好，但這差別也只有大多數人想像中的三分之一。一想到有錢人和窮人，不知不覺就會把焦點放在收入上，認為經濟條件是重要的因素。然而，快不快樂，多半是看其他因素而定，並非收入。

下半身癱瘓的人通常不快樂，但並非老是不快樂，因為他們把大部分的時間都花在體驗與思考本身殘疾之外的事。當我們想像下半身癱瘓、眼盲、彩券中獎，或住在加州會是什麼感覺時，就會把焦點放在這些條件最顯著的特性上。想像著某種人生與實際上過著那種人生，著眼點並不一致，這就是造成聚焦幻覺的原因。

商業行銷就是利用了聚焦的幻覺。當人們上了勾，相信自己「必須擁有」一件商品時，就會誇大那件商品有多麼不同，對生活品質的提升有多大。某些商品的聚焦幻覺比其他的商品大，端看那些商品對人的吸引力是否長期維持下去。真皮汽車椅墊產生的聚焦幻覺，很可能比有聲書還大。

政客引起人們去誇大聚焦議題重要程度的能力，跟商業行銷一樣厲害。總有辦法讓人們相信，學校制服可明顯改善教育成果，或改革健保就會大幅改變美國的生活品質，無論是變好或變壞；改革健保的確會產生差異，但並不會比人在強調那差異時看起來那麼大。

確定性，無用

卡羅‧羅維理（CARLO ROVELLI）

法國馬賽理論物理中心（Centre de Physique Théorique）物理學家，著有《世上第一位科學家阿那克西曼德的故事》（*The First Scientist: Anaximander and His Legacy*）

有個廣為流傳的概念其實害人不淺，就是「經科學證實」，這句話差不多是自相矛盾。科學的基石在於開放懷疑的態度，正因為我們不斷質疑每件事，特別是自己的設想，才會永遠敞開讓知識進步的大門。因此，優秀的科學家從來不會「確定」什麼。無法確定的結論，比確定的結論更可靠，因為優秀的科學家心中有數，只要有更恰當的證據或新論點浮現，就會改變觀點。因此，確定性不但是沒用的東西，事實上如果我們重視可靠這個價值，那麼確定性還相當有害。

沒辦法看重不確定性的價值，就是社會上會發生那麼多蠢事的原因。我們確定，再不做什麼，地球的溫度就會繼續升高嗎？我們確定當前演化論的細節嗎？我們確定，採用現代醫藥總是比傳統古法更好嗎？不，上述任何一條我們都不確定。但是，如果在不確定的情況下，突然下最好別管全球暖化、沒有演化這件事、世界是六千年前被創造出來的，或傳統古法一定比現代醫藥更有效這樣的定論，那麼，我們只不過是笨蛋罷了。但的確還是有很多人會這樣推斷，因為不確定性被視為脆弱的表徵，而非扮演著知識起源的角色。

每一種知識，即使是最精實的，依然泛著一層不確定性。（我非常肯定自己的名字叫什麼……不過，搞不好我剛剛撞到頭，一時之間搞不清楚了呢？）某些實驗主義的哲學潮流就強調知識本身有或然性。好好瞭解「或然率」的意義，特別是明白我們不需要（也不曾有過）「經科學證實」，只要達到足以做出決策的或然率，就會改善每個人的思考。

不確定性

勞倫斯・克勞斯（LAWRENCE KRAUSS）

亞利桑納州立大學物理學家、客座教授，與「宇宙起源專案」主持人，著有《量子先生費曼的科學人生》（*Quantum Man: Richard Feynman's Life in Science*）

　　在科學觀念中，不確定性大概是最不為人瞭解的概念。公認不確定性意味著缺乏嚴謹以及不可測，是件壞事。舉例來說，其實全球暖化並沒有確定的評估結果，許多人一直基於這點，反對目前針對全球暖化採取任何行動。

　　然而，不確定性其實是科學成功的核心要素。我們能夠量化不確定性，並製作模型來具體呈現它，因此科學是定量（quantitative）的，不是定性（qualitative）的。在科學上，完全精確的數值、度量衡或觀測結果並不存在。引用的數值，如果未帶有絲毫的不確定性，意味著在本質上沒有意義。

　　社會大眾難以接受不確定性的一點，就是它的意義是相對的。譬如說，地球與太陽之間的距離是 1.49597×10^8 公里，這是在一年當中針對某一點測得。看起來還蠻精準的，畢竟用上有意義的六位數字，表示我知道距離的精準率約達百萬分之一。但是，如果不確定下一位數字，表示地球與太陽之間的距離，恰恰比紐約與芝加哥之間的距離更遠，這就是不確定性！

　　引用的數值是否「精確」，取決於使用目的。如果我只在意太陽明天幾點昇起，那麼這裡引用的數值還算可行。但是，如果我要發送衛星到太陽正上方來繞著軌道運行，那麼就需要知道更精準的距離。

　　這就是為何不確定性非常重要。除非我們能夠在報表和預報中量化不確定性，否則我們其實不太懂得不確定性的力量和意義。在公共事務中也是如此。不懂量化的不確定性，甚至不瞭解取得不確定性的可靠評估有多困難之下，所實施的公共政策通常都很糟。

分辨恐懼未知的輕重緩急

艾伯瑞‧迪格雷（AUBREY DE GREY）

老年病學家、「控制微小老化策略基金會」（SENS Foundation）首席科學家，著有《終結老化》（*Ending Aging*，與麥可‧雷伊〔Michael Rae〕合著）

愛因斯坦的地位極崇高，不僅是空前的科學從業人員，也是將科學放到現實脈絡下道出格言的智者。我最喜歡他說的：「如果我們已經知道自己在做什麼，那就不叫研究了。」此話帶著不設防的心意，正如諸多各界專家的名言，對於群眾難以體會專業人士的工作內容，具體而微表達出不屑與同情。

當今科學家面臨的一項重要挑戰，就是傳達如何對待不確定性。大家都知道，專家就是專家，對於手邊的事懂得比誰都多。大多數人顯然難以理解「比誰都多」並不等於「一切」，尤其難理解專家只掌握部分知識，還必須擅於釐清最佳的行動方針。無論在實驗室、新聞編輯部或決策者的辦公室，這些行動甚至都必須經過周全的評斷。

當然，許多專家並不擅長用通俗的語言解釋自己的專業。這一直是個大問題，主要是專家很少獲邀參加針對一般大眾的交流場合，因此不注重這種技巧。學院公關室有提供這樣的訓練和諮詢，不過，即使有些專家會利用這樣的資源，一般來說還是不足以應付，而且緩不濟急。

我認為還有第二種問題。我雖然身為一個喜歡與普羅大眾頻繁交流的科學家，但我可以很肯定地說，經驗所能提供的幫助有限，社會上最根本的障礙依然存在；不是科學家的人，對於管理日常生活中的不確定性，有著本能上根深柢固的顧慮，對他們來說，直覺通常都會成真，偏偏這與科學和科技上最有效的策略截然不同。科技當然是關鍵，科技才要面臨挑戰，它是科學與現實世界擦出火花之處，必須有效交流。

但是，這方面失敗的例子比比皆是，多得不勝枚舉。無論是豬流感、禽流感、基因改造作物或幹細胞，要科學家離開舒適圈，坦然接受公評，很難不去同情他們所犯的錯，比如任由細胞核移植被稱為「複製生命」，導致關鍵的研究領

域退步多年。

這問題有某個明顯的特點，就可能使公眾做出不利於自身的舉動：對風險反感。如果像道德倫理（如細胞核移植）或經濟政策（如接種感冒疫苗）這類的領域被不確定性包圍，人們在制訂因應措施時，很可能就會迴避這些問題。但涉及到公眾對風險的態度時，就不是這樣了。

最著名的例子就是一項充滿爭議的研究，表示兒童主要疾病的疫苗與自閉症有關，造成接種率大幅下降。

另一個例子是有位接受基因療法的病患死亡，主管當局便勒令全面暫停這種試驗至少一年，而這卻是順應輿論所下的決策。

這些對於先進科技的風險或利益所做出的反應，都是恐懼未知的例子；一有改變，就先入為主認定風險高於利益，是不理性而保守的思維，對於將來人生的品質和壽命的長短無疑是有害的。如果原則上認為「恐懼」是種「謹慎」的態度，那麼恐懼未知事物就並非那麼不理性；然而，人們往往是謹慎過頭。如果可以引導大眾進一步瞭解如何衡量未來科技既存的風險，能夠為了長遠而博大的利益，多多少少接受短期風險，所有科技領域的發展都能大幅加速，尤其是生物醫學界。

因為

奈吉・戈登菲爾德（NIGEL GOLDENFELD）

伊利諾伊大學厄巴納香檳分校物理學教授

　　朝著錯誤的方向前進，就是倒退。歷史告訴我們，當科學帶走認知工具中的舊觀念並注入新觀念時，我們對於世界的看法並沒有被徹底顛覆。我們從一出世，種種直覺便如影隨形，形成偏頗的科學觀，不僅不合乎大小事物的法則，也無法解釋日常現象。如果要找出下一次改變對世界看法的出發點，就必須重新審視自己深層的直覺。讀這篇文章要花上兩分鐘，在這段時間內，我打算重整一下大家對於因果關係的基本觀念。

　　一般人通常認為因果關係表示某件事有單一的起因。例如在古典物理學中，球在空中飛過，是因為被網球拍擊出。我開了十六年的老爺車加速老是太快，因為溫度感測器有問題，顯示引擎是冷的，彷彿車才剛發動。我們總以為因果關係是現實的根本，是固有的物理法則。然而物理法則並沒有過去和未來之分（或許這點無足輕重），我們只是依自己的需要選擇性採用物理法則。而複雜的體系，如財經市場或地球大氣層，看來並非奉行因果關係。事件發生的可能原因眾多，哪一種對該事件的影響最大，並不明，事後也探究不出來！有人可能會認為，因果關係是一張網。一天當中，股市通常可能微幅漲跌幾個百分點。《華爾街日報》會以愉快的口吻報導股市動態，因為「交易人獲利拋售」或可能是「投資人逢低買進」；隔天的股市動態卻完全轉向，他們便歸咎於不同的原因，那些原因甚至可能前後矛盾。每筆交易都有買方和賣方，交易當下，他們對世界的看法一定是相反的。市場唯有在多重觀點的情境下才得以運作。將大部分的市場動態做單一主要的歸因，就是忽視市場有許多的面向，不理解投資人觀點相異時會暫時失衡，這是市場特性，也是市場機制。

　　類似的誤解，在輿論和科學界中比比皆是。例如有沒有單一的病因？某些病症可回溯出單獨的病因，如亨丁頓舞蹈症，是DNA中為麩醯胺酸這種氨基酸進

行編碼的某種核苷酸發生重複序列過度擴張所導致。然而我們也知道，即使是這種病，發作的年齡和病情的嚴重程度，也會受到環境因素以及與其他基因交互作用的影響。在流行病學上，因果關係的網是個行之多年的成熟隱喻，但我們對於這張網如何運作或形成還是鮮有所知。哈佛大學公共衛生學院（Harvard School of Public Health）的南西‧克瑞格（Nancy Krieger）在一九九四年知名的論文中，提出一個辛辣的問題：「有誰看到了蜘蛛？」（Has anyone seen the spider?）

在探求因果結構這件事上最熱烈的，無非是有機體多樣性的起源，該採取智設論？還是演化論？引發這項爭論的根本思維，就是因果關係：生命其來有自，而其中必然有個單一的成因。換個角度來說，假設有一張羅織起生命起源和演化的網，那麼可能有人會存疑：有誰看到了蜘蛛？

結果並沒有蜘蛛。因果關係之網，可透過體系的催化劑或活性元素彼此串連而自然形成。舉網際網路為例，雖然有統一的通訊協定（TCP/IP之類），但隨著網際網路服務供應商在這股淘金熱中以前所未有的規模各據一方，在如此瘋狂擴張的期間，網際網路的拓撲和結構就會浮現。一旦塵埃落定，統計網際網路活動的結果會突顯一項特性：在封包傳輸發生時間延遲，網路拓撲，甚至連傳輸的資訊中，都呈現出碎形的現象。

然而，無論在本地還是全世界，短期或長期，網際網路看起來都是一模一樣。這種碎形結構約在一九九五年被發現，是個討厭的意外，因為路由器採用的標準流量控制演算法，原先的設計是假設網路動態的所有特性都是隨機的；而碎形也是生物系中常見的特性。如果沒有一個總藍圖，網際網路的演變也會奉行與主導生物演化相同的基本統計法則，不需要由某個實體來控制，結構就會自然浮現。甚至，因為這樣而產生的網路，誕生的方式可能很奇怪且在意料之外，它會遵循新的法則，而且無法從網路上任何一段回溯出這些新法則的起源。網路的作用，是集體而非部分加總起來的結果，談因果關係是沒有意義的，因為在不同的時空中，這些作用到處都有。

二〇一〇年五月六日下午兩點四十二分到兩點五十分之間，道瓊工業指數急遽下降，接著反彈了將近六百點，量之大，時間之短促，史上首見。當天爆發的這場震盪，就是後來所說的「閃崩」（Flash Crash）現象之一，影響了無數的市場指數和個股，甚至導致某些公司的股價產生驚人的跌幅（如埃森哲〔Accenture〕一度曾跌至0.01美元）。

每筆交易的數據都有逐項記載，若觀看揭露崩盤經過的慢動作，就像在看一

部股災片。但崩盤的原因始終成謎。根據美國證券交易委員會針對「閃崩」所做的報告，看得出觸發的事件是什麼（某支共同基金賣出四十億美金），但無法解釋為何這件事會造成崩盤。造成突如其來崩盤的條件，早就被羅織進市場的因果關係之網，是交易頻繁演算交互作用所產生的東西，它是自行組成的，會快速演變。「閃崩」是某種體系誕生時的哭聲，就像亞瑟・查理斯・克拉克（Arthur C. Clarke）令人念念不忘的科幻小說《按下F鍵打給科學怪人》（*Dial F for Frankenstein*）的驚悚開頭：「一九七五年十二月一日，格林威治標準時間一點五十分，全世界的電話同時響起。」我想去深入瞭解這一切，這樣的科學挑戰令我感到興奮，原因是……嗯，算了，反正我自己大概也不知道為什麼！

命名的遊戲

史都華・菲爾史坦（STUART FIRESTEIN）

神經科學家、哥倫比亞大學生物科學系主任

在科學領域中，我們太常用上「為之命名就是令其馴服」的原則，或者就是會抱持這樣的想法。我們很容易犯一種錯，甚至連當今科學家都有這種毛病，就是不知怎麼了，以為替某物貼上標籤，等於解釋或瞭解了它。更糟的是，在教學時也老是這樣，使學生以為，已命名的現象就是已知的現象，而知道這個現象的名字，就代表懂得它是什麼。我和某些人把這稱作唯名謬誤（nominal fallacy）。特別是在生物學上，分子、解剖部位、生理機能、器官、想法、假說，我們把每一樣都貼上標籤。唯名謬誤就是犯了相信標籤上帶有說明資訊的錯誤。

當某個用語或概念的意義或重要性，被有限的知識框住時，最容易發生唯名謬誤。舉「本能」這個詞為例，它指的是一套行為，我們其實不懂這些行為的原因，就是不知道怎麼來的，於是便以為那是直覺或天生的。這樣想的話，通常就不會去探索這些行為了。在先天還是後天的爭論中，它們屬於「先天」（這個詞本身就是唯名謬誤的結果）的，因此不能進一步剖析或削減。但根據經驗，這幾乎都不成真理。舉一個最好的例子：有一段很長的時間，人們認為小雞孵化後馬上啄地覓食的動作，一定是憑本能。一九二〇年代，一位名叫郭任遠的中國學者，針對生長中的雞蛋發表了傑出的研究報告，推翻了這個想法，以及許多類似的觀念。他採用簡練的技術，發現了在雞蛋上塗抹加熱的凡士林，雞蛋就會變透明，可以看到裡面的胚胎，卻不會造成干擾，因此他得以仔細觀察小雞從受精到孵化的生長過程。他觀察到了一點，就是生長中的胚胎為了要固著於蛋中，頸部會朝胸部彎曲，頭部就能靠在胸部，也正是心臟所在的位置。當心臟開始跳動，小雞的頭會上下移動，完全像是在模仿將來啄地的動作。彷彿一出生就會的啄地動作，看似「天生」而神奇，其實早在蛋中練習了一週以上。

在醫學上，醫師也常用一些技術字眼，讓病患以為，對於病理的知識比對於

疾病真正的認識還多。在帕金森氏症的病患身上，可注意到步態異常，而且通常行動緩慢。醫師稱之為運動遲緩，但與其用這個詞，實在不如乾脆告訴你「他們行動緩慢」。他們為什麼行動緩慢？病理是什麼？造成行動緩慢的機制又是什麼？在簡單一句「帕金森氏症的基本症狀就是運動遲緩」的背後，藏著更深的問題，然而對患者家屬講出那個詞，大家就滿意了。

　　科學上最重要的事，就是能夠分辨已知和未知。這常常很難辦到，因為看起來已知的事物，有時候又變成未知，不然少說也是變得模稜兩可。到底何時我們才會終於明白了某件事而停止實驗？何時才能獲悉事實，而不再去調查某條線索，停止花錢和耗費資源？已知和未知之間的界線已經夠難界定了，而通常唯名謬誤又雪上加霜。即使是「地心引力」這樣看來已受到肯定的字詞，可能也只是名不符實，這個觀念看似非常圓滿，但四百多年後，愛因斯坦提出了廣義相對論，牛頓的地心引力相形之下根本不完善。而且時至今日，即使物理學家可以明確描述地心引力的效應，他們還是不清楚地心引力是什麼，也不清楚它的來源。

　　唯名謬誤的另一個面向，就是賦予普通字眼科學意義。這通常會將缺乏警覺心的大眾導入歧途，造成嚴重誤解的後果。對科學家而言，像是「理論」、「法則」和「作用力」這些詞的意義，與普通實務上的認知並不同。達爾文演化論的「成功」，與卡內基博士教導的「成功」，並不一樣。對物理學家而言，「作用力」的意思，迥異於政治議題對這個詞的用法。在字詞誤用的情況中，最糟的或許就屬「理論」和「法則」了，這兩個詞幾乎天差地遠。「理論」是指在科學領域中具體成立，但在普通實務中仍屬抽象的觀念；而「法則」的社會效用，遠強過在科學觀念上的定位。這些歧異，有時會造成科學家與支持他們的大眾彼此之間嚴重誤解。

　　語言當然是不可或缺的，我們也必須為事物命名才能談它們。但我們千萬不要輕忽語言會牽引著思維，而命名遊戲的危險，也不該等閒視之。

活著，真要命

塞斯・羅伊德（SETH LLOYD）

麻省理工學院量子力學工程師，著有《宇宙的設計》（*Programming the Universe*）

理性這種能力，當然要在面對不確定性時才看得出來。

如果大家都能學會妥善處理未知的事物，不僅能改善個人的認知工具（可能要像按電視遙控器一樣家常便飯），還有機會改善全體人類。

有一種處理未知事物的科學方法已經相當成熟，存在了好多年，就是數學上的機率理論。機率是數值，反映出不同事件可能發生的頻率。人們對於估算機率很不在行，不在行的原因並非加減乘除的功力很差，而是無法以更深層、達到直覺反應的程度來運用機率。駭人卻稀少的事件，例如竊賊趁你睡著時潛入臥室，人們會高估機率。普遍卻悄悄暗中蔓延的事件，如動脈壁的脂肪球慢慢增生，或又排放了一噸的二氧化碳到大氣層，人們反而低估了機率。

有沒有人願意學著去瞭解科學機率？我不敢說發生這種事的機率很樂觀。一提到要懂機率，基本上大家都是嗤之以鼻。我們來看一個例子，這是根據洛克斐勒大學喬爾・科漢（Joel Cohen）所報導的真實事件。有一群大學畢業生注意到，名校接受女性就讀研究所的機率明顯低於男性。他們提出的數據可不含糊，申請入學者中，通過的女性只有男性的三分之二。這些畢業生便控告學校性別歧視。然而，逐一比對各科系的申請入學資料時，奇怪的事實浮現了，在每個科系中，女性的入學率都比男性高。怎麼可能發生這種事？

答案很簡單，不過，有違直覺。申請名額少的科系的女性比較多。這些科系的錄取率極低，不分男性或女性。男性則會去申請名額多的科系，因此錄取率反而比較高。在每個科系中，女性的錄取率高於男性，只是申請高錄取率科系的女性比較少。

這個不合乎直覺的結果，表示不同科系的招生委員會並沒有歧視女性，但這並不意味著偏見不存在。特定領域的研究生獎學金名額，絕大多數都是由聯邦政

府決定的，也就決定了不同領域研究經費的分配。性別歧視並非學院的錯，而是整個社會的錯，社會選擇把更多的資源（研究生獎學金就是如此）給男性偏好的領域。

當然，有些人很懂機率。無法精確判斷機率的汽車保險公司一定會破產。事實上，當我們預付一筆錢，為自己買個防範稀少事故的保險時，就是在花錢買保險公司估算該事件發生的機率。不過，開車是一種普遍又危險的過程，是人類習於低估壞事機率的例子，有人因而不願買汽車保險（或許這點也不足為奇，自認是優良駕駛的人為數眾多）。州政府規定國民要買汽車保險，正是體認到人民低估了發生意外的機率。

讓我們再來想想，是否該以法律強制實施健保的爭議。活著，就像開車一樣，是段普遍又危險的過程，也是人類習於低估壞事機率的例子，但是，活著時發生壞事的機率等於一；活著，真要命。

沒算到的風險

蓋瑞特・李斯（GARRETT LISI）

獨立理論物理學家

　　我們人類應付機率的能力很差。不但能力很差，而且這種無能彷彿是注定的；可是，每一天得靠精算機率好為自己謀福利的情況，卻多到數不清。我們的語言反映出這種無能，用「或許」和「通常」這種普通的字眼，含糊而隱約表達出百分之五十到百分之百之間的可能性。若不想如此簡陋表達，免不了跑出「有七十個百分比的確定性」這種乾硬的話語，搞不好只會讓漫不經心的聽者挑起眉，如此精準，始料未及，不由得愣了一下。無法運用機率是集體意識中的盲點，看似沒什麼大不了，實際上卻會造成可怕的後果。我們很怕一個不對勁，卻又做著錯誤的決定。

　　想像一下看到蜘蛛的標準情緒反應是什麼？是恐懼，小至不安，大至恐慌。被蜘蛛咬到的死亡率到底是多少？每年（平均）不到四個人被蜘蛛咬而死亡，使得蜘蛛致死的預期風險低於一億分之一。這種風險是如此微不足道，去擔心它其實會適得其反。每年有數以百萬計的人死於與壓力有關的疾病，這意味著一個驚人的事實：被蜘蛛咬而死的風險，比怕蜘蛛會害死你的風險還低（因為害怕會增加你的壓力）。

　　不理性的恐懼和傾向代價不斐。一看到甜甜圈的標準反應就是想買來吃，但如果告訴你，甜甜圈可能有不好的影響，患心臟病的風險會提高，也容易危害整體健康，我們的反應理當是恐懼和反感。恐懼甜甜圈，聽起來荒謬，即使是恐懼更危險的香菸，聽起來也還是怪；但這是我們對於可能威脅到生命的事物合理的反應。

　　對於機率小的大事所造成的風險，我們尤其不擅於處理。彩券和賭場成功撈走人們的錢，便可證明這點，還有很多例子都是如此。死於恐怖攻擊的可能性非常低，但我們卻實行反恐措施，這些措施大大降低我們的生命品質。最近的例子

就是全身X光掃描器，它會增加得癌症的風險，風險比恐怖攻擊還大；就像對蜘蛛反應過度一樣。這不表示我們該放任蜘蛛或恐怖分子，而是必須理性看待風險。

在社會上，表達不確定性等於示弱的行為。但人生充滿了不確定性，理性面對偶發性和可能性，是唯一能健全地做出正確決定的起點。舉另一個例子，聯邦法院最近頒布一道強制令，禁止為幹細胞研究募資。要靠著幹細胞研究來快速開發出救命醫藥機率很低，但若成功，正面效應會非常大。如果根據機率的期望值來拿捏後果、估算機率，結論就是，法官的判決毀了成千上萬人的生命。

如何根據偶發性做出理性的判決？那位法官實際上並沒有害成千上萬的人死亡……能這麼說嗎？如果我們接受量子物理中的「多世界」詮釋（是對於量子物理在其數學意義上最直接的詮釋），那麼宇宙就是持續分支出各種可能的偶發結果：在某個世界中，幹細胞研究拯救了數百萬的生命，而在另一個世界中，這些人因為法官的判決而死。用機率論中的「頻率學派」法，必須加入某個事件在多個世界中發生的機率，才能算出該事件發生的機率。

根據量子力學，我們在這個世界中經歷某件事的機率，是依照該事件的可能性來發生的。在量子力學中，以如此奇怪的方式結合了頻率學派和貝氏的觀點；某個事件發生的可能性，等於這個事件在許多可能存在的世界中發生的頻率。「期望值」，例如因法官的判決而死的人數，是因多種偶發事件而死的人數，用機率加權計算所得到的結果。期望值不一定會發生，卻是預期結果的加權平均，這在做決策時很實用。要因應風險做出好決策，我們必須更懂得這樣的腦力激盪，改善用語，培養直覺。

也許展現機率評估技巧是否精準的最佳賽場，就是賭市，某個開放下注的場所，賭的是許多可量化又受社會矚目的事件結果。要押對寶，所有貝氏推論的工具和抽象速記就派上用場了，直接轉成優異的決策能力。有了這些技巧，我們面對日常生活的風險會更清楚，根據集體的理性評估和社會條件，對於沒算到的風險可發展更理性、更直覺的回應。我們可以戰勝對蜘蛛的過度恐懼，以健康的心態避開甜甜圈、香菸、電視和充滿壓力的全職工作。我們會比對研究的報酬率，更注意研究成本低的現象，包含改善人類壽命品質的研究。更微妙的是，隨著多注意、多擔憂普遍存在的含糊用語，例如「或許」和「通常」，描述機率的水準就會改善。

要做出好決策需要集中精神去努力，如果我們努力過頭，就會適得其反，冒

著壓力變大和浪費時間的風險。所以，最好是平衡一下，要玩樂，還要甘冒良性的風險；因為最大的風險，就是當生命走上盡頭時才察覺從來沒為任何事投入生命、孤注一擲。

真理就是一部模型

尼爾·格申菲德（NEIL GERSHENFELD）

物理學家、麻省理工學院位元與原子中心（Center for Bits and Atoms）主任，
著有《桌上革命：從個人電腦到個人製造業》（*Fab: The Coming Revolution
on Your Desktop—From Personal Computers to Personal Fabrication*）

對於科學最常見的誤解，就是以為科學家在追尋真理，但科學家並非如此，他們是在製作、測試模型。

克卜勒用柏拉圖立體來解釋觀察到的行星運動，預測得相當準確，他提出自己的行星運動定律加以改進，後來牛頓的運動定律更進步，到了愛因斯坦的廣義相對論又更完善。但不會因為牛頓是對的，克卜勒就變成錯的，正如並非愛因斯坦是對的，牛頓就變成錯的；後繼的模型，各自的假設、精準度和應用性都不同，而非真理有衝突。

人生很多方面都會發生兩極化的鬥爭，要不就是我的政黨、宗教或生活型態才是對的，要不就是另一方的是對的，而我只信自己的。但科學模型完全不是如此，它們唯一的共同點，就是肯定全都無可厚非。

建構模型並不是主張真理，兩者非常不一樣。建構模型是永無止盡發現和修改的過程，並不是一場求勝的戰爭或一個必達的終點。在探索自己未知事物的過程中自然會遭遇不確定性，它不是應避免的弱點。出差錯本來就是應該的，遇到和期望中不一樣的結果時，就是修正期望的機會。做決定是靠評估哪種方式較好，而不是訴諸已有的智慧。

任何一位科學家都非常熟悉這樣的過程，小寶寶也是，要先咿咿呀呀才能學會講話，那是在做語言實驗；要先東倒西歪才能學會走路，那是在做平衡實驗。小寶寶有一天會從牙牙學語中長大，變成靠提出理論、測試理論為生的科學家。但是建構心智模型並不需要專業訓練，我們天生就懂這些技巧。真正該做的是，別在探索觀念時誤把這些模型當成肯定存在著絕對真理的地方。要能夠理解任何現象，就要建構可預測結果，並隨觀察而修改的模型。真理就是一部模型。

合而為一

喬恩·克萊因伯格（JON KLEINBERG）

康乃爾大學資訊工程教授，著有《網路、群眾和市場：弄懂一個高度連結的世界》（*Networks, Crowds, and Markets: Reasoning About a Highly Connected World*，與大衛，伊斯理〔David Easley〕合著）

如果你二十五年前用一台個人電腦，要擔心的只有眼前這個四方體裡發生的事。現在你花上整整一小時所用的應用程式，是分散於世界各地的電腦，大部分的情況下已無法得知資料位在哪。有人發明新詞「雲端」來形容這種失去方向感；訊息、照片和線上個人檔案，全都位於「雲端」的某一處。

雲端並不是單獨的個體。你看到的Gmail帳戶或Facebook個人檔案，其實是由大量實際上分散的元件分工合作完成的，這是一種使用電腦語言的分散式系統。不過我們還是可以把它當成獨立的個體來看，用比較宏觀的角度來想，分散式系統的觀念，就像我們每次看到許多獨立運作的小東西，卻給人它們是聯合起來創造出統一經驗的印象。不僅網際網路會有這種效果，其他領域也一樣。例如說，假設有家大公司推出新產品並公開發表，彷彿像一個人在表演，但我們細想都明白，其實當中有數萬名員工的投入。或者想像一群努力探勘的螞蟻聯軍，亦或是大腦的神經元正在為你建構當下的經驗。

分散式系統的挑戰，就是要在非常複雜的幕後運作下，製造出給人統一感的印象。這項大挑戰，其實堪稱由許多彼此拉鋸的小挑戰所構成。

要拼好整張圖，最基本的問題就是一致性。分散式系統中每個元件顧及的功能都不同，與其他功能間溝通的能力也有限，因此系統中不同成員可能會發展出不同的世界觀，彼此不一致。無論是科技界還是其他領域，從很多例子中都可看出這會造成多大的麻煩。行動裝置無法同步處理電子郵件，所以你會在不知道對方已回覆郵件的情況下做事。兩個來自不同國家的人，同時預訂了同班機的同一個座位。組織主管「沒收到通知」，所以一直不知道消息。有一排的兵太快發動攻擊，使敵軍有所戒備。

為了要「修正」這些問題，強制推行一種通用世界觀，要求系統中各個成員在行動前都要先頻頻參照這個標準；會想這樣也是很自然的。但是，這無形中會破壞許多當初採用分散式系統的理由。負責提供通用觀點的成員會碰到極大的瓶頸，很可能會發生單點失敗，這風險太高了。如果執行長得親自批准每一項決定，這樣的公司是運作不了的。

　　想具體瞭解某些設計上的根本問題，最好是仔細投入某個案例，在某種基本情境下，依照多位參與者掌握的資訊分頭採取行動，看看能不能達到想要的結果。這個例子就是在談安全共用資訊的問題。想像一下，要在多部電腦上備份機密資料庫，同時還要保護資料，只有在很多部備份電腦共同作業時才可以重新建構它們。但安全共用資訊的問題，最終並不是和電腦或網際網路特別有關，所以，就讓我們改用海盜和藏寶的故事來比喻這個情境。

　　假設有個老海盜船長知道秘寶藏在哪裡，在他收山前，想把這個秘密傳給五個不長進的兒子，希望他們能夠找到寶藏，只要三人以上同心協力就可以辦到，但他又想防範一兩人「窩裡反」，自己占走寶藏。因此他打算把藏寶地點分成五「份」，一個兒子拿到一份，這樣就可確保以下的情況：如果未來有一天，至少有三個兒子把自己拿到的份湊起來，就足以挖出藏寶。但如果只有一兩個兒子想湊，就不足以挖出寶藏。

　　要怎麼做？規劃出五個挖寶的線索，使得每個人都同樣重要，這並不難。但五個兒子都必須有共識才能找到寶藏。要怎麼設計，三個人的合作才足以挖出寶藏？而兩個人就不行？

　　就像很多深刻的道理一樣，反過來想，答案就簡單明瞭了。老海盜在地球儀上畫一個秘密圓圈（只有自己才知道），然後告訴兒子們，他把寶藏埋在這個圓圈的最南點之下。然後在圓圈上為每個兒子指定不同的位置。只要單單三個點就可以重建一個圓圈，所以任三個小海盜都能拿自己的資訊來湊，畫出圓圈，然後找到藏寶。但任兩個小海盜就只能湊出兩個點，兩個點可以構成無窮無盡不同的圓圈，因此他們無法得知哪一個圓圈才是寶藏地圖。這招非常有效，應用之處廣泛；事實上，這種共享秘密的模式還有變體，它們構成了現代資料安全性的基本原則，這是密碼學家阿迪·薩莫爾（Adi Shamir）發現的，用曲線上的點替毫無規律的資料編碼，再用同一條曲線上其他點的資訊重建出來。

　　分散式系統的文獻中充滿了具備這種精神的點子。廣義而言，分散式系統的原則，讓我們可以理性看待由許多互動成員所構成之複雜系統的固有難題，進而

讓我們不時感到挺幸運，網路是通用的，全球金融體系是統一的，感官經驗也是一致的；我們該這麼想，要使這些經驗保持整體性，挑戰是多麼龐大。

都會中的性別人際距離學

史蒂凡諾・博瑞里（STEFANO BOERI）

米蘭理工大學（Politecnico di Milano）建築師、哈佛大學設計研究學院客座
教授、《生活》（*Abitare*）雜誌總編輯

　　在每個房間、每間屋子、每條街、每座城市中的運動、關係和空間，都是由
個人之間性吸引或性排斥的思維界定的。即使是最不能跨越的種族藩籬，在性交
的狂熱中都可能突然消失；即使是最溫暖和最有凝聚力的社區，在缺乏情慾張力
的情況下，都可能迅速瓦解。要瞭解我們四海一家、社會性別如此多樣的都市是
如何運作，就必須瞭解都會中的性別人際距離學。

失敗會解放成功

凱文・凱利（KEVIN KELLY）

《連線》（*Wired*）雜誌資深特約編輯，著有《科技想要什麼》（*What Technology Wants*）

從失敗的實驗中能學到的，跟從成功的實驗中能獲得的，其實幾乎一樣多。失敗不是該避免的東西，而是該耕耘的東西。這是科學教導我們的，不僅對實驗室中的研究有益，對設計、運動、工程、藝術、企業精神甚至日常生活都有好處。所有創意工作，在擁抱失敗時成果最豐碩。一個很棒的平面設計師會想出很多點子，因為他知道大部分的點子都會半途夭折。一個很棒的舞者會明白大部分的新舞步都不會成功。任何建築師、電子工程師、雕塑家、長跑選手、想一舉成名的人或微生物學家，都同樣如此。科學到底是什麼？不過就是一種向無效事物學習，而不是向有效事物學習的方式？這個工具是要告訴你，應該瞄準成功，同時準備從一連串的失敗中得到教訓。你甚至該謹慎又刻意去對你的成就施壓，迫使它斷裂、噗通倒下、動彈不得、毀掉或失敗。

失敗並非總是如此高貴。事實上，在當今的世界中，大部分還是不把失敗當成美德來歡迎。失敗象徵著弱點，通常也是沒機會翻身的污點。世界上有很多地方都會教導孩子，失敗會帶來恥辱，應該盡一切力量達到成功，不許失敗。然而西方世界的崛起，很多層面都是靠容忍失敗的風氣。許多受到不許失敗觀念所教養的移民，到了允許失敗的地方確實會脫胎換骨、大放異彩。失敗會解放成功。

科學為挫敗感帶來的重要啟發，就是提供對付不幸的方式。大紕漏會變小，變得足以應付、固定不變、能被追蹤。失敗很難從容，但可以被疏導，每當有事情行不通時，還是可以學到什麼，變成踏著失敗前進。科學本身是學習如何善用負面的結果。因為資源分配的代價太高，大部分負面的結果都沒有拿出來分享，因此限制了幫助他人加速學習的可能性。但越來越多公開的負面結果（包含成功證明無效的實驗），漸漸變成科學方法中其他的基礎工具。

與擁抱失敗相關的連帶觀念，是以破壞來追求進步，特別是複雜的事物。改

善複雜系統的唯一方法，通常就是以各種方式強迫它失敗，藉以刺探它的極限。軟體是最複雜的人工製品，通常都要請工程師想辦法有計畫加以破壞，才能測試出品質。同理，要修理某個壞掉的複雜裝置，就是強迫讓它的多重功能產生負面的結果（暫時壞掉），好找出真正故障的地方。好的工程師會抱持敬意去破壞東西，這點有時會令不是工程師的人驚訝；正如科學家對於失敗的耐心，往往也叫外人不解。但是，養成擁抱負面結果的習慣，就是獲得成功最根本的秘訣。

整體論

古樂朋（NICHOLAS A. CHRISTAKIS）

哈佛大學醫師、社會科學家，著有《上線：社交網路的驚人力量以及它們如何形塑我們的生活》（*Connected: The Surprising Power of Our Social Networks and How They Shape Our Lives*，與詹姆斯．富勒〔James H. Fowler〕合著）

有些人喜歡堆沙堡，有些人喜歡把沙堡推倒。後者可能比較爽快，但我對前者才感興趣。你可以抓一大把被潮水沖刷數千年所形成的小矽砂，用雙手堆砌出一座華麗的塔樓。細微的物理力量主宰著粒子如何與相鄰粒子互動，讓沙堡聳立，至少維持到有隻腳來大力踏翻它為止。但是，我最喜歡的是堆好了沙堡，退一步來端詳它。在整片沙灘上出現了一個新的東西，某個過去在無止盡的沙粒上沒有的東西，某個從地面冒上來的東西，某個反映科學上整體論原理的東西。

整體論（Holism），白話一點可以簡述為「整體大於個體的總和」。不過我感興趣的並非這個原理中人力的痕跡（刻意堆沙蓋華麗的城堡，或製作飛機，或到企業去上班），而是自然的證據。這樣的例子廣而驚人。或許最令人印象深刻的就是碳、氫、氧、氮、硫、磷、鐵和一些其他的元素，正好以對的方式組合在一起，變成了生命。而且生命具備著這些組成元素中不存在，也無法從中預測、屬於意料之外的特性。各個部位之間是一種美妙的聚合。

因此，我想最能改善大家認知的科學觀念就是整體論；整體具有個體沒有的特性，這些特性也不能還原成研究個體的元素。

舉例，碳原子具有可知的特定物理和化學特性。但是原子可以不同方式結合，構成諸如石墨或鑽石。這些物質的特性（如色黑又柔軟，或透明又堅硬），並不是碳原子的特性，而是碳原子集合起來的特性。甚至原子集合起來的特定屬性，還要視組合的方式而定，片狀或金字塔狀的，各有不同。特性是因為各部位相連時才出現。要以適當的科學角度來看世界，具備這樣的見解很重要。你可能知道獨立神經元的一切，卻無法說出記憶是怎麼運作的，慾望是從哪裡冒出來的。

整體的複雜性，同樣也比個體加起來的複雜性還要急速擴張。以社交網路為例，如果 10 個人一組，每個人最多可能有 10 x 9/2 = 45 個聯絡人。如果把整組人數增加到 1,000 人，可能的聯絡人就增加成 1,000 x 999/2 = 499,500 個。所以，雖然一組的人數是增加百倍（從 10 人到 1,000 人），可能的聯絡人（而且是這個構成了體系的複雜性）卻增加了萬倍以上。

整體論並不是自然發生的。它不是推崇簡單，而是推崇複雜，或至少可說是推崇複雜事物當中簡明的凝聚力。整體論要花點心思才能學會與欣賞，不同於好奇心或經驗論。這是一個成熟的趨勢。確實，過去幾個世紀以來，笛卡兒式科學計畫把物質細分為更小的成分以便於瞭解，就某種程度而言是有效的。我們可以將物質再繼續細分為原子、質子、電子、中子，然後夸克、膠子，以此類推；可以將有機體細分為器官、組織、細胞，然後是細胞器、蛋白質、DNA，以此類推。

把小的成分組回去，藉以瞭解它們，比較難，而且對科學家或科學而言，這種方式通常也發展得比較慢。想想看，要瞭解所有細胞在人體中如何運作，比起研究細胞本身，難度差了多少。神經科學、系統生物學和網路科學等新領域正在崛起，就是要完成這樣的工作。而這些領域才剛開始發展，那是幾個世紀以來踢倒沙堡才想出來的。

TANSTAAFL

羅伯特・普羅文（ROBERT R. PROVINE）

馬里蘭大學心理學家和神經科學家，著有《笑的科學研究》（*Laughter: A Scientific Investigation*）

TANSTAAFL是「天下沒有白吃的午餐」（There ain't no such thing as a free lunch）的縮寫，這放諸四海皆準的深厚道理，可以解釋科學和日常生活的問題。這句話源自酒吧的經營手法，只要付出天價點飲料，就可以享用免費供應的午餐。我從科幻小說大師羅伯特・海萊因（Robert Heinlein）一九六六年的經典作品《怒月》（*The Moon Is a Harsh Mistress*）中讀到了TANSTAAFL這個字，故事中有個角色提醒我們，免費午餐的背後是有代價的。

天下無不勞而獲的事，通用於物理學（熱力學定律）和經濟學等豐富的科學領域；其中經濟學家米爾頓・傅利曼（Milton Friedman）把這句話的修辭改得高雅些，用來做為他一九七五年名著的書名：《世上沒有免費午餐》（*There's No Such Thing as a Free Lunch*）。物理學家當然贊成TANSTAAFL，而很多政治經濟學家可能比較不贊同，他們的世界，旁門左道瀰漫。

我的學生常常聽到TANSTAAFL，從雄孔雀尾巴的生物成本，到可以替我們改變物理現實，以突顯時空變化的神經系統。雌孔雀會精挑細選羽毛最美麗、意味著雄風最健的性感雄孔雀；人類也很像，我們偵測重大感官事件的能力，比高傳真聲光儀還強。在這種情況下，吃午餐要付出合理代價，殘酷而一絲不苟的天擇會算出那是多少，一點也不虛張聲勢，也沒有魔法。

懷疑實證主義

傑拉德・霍爾頓（GERALD HOLTON）

哈佛大學馬林克拉特（Mallinckrodt）實驗室物理學教授兼科學史榮譽教授、《二十一世紀的愛因斯坦》（*Einstein for the 21st Century: His Legacy in Science, Art and Modern Culture*）的共同編輯

大體而言，在政治和社會方面，人們太常以根深柢固的假設、意識型態或教條做出重要決定，換句話說，是不思長遠後果的輕率實用主義。

因此我建議採用「懷疑實證主義」（skeptical empiricism），這是在科學上經過審慎規劃和測試研究所提出的。它與一般的實證主義不同；一般實證主義的特色，就像科學哲學家恩斯特・馬赫（Ernst Mach）寫的一樣，他拒絕相信原子的存在，因為我們「看不見」原子。

可以確定的是，在政治和日常生活中，我們都必須在資料很少或資料相悖的情況下，對很多議題快速做出決策。不過正是基於這樣的理由，如果想要做好準備，面對倉促決定的後果（無論有意無意造成的），採取更周延的計畫，像這裡所說的懷疑實證主義，就是明智的選擇。

開放系統

湯瑪斯‧巴斯（THOMAS A. BASS）

紐約州立大學奧爾巴尼分校英文教授，著有《喜愛美國的越南間諜》（*The Spy Who Loved Us*）

今年Edge請我提出「可以改善大家認知」的科學觀念。我一直沒那麼聰明，能夠自己開創新觀念，所以我來推薦其他優異的點子。或許可把這種科學觀念稱作「瑞士刀」，形容大量可用來探測認知難題的實用工具。我想到的是開放系統，這個觀念先從熱力學和物理開始，然後才應用於人類學、語言學、歷史、哲學和社會學，最後才來到資訊界，然後再細分成其他的觀念，如開放原始碼和開放標準。

把標準開放，外來的行家就可以存取電腦系統的設計，改善它，與它互動，或者再擴充它。這些標準是公開透明的，能從各方存取，開發人員和使用者也免付權利金。開放標準驅動了網路的革新，使它蓬勃發展，創意和商機兼容。

很遺憾，許多偏好「圍牆花園」、儲倉、專有系統、APP、端層式存取和其他能把國民變成消費者之手法的公司，並不歡迎開放網路的想法，他們的網路笑裡藏刀，埋著可幫他們賺錢的追蹤系統；這種系統也是世界上那些警察國家感興趣的，他們喜歡閉路監視器。

現在，網路已經歷二十年混亂的發想泡沫時期，我們要對抗可能會害它垮掉的力量，同樣還要抵禦導致其他系統正轉向封閉的力量。「人民哪！人民哪！你們的武器，就是開放的觀念！」

非天生的遺傳

喬治‧卻奇（GEORGE CHURCH）

哈佛大學教授、個人基因體計畫主持人

　　李森科（Lysenko）和拉馬克（Lamarck）這兩個名字，對政治經濟造成的惡果太嚴重，因此幾乎變成壞科學的同義詞，比平庸的學問還糟。

　　一九二七年到一九六四年，李森科堅持後天獲得遺傳論的主張，同時以專橫的態度領導蘇聯的農業和科學。一九六〇年代的秋天，安德烈‧沙哈諾夫（Andrei Sakharov）和其他蘇聯物理學家，終於對這個暗地裡幹壞事的集團挑釁，指責他們「不知羞恥，使蘇聯的生物學開倒車，特別是遺傳學方面……誹謗、抨擊、逮捕，甚至害死很多真正的科學家。」

　　另一套相反（但同樣聲名狼藉）的遺傳理論是高爾頓的（Galtonian）優生學運動，自一八八三年起在許多國家越來越普及，直到一九四八年「成年男女，不受任何種族、國籍或宗教的限制，皆有婚嫁與組成家庭的權利」的人權宣言（世界上被翻譯成最多語言的文件）問世，它才退燒。不過，強迫節育卻一直持續到一九七〇年代。用「抽象速記」法來解釋，李森科派就是高估了環境的影響，而優生學派則是高估了遺傳學扮演的角色。

　　當科學理論有了政治或宗教的傾向時，就會產生上述這種盲點。但是，對於偽科學（或科學）的可怕錯誤反彈時，也會產生盲點。鑑於上述這兩種基因學理造成的災難，我們可能會這樣想：只要管制濫用人類性腺遺傳的情況即可。再加上達爾文學說的爭議持續延燒，我們可能會產生偏見，認為人類的演化已經停止，或者覺得那種「機制」無效。但我們都順利進入前所未有的演化新階段，必須超越以自己的DNA為中心，而概括出另一種世界觀。我們現在遺傳了後天獲得的特徵，其實一直都是如此，只是這點變成當前主流，具有指標意義。將優生學應用於個人家庭的層面（這是對的），而不是政府的層面（這是錯的）。此外，我們可能還是會受到同樣的誤導，以為能靠訓練和醫學來達到優生選擇的目的

（如：「理想」特徵是能夠一致化的）。

　　演化的速度從緩緩而行變成一飛沖天，隨機的突變和天擇仍會發生，但也可運用非隨機的人為設計，使它更加神速。物種消失，不只是因為發生滅絕，還可能是兼併造成的。人類與細菌、植物，甚至是機器之間，都不再有物種的區隔。

　　抽象速記只是其中一種用來達到「弗林效應」（即提高全世界人智力測驗的平均分數）的辦法。SAT 是最早允許使用計算機的測驗，但有多少人注意到這麼微小卻值得銘記的創進？又有多少人曾半遮掩地越來越愛用 Google 或簡訊這些方式來交談？就算不用人工智慧，我們越來越愛提做決策這種老梗（還有算術、回憶和肌肉）的習慣，又幾時遠離過？

基準轉移症候群

保羅・科德羅斯基（PAUL KEDROSKY）

《華爾街貪婪故事》（*Infectious Greed*）編輯、考夫曼（Kauffman Foundation）
基金會資深研究員

一四九七年約翰・卡博特（John Cabot）來到紐芬蘭大淺灘時，對所見大為驚嘆：魚，好多好多的魚，多到超乎想像。根據法利・莫維特（Farley Mowat），卡博特曾寫下：「水裡游滿了魚，不但可以用網來補，還可以用簍子去撈，一撈起來就有一石那麼重。」漁業就此興旺了五百年，但到一九九二年，一切都結束了。大淺灘的鱈魚捕撈業毀了，加拿大政府不得不關閉整座漁場，造成三萬漁民失業，從此再也沒恢復。

出了什麼問題？問題很多，從大船捕撈到監督不力，但是，把邁向毀滅的每一步都視為稀鬆平常，才是促成這一切最大的元凶。從充沛到衰敗，整個過程中大家都安於現狀，直到最後一刻，漁場徹底毀滅。

一九九五年，漁業學家丹尼爾・鮑里（Daniel Pauly）想出了一個詞，把這種造成生態浩劫的漫不經心態度，稱為「基準轉移症候群」（shifting baseline syndrome）。以下是鮑里當初對於這種症候群的描述：

> 每個世代的漁業科學家剛入行時，都把資源存量和物種組成當作基準，用來評估變化。下一代入行時，資源存量又減少，但此時的資源存量又被當作新的基準。資源和物種漸漸消失，結果基準當然也隨著這種可怕的情況而轉變。

這就是盲點，一代又一帶無視於數據的結果，很愚蠢。科學界大部分的領域都保有長期的數據，這是一種成規，但很多生態類科並非如此，不得不憑藉二手資訊和傳聞。我們沒有足夠的數據來比較出什麼是正常的，所以告訴自己，這樣很正常。

但它往往並非如此。相反地，這條基準穩穩在暗中起變化，就像我們自我催

眠地說，冬天總是這麼暖，雪就是這麼多，北美東部的森林一直都有這麼多鹿，或已開發國家目前的人均耗能量很正常。這些全都是基準轉變，無論是個人或科學上的數據都不足，失去周遭世界長期以來變化的資料，掩蓋了危險。

　　瞭解了基準轉移症候群，就不得不問，什麼才是正常的？是這樣嗎？還是那樣？至少，我們「懂得」要去問怎樣才是正常，這也同樣重要。要不是如此，我們就必須停止轉變基準，採取一些行動，否則就太遲了。

PERMA

馬丁‧塞利格曼（MARTIN SELIGMAN）

賓州大學賽勒巴赫（Zellerbach）家族基金會心理學教授暨積極心理學中心主任，著有《生氣勃勃：關於幸福與福利的一種新觀點》（*Flourish: A Visionary New Understanding of Happiness and Well-Being*）

通行天下的福利制度是可能的嗎？

科學家慣用核戰、人口過剩、能源短缺、擇劣而生、到處充滿精神標語等等負面烏托邦的題材當作預言。相信人類未來會找出解決之道的預測，卻不太引起注意。我並不打算預言人類的未來確實會樂觀發展，不過，如果我們願意去規劃它，那麼實現的機會就越大。一開始可先提出能夠量化的福利條件，然後再去想，如何達到這些條件；在此只談能夠測量的標準。

福利是個人和社會為自身著想所做的選擇，格局之大，不是冷漠所能比。福利的條件必然是各自獨立、分別衡量出來的，而且越精微越好。我認為這樣的條件有五個，為了方便起見，用縮寫表示，就是PERMA：

P 正面的情緒（Positive Emotion）

E 投入（Engagement）

R 正面的關係（Positive Relationships）

M 意義和目的（Meaning and Purpose）

A 成就（Accomplishment）

過去十年來，把這些條件量化的運動一直在推展中。PERMA全部加起來，就構成比「生活滿意度」更完備的福利指數，還可以結合主客觀指標。PERMA指數適用於個人、企業，甚至城市。英國現已著手計算國家的福利，是除了國內生產毛額之外，另一種衡量公共政策是否成功的標準。

PERMA抽象速記出促成生活品質的條件。

對生活造成「障礙」的條件，如貧窮、疾病、蕭條、衰退和無知，與PERMA有什麼關聯？它們會妨礙PERMA，但PERMA並不排除它們存在的可能

性。重點來了：蕭條並不會使幸福減損1.00分，大約只會扣掉0.35分；收入對於生活滿意度的影響，則呈現明顯的曲線，收入越高，生活滿意度越來越低；越往上，越需要保障。

傳統上，科學與公共政策只注重障礙條件的補救，但PERMA告訴我們這樣還不夠。如果希望有通行天下的福利，也該衡量PERMA，並想辦法經營它。這跟個人的人生原則不謀而合；如果希望自己發展得好，光是擺脫憂鬱、焦慮和憤怒以及累積財富，都是不夠的，還需要直接建立起PERMA。

要建立起PERMA，有哪些已知的辦法？

也許二〇一二年的Edge大哉問會是：「科學如何為打造通行天下的福利做出貢獻？」

正和賽局

史迪芬‧平克（STEVEN PINKER）

哈佛大學心理系約翰史東（Johnstone）家族基金會教授，著有《思考的原料》（*The Stuff of Thought: Language as a Window into Human Nature*）

零和賽局（zero-sum game）就是一方獲益等於另一方損失，因此，獲益和損失相加起來的和是零。（精確而言，它往往涵蓋雙方行動方針的所有組合變化）。運動競賽就是典型的零和賽局，獲勝不為了別的，正是唯一的目標；太客氣的人終將完蛋。非零和賽局則是一種互動關係，行動的組合變化會使雙方產生淨獲益（正和）或淨損失（負和）。典型的例子有：牧人或農民用羊毛或牛奶交換穀物與水果、人情的還欠，或者與別人輪流照顧彼此的孩子時，都會產生順差。

在零和賽局中，可理性決策、為自己謀求最大利益的一方，必然會讓另一方損失也最多。在正和賽局中，可理性決策、自利的一方可做出使自己和另一方同樣獲益的選擇。換個通俗一點的說法，正和賽局就是雙贏的局面，也是「大家都是贏家」這句陳腔濫調的意思。

零和、非零和、正和、負和、恆和以及變和賽局這整套概念，屬於一九四四年約翰‧諾伊曼（John von Neumann）和奧斯卡‧摩根斯坦（Oskar Morgenstern）率先提出的數學賽局理論。「Google圖書」的NGRAM工具顯示，這些詞彙自一九五〇年代起越來越受歡迎，一九七〇年代起，「雙贏」這個更通俗的說法也同樣越來越普及。

這個世界本來就存在著賽局，在這樣的世界之下，把人們湊在一起，無論他們做了什麼互動上的選擇，都不會改變自己處於零和的情境與否。不過，人們可能會因為沒注意到一些可公開討論的選擇，而以為自己處於零和的情境，其實他們是處於非零和賽局。

但是人們卻可以改變世界，使互動變成非零和賽局。當大家意識到與人交流的狀態符合哪一種賽局理論（即正和、負和或零和）時，不需要追求高貴的身

分，就能做出為自己的生命帶來安全、和諧或繁榮這些富有珍貴價值的選擇。

　　舉例：發生爭執的同事或親戚願意嚥下自己的驕傲，承擔自己的損失，或就此打住去享受禮讓的結果，而不是忍受不斷爭吵的成本，只為了輸人不輸陣。談判的雙方，各自擔待當初討價還價的落差，轉換為彼此「都叫好」的立場。要辦離婚的夫妻會明白，談判的方式是可以重新調整的，從兩人都非要掏光對方的財產不可，結果律師反而得利的情況，改成兩人都盡量分多點，省去律師事務所吃人的鐘點服務費。老百姓則體認到，中間商（特別是善於運用這種經濟利基的少數民族，如猶太人、亞美尼亞人、海外中國人和外籍印度人），並不是從社會這個宿主身上榨取好處的寄生蟲，而是創造正和賽局的人，讓大家一同獲益。國家有所認知，國際貿易的夥伴獲益並不會對本國造成不利，而是雙方都有好處，因此放棄以鄰為壑的保護主義，開放經濟（如古典經濟學家所言），讓大家都更富裕（如最近政治學家提出的研究），就能遏止戰爭和種族滅絕。交戰的國家放下武器，分享和平的好處，而不是追求得不償失的勝利。

　　當然，人類有些互動確實是零和遊戲；生物上最顯著的例子就是求偶的競爭。即使是正和賽局，某一方也可能想祭出共同利益，以換得單方面的好處。不過，看清互動中賽局架構的風險和代價（特別注意，風水會輪流轉，如果某次交手時，被慾望驅使而越爭越多，到下次交手而角色對調時，可能就會害了自己），即可有效防範各種短視近利。

　　一九五○年代以來的數十載，對於零和或非零和互動方式的關注（無論是否提到這些詞），真的讓世界越來越和平、越來越繁榮嗎？這並非令人難以置信。國際貿易和加入國際組織的趨勢幾十年來飆升，表示賽局論的思維已經成為普遍的議題。從已開發國家中可以觀察到經濟大幅成長，同時幾種規模性的暴力（如強權間的戰爭、富裕國家間的戰爭、種族屠殺以及致命的種族動亂）也發生有史以來前所未有的消退，也許這一切都不是巧合。一九九○年代以來，開發中國家也已開始累積這些美好的經驗，有一部分的原因是，他們的基本意識型態已從歌頌零和的階級和民族鬥爭，轉為推崇正和的市場合作。（可從國際研究的文獻中找到這些主張的記錄）。

　　在我們這一代注意到正和賽局之前，世界萬物老早就明白，加入正和賽局就能享受富足與和平的果實。生物學家約翰‧梅納德‧史密斯（John Maynard Smith）和艾爾斯‧薩思麥利（Eörs Szathmáry）認為，創造正和賽局的演化機制，促成了生命史上基因、染色體、細菌、細胞核、有機體、有性生殖和動物社會這

些轉捩點的出現。在每一次的轉捩點上，這些生物作用為了顧全大局，都會各司其職，交換利益，建立保護機制，防止各自發展危及整體。記者羅伯特·萊特（Robert Wright）曾在他的著作《非零》（*Nonzero*）中，深度勾勒出人類社會史上相似的輪廓。識字的人所明白的「正和賽局」及其相關概念的抽象速記，是人類在世間做選擇的過程，如果拿到更大的自然界去看，這個過程早已運作了數十億年。

為了生存而相依偎

羅傑・海菲爾德（ROGER HIGHFIELD）

《新科學家》（*New Scientist*）編輯，著有《超級合作者》（*SuperCooperators: Altruism, Evolution, and Why We Need Each Other to Succeed*，與 Martin Nowak 〔馬丁・紐瓦克〕合著）

人人都熟知為了生存而鬥爭。隨著達爾文革命性學說的問世，我們明白了，競爭就是演化的核心。他說，最適應環境者，能在這場無盡的「嚴苛生存鬥爭」中勝出，其餘者則盡數滅亡。因此，今天每一種會爬行、游泳和飛翔的動物，牠們祖先成功繁殖的後代都比不幸的對手還多。

這呼應了人們用競爭看待人生的方式：勝者為王，太安分多半沒好報。我們追求第一，利己的慾望就是動力的來源；沒錯，就連我們的基因也被說成是自私的。

然而，競爭並沒有透露出生物學的全貌。

我在想，很多人是否有注意到一個矛盾的現象：贏得生存鬥爭的一種方式就是生存相依，也就是合作。

我們在這方面的表現已經成績斐然。即使是日常生活中最簡單的活動，涉及的合作關係之多可能超乎你的想像。舉例來說，某天早上，你走著走著遇到一間咖啡店，停下來，想進去買杯卡布奇諾和可頌麵包當早餐。要享受如此簡單的愉悅，可能要勞駕一小群至少來自六個國家的人。要提供這些點心也要靠充沛的點子，而這些點子則是靠語言為媒介，廣為在世界各地代代相傳。

現在，我們對於什麼促成我們合作有了非凡的新見解。哈佛大學的馬丁・紐瓦克（Marin Nowak）參考許多其他人的貢獻，歸納出至少五個基本的合作機制。令我訝異的是，他說我們人類合作的方式就像用數學計算、蘋果掉落到牛頓花園一樣明確。這種新的認識，影響深遠。

全球人類合作的情況現在徘徊到了一個臨界點。地球人口不斷增加，加速財富和產業的發展，這本身是合作成功的結果，卻也耗損著這座我們賴以為生的家

園。今日許多挑戰著我們的問題，都可回溯到一個深遠的爭論，究竟哪些事才是社會覺得有利而想追求的？哪些才是個人覺得有利而想追求的？在全球性的問題如氣候變遷、環境污染、資源枯竭、貧窮、飢餓和人口過剩中，都可以看到這樣的衝突。

美國生態學家蓋瑞特·哈定（Garrett Hardin）曾主張，最大的問題，也就是拯救地球和延長全體有智人種的壽命，不能單靠科技來解決。如果想贏得生存鬥爭，避免急劇消失，沒辦法，只能善用這種非比尋常的創造力。這是我們全體該改進與拓展合作能力的時刻。

紐瓦克的書中還透露出一個更深層的訊息。以前基本的演化原則只有兩種，即突變和物競天擇，前者產生基因多樣性，後者則反映出適者生存。我們現在必須體認還有第三種原則，就是合作。從基因到有機體、語言，以及支持起現代社會的複雜社會行為，合作，即可看出演化富有建設性的一面。

比較利益法則

迪倫・伊文斯（DYLAN EVANS）

愛爾蘭科克大學（University College Cork）醫學院行為科學講師，著有《圖解演化心理學簡介》（*Introducing Evolutionary Psychology: A Graphic Guide*）

要找出最能改善大家認知的科學觀念並不難，答案「必然」是經濟學。沒有任何一個其他領域的學理像經濟學一樣，有這麼多的觀念被這麼多人忽視，使得個人和世界都付出了高額的代價。高難度的任務所採用的思維，只是經濟學所發展出來的眾多觀念之一。

我想大力推崇比較利益法則，它解釋了在貿易中雙方為何都能獲利，即使無論怎麼看，某一方的得到的好處是比另一方多。在保護主義越來越興盛的當下，重申自由貿易的價值越顯重要。勞動力的交易跟貨品的貿易大致上差不多，因此比較利益法則也解釋了為何移民多半為好事一樁，當仇外情緒越來越高漲時，正有強調這一點的必要。

面對立意良善，但反而遭到徹底誤解的全球化時，我們得為國際貿易帶來的豐收而喝采，並努力讓世界更整合。

塑造機緣巧合

傑生・史威格（JASON ZWEIG）

記者、《華爾街日報》個人理財專欄作家，著有《大腦煉金術》（*Your Money and Your Brain*）

創意是一朵虛弱的花，但或許可定期定量用機緣巧合來幫它施肥。心理學家莎諾夫・梅尼克（Sarnoff Mednick）幾十年前就說過，對於看似無規律、不相干的概念，有人察覺出關聯性的敏銳度就是比別人強。如果要創意量表得分高的人，把「輪子」、「通電的」和「高的」三個概念聯想在一起，然後再舉另一個相關的東西，他們會馬上回答「椅子」。西北大學認知神經科學實驗室的馬克・榮畢曼（Mark Jung-Beeman）在最近的研究中發現，忽然靈光乍現（那種「對了！」或「我發現了！」）的一刻，是腦部活動突然轉移焦點時發生的。使人大喊「我明白了！」那種近乎欣喜若狂的感覺，看來是腦部能夠撇開立即印入眼簾的事物或熟悉景象時產生的。

這或許可以解釋，為什麼很多人驚呼「我明白了！」時，都是在閉上眼睛（往往不知不覺中）之後。

這也告訴我們，創意可以透過刻意改變環境來加強，至少對我來說是如此。

有兩種技巧有機會達到這種目的，一種是多樣化學習，另一種是變換不同的學習場所。我每星期都會試著讀一篇新領域的科學論文，而且在不同的地方讀。

這樣我就會常常蹦出新的聯想。耐人尋味的是，別人似乎都是暗暗守在某處等待恍然大悟的時機。我並不是硬擠出這些聯想的，它們都像含羞草，碰一下就會縮起來，不碰它們時才會綻開。

社會學家羅伯特・莫頓（Robert Merton）認為，許多偉大的科學發現都是意外乍現的。我是個外行人和業餘者，為自己鋪設機緣巧合之途，為的就是用其他人還沒經歷過的方式獲得一些新點子，然後結合舊觀念。所以，我任由好奇心帶領自己四處去，就像在通靈板上浮動的乩板。

我利用空閒時間練習這種換地方閱讀的活動，要是占用工作時間，對報社編

輯不好交代。不過，去年我最快樂的時刻就是發表一篇調查文章，報導越來越多老人家在投資時，栽在同樣是老人家的職業騙子手上。後來我發現，當時在讀的系列論文內容關於利他行為的魚（裂唇魚），使我的這篇報導更豐富。

假設我的功力還算不錯，忠實的讀者便永遠不會發現，我花了不少閒暇時間閱讀《當代生物學、神經科學之旅、組織行為與人類決策的過程》（*Current Biology, The Journal of Neuroscience, and Organizational Behavior and Human Decision Processes*）。我覺得，讀了它，幫助我用新的方式瞭解金融世界，若真的如此，那麼我的讀者也會間接變得更聰明吧！若不是如此，唯一的壞處只是浪費了自己的空閒時間。

我認為，大家每星期應該投資幾個小時，在和日常工作環境沒有任何共同點的地方，閱讀表面上與日常工作無關的研究報告。塑造這樣的機緣巧合，可能就會讓我們變得更有創意，我覺得不會有什麼壞處。

世界不可測

魯迪．盧克（RUDY RUCKER）

數學家、電腦科學家、網路叛客先驅、小說家，著有《吉姆與死後世界》
（*Jim and the Flims*）

　　媒體想盡辦法挖掘人生意外收穫和災難的近因。大眾會希望阻擋壞事，傳遞好事。民意代表提出新法規，徒勞無功地為去年的火災滅火，永遠把賭注押在昨天跑贏的馬。很少人瞭解一個真理，就是世界的各個層面基本上都是不可測的；長期以來，電腦科學家都在證實這點。

　　怎麼說？預測一個事件，就是想快點預知後果。但簡單算一下就知道，這種事沒有捷徑，大部分的過程還是不可測。這個事實背後有個深層的邏輯在運作：如果人能預測自己的行為，就可以故意違反預測，那表示預測終究是錯的。我們常常以為，不可預測性是高靈或量子泡沫隨機介入引起的。但是，混沌理論和電腦科學告訴我們，就算是非隨機的系統也會產生意外的結果。無法預料的龍捲風、從天而降的保險箱砸到張三李四、玩吃角子老虎機一拉就贏錢──這些稀奇古怪的事都是用電腦也算不到的。世間一切可能是早就注定，又同時充滿變數。

　　在真實世界中，即使沒有什麼事是全然隨機的，想知道明日天氣詳細變化唯一的辦法，還是等上二十四小時看看。宇宙在計算明日的天氣時快又有效率，任何比宇宙規模還小的系統算起來都不如它精確，而且，即使算錯了一點點，效應都會放大，造成衝擊。

　　在個人層面上，即使世界就像用電腦程式設計般如此確立，還是無法預測自己會怎麼做。因為預測的方法與模擬自己的心意有關，先有想法，才能模擬，沒有什麼比想法冒出來的那一瞬間還快，因此模擬總是慢半拍；人不可能站在自己的肩膀上。

　　夢想著某種能快速精密算出未來的神奇小理論是白費心力。我們無法預測，也無法控制。接受這一點，就有機會得到解放和內心的平靜。世界是開展的，我們就是其中一分子，浮游在混亂的浪頭上。

隨機

查爾斯‧席夫（CHARLES SEIFE）

紐約大學新聞學教授、曾任《科學》（*Science*）期刊記者，著有《數學的黑暗騙術》（*Proofiness: The Dark Arts of Mathematical Deception*）

　　我們的腦袋會反抗隨機的念頭。人類已演化成精於找出模式的生物。早在科學出現前，我們就知道粉橘色的天空醞釀著危險的風暴；嬰兒滿臉通紅，表示晚上可能會睡不好。人腦會自動歸納資料，為觀察到的事物賦予意義，用來瞭解和預測事件。

　　隨機發生的事物很難掌握，那與我們愛找模式的本能相違；有時候會令我們感到，某些事物無跡可循，某些過程無法充分預測，使我們想發揮本能時受限。儘管這是宇宙重要的運作方式，我們還是很難接受這種概念。如果不瞭解隨機，就會停留在相信有個可以完美預測的宇宙，但這樣的宇宙在現實中根本不存在。

　　我認為，唯有明白三句話，也就是三條隨機法則，我們才能打破對於可測性的堅持，欣賞起宇宙的原貌，而非期望中的樣子。

隨機法則第一條：有一種東西叫做隨機。
　　我們實行各種機制來避免遇到隨機事件。我們談起業障，認為是宇宙中把表面上不相干事件連結在一起的等化作用。我們也相信，無論好運壞運，運氣都會消失，而且壞事一旦發生，就會接二連三。我們說著人會受到星座、月相、行星在天體中移動的影響。要是得了癌症，就會自行推論出該怪罪的人或事。

　　但有很多事都無法完全預測或解釋。災難是隨機發生的，好人會遇到，壞人也會遇到，星座運勢很旺或很背的人都會遇到。我們偶爾可猜中未來的發展，但即使是最可信的預測，還是可能被隨機打亂；你太胖、你愛抽菸、你過馬路時被飆過的機車撞到，可能還是活得好好的，一點也不奇怪。

　　隨機事件看起來甚至可能很像不是隨機發生的。即使是最精明的科學家，也很難分辨哪些真的是因果關係，哪些又是隨機的僥倖。隨機可讓安慰劑變仙丹，

或讓無害的複合物變致命毒藥，甚至可讓次原子粒子憑空出現。

隨機法則第二條：有些事不可測。

如果走進拉斯維加斯的賭場，注意到賭桌旁聚了一堆人，大概會看到某個人以為自己走運了。他連贏了好幾回合，大腦釋放訊息說他還會繼續贏，所以他就一直賭。你也可能看到某人一直輸；但是，輸家的腦袋跟贏家的一樣，也叫他繼續賭；因為他輸了太久，覺得自己的霉運應該差不多到了盡頭，不能離開賭桌，否則就會錯過翻身的機會。

其實並沒有一股神秘的力量給贏家帶來好運，也不存在什麼公正的天理確保輸家會轉運。與大腦傳達的訊息正相反，宇宙一點也不在乎你的輸贏；每次擲出骰子，跟別次都沒有任何不同。

無論多努力打量擲骰子時的架勢，多仔細觀察看起來運氣很好的人，還是絕對不曉得，下次在公平的情況下擲出的骰子會滾出幾點。擲骰子的結果，跟過去的記錄一點關係都沒有。因此，任何以為靠觀察賭桌變化就能占優勢的人注定要失敗。每一件像這樣獨立而純隨機的事，都沒辦法找到模式，因為根本沒有模式。

隨機使人類的聰明才智受阻，意味著我們的邏輯、科學和理性的能力，在預測宇宙變化上只能參透到目前的程度。無論試了哪種方法，建了哪種理論，用了哪種邏輯去預測下次擲骰子的結果，還是會有六分之五的機率會錯。屢試不爽。

隨機法則第三條：即使個別隨機事件的變化無法預測，匯集起來還是可以預測。

隨機叫人氣餒；即使是最精密的理論，遇到它也無法繼續；就算我們下決心探究，隨機還是會把我們擋在自然要素的門外。然而，說某件事是隨機的，並不表示我們無法瞭解它。完全不是如此。

隨機自有一套規律，我們可以從這套規律中瞭解和預測隨機變化的過程。

這些規律告訴我們，即使單一的隨機事件可能完全無法預測，把它們集合起來，預測性卻很高，而且量越大，越容易預測。大數法則這個數學定理說明了重複、獨立的隨機事件，越聚在一起，可預測的平均變化值越精確。另一個有效的數學工具「中央極限定理」則告訴我們，特定的事件集合起來時，與平均值之間的誤差可能會有多大。無論一時的隨機變化多混亂、多奇怪，使用了這些工具，

我們還是可以長期、穩定而準確地預測它們。

隨機的規律影響之大，為物理學帶來不少神聖而永恆的法則。雖然在充滿氣體的箱子中，原子是隨機移動的，它們的集體反應卻可用一套簡單的確定性方程式來描述。甚至連熱力學定律的效用，都是從大量可預測的隨機事件發揮出來的；熱力學的地位不可動搖，正因為隨機的規律是如此無庸置疑。

隨機事件不可預測的變化，反而使我們做出最有信心的預測；似乎很怪，卻是無疑的。

萬花筒般的發現機制

柯利弗德‧皮寇弗（CLIFFORD PICKOVER）

作家、《電腦與繪圖》（*Computers and Graphics*）副主編、《奧德賽、里奧納多和宇宙黑暗物質》（*Odyssey, Leonardo, and YLEM*）編輯委員會，著有《數學之書》（*The Math Book: From Pythagoras to the 57th Dimension*）

　　加拿大名醫威廉‧奧斯勒（William Osler）曾這樣寫道：「在科學上，說服天下的人才有功勞，而不是先有想法的人。」用事後諸葛的角度來觀察科學和數學上的發現，經常會有這種例子：如果某個特別的現象沒被某位科學家發現，幾個月或幾年內卻被其他人發現。大多數的科學家，就像牛頓說的：「站在巨人的肩膀看世界。」只是那離地平線有點遠。常常有幾個人大約同時造出幾乎相同的裝置，或發現同樣的科學定律，但由於種種原因，包括純粹運氣問題，有時歷史上就只記錄了一位。

　　一八五八年，德國數學家奧古斯特‧莫比烏斯（August Möbius）獨自發現了莫比烏斯帶，同時另一位德國數學家約翰‧班乃迪克‧利斯廷（Johann Benedict Listing）也發現了。牛頓和萊布尼茲大致在相同的時間分別發明了微積分。英國博物學家達爾文和華萊士也同時各自發表物競天擇的演化論。同樣地，匈牙利數學家亞鮑耶‧亞諾什（János Bolyai）和俄國數學家尼古拉‧羅巴切夫斯基（Nikolai Lobachevsky）似乎也同時分別發展出雙曲線幾何學。

　　材料學的歷史中充滿了同步發現的例子。一八八六年，美國的查爾斯‧馬丁‧霍爾（Charles Martin Hall）和法國人保羅‧赫魯特（Paul Héroult）同時各自發現了使用冰晶石礦可精煉鋁的電解法；他們用低廉的方法，從聚合物中分離出純鋁，對業界的影響深遠。當時人類的知識累積到一定的程度，時機「成熟」了，這樣的發現便應運而生。另一種帶有神秘色彩的說法，則相信這些巧合有更深層的意義。奧地利生物學家保羅‧卡梅納（Paul Kammerer）曾寫下：「我們的世界看起來像馬賽克，宇宙看起來像萬花筒，儘管不斷打散混合和重組，還是會把相似的事物聚在一起。」他那引起爭議的論點，就是把世間種種比喻為海上

一波波的浪頭，看似各自獨立不相關，但我們看到的只是浪頭，看不到的表面之下，可能存在著某種形式的神秘同步化機制，把世界上發生的事連結起來，聚在一起。

我們不肯相信，偉大的發現其實只是宇宙萬花筒的一部分，同時從無數獨立的個人身上反射出來。然而，儘管一六一一年就有幾個人獨立發現了太陽黑子，今日我們仍把這個發現歸功給伽利略。亞歷山大‧格雷漢‧貝爾（Alexander Graham Bell）和伊萊沙‧葛雷（Elisha Gray）在同一天為自己申請電話技術的專利。正如社會學家羅伯特‧莫頓曾說過：「天才並不是洞察力唯一的根本條件，而純粹是最有效的根本條件。」

他進一步說明：「原則上，所有的科學發現都是『多重』的」。換句話說，當科學上有了新發現時，其實由不只一個人辦到。有時候，某個發現的命名是紀念將它發揚光大的人，而不是最初真正發現它的人。

某個發現該歸功給誰，是個難題，世界上充滿了這樣的例子。在專利法、經營理念和日常生活中，都有人親身見證這樣的事。能夠接受發現的機制正如萬花筒般，就會提升我們的認知，因為這個簡明扼要的概念正傳達了創新的本質和觀念的未來發展。要是在教育中能多多宣導科學發現如萬花筒般的觀念，即使是日常生活的範疇也可以，想創新的人就可享受自己努力的成果，同時依然能夠成就「偉大」，而不必擔心身為先鋒或想擊敗對手的壓力。偉大的十八世紀解剖學家威廉‧杭特（William Hunter）經常與他的兄弟爭執是誰先發現了什麼。即使是像杭特這樣的人都會坦言：「如果一個人對於自己所從事的技藝，沒有熱愛到對於不合理的阻礙、侵占他的發現、奪取他的聲譽而感到不耐，那麼這個人在解剖學或任何其他自然知識的領域中都無法有成就。」

有人問馬克‧吐溫，為什麼有那麼多的發明都是獨立發明的？他答：「蒸汽船的時代到了，你當然要搭蒸汽船。」（意思是時候到了，一切就水到渠成。）

推論出最佳解釋

蕾貝卡・紐伯格・郭登斯坦（REBECCA NEWBERGER GOLDSTEIN）

哲學家、小說家，著有《三十六種辯論神是否存在的方式》（*36 Arguments for the Existence of God: A Work of Fiction*）

我獨自一人在家，埋首於自己的研究工作；當我聽到前門喀一聲打開，有腳步聲朝我邁進。我會恐慌嗎？那要看我的注意力能不能瞬間轉移到這件事上，然後火速思考，對於那些聲音推論出最佳的解釋。是我丈夫回來了嗎？有人來打掃？惡棍破門而入？老房子沉降的怪音？還是出現超自然的力量？只要仔細探究的話，這裡任何一條解釋都說得通，除了最後一條以外。

為什麼最後一條說不通？查爾斯・桑德斯・皮爾士（Charles Sanders Peirce）是第一位關注這種推理方法的人，他說：「事實無法靠比事實還誇張的假設來解釋；在一片假設之中，我們要採用最不天馬行空的解釋。」

我們無時無刻都在追求「推論出最佳解釋」，但那不表示我們做得好。普林斯頓大學的哲學家吉爾伯特・哈曼（Gilbert Harman）發明的用語「溯因」（abduction），可以概括出皮爾士那句話的重點，它是大家該採納的認知工具，因為它會迫使我們去思考，怎樣才能推論出最佳解釋。「最佳」這個程度用詞有評判的意味，它氣定神閒，厚著臉皮要人家把標準拿出來。並非所有的論調皆生而平等，客觀而言，有些論調就是略勝一籌。「最佳」這個用詞還突顯出另一個重點，它勝過其他可能的推論，畢竟可能的推論總是一大堆。想證明某種論調，就會引來大量（應該說是無窮盡）的解釋，可能性是如此龐大，但只要是違反皮爾士格言的，都可以淘汰，然後再用：哪一個比較簡單？不必太激烈就可以建立信念？比較沒那麼隨性？能夠套用的情境最廣，因此最討喜？等等的準則來篩選剩下的答案。

這些準則有時候也可能互相矛盾。推論出最佳解釋，當然不像邏輯演繹法，甚至枚舉歸納法那麼有規則可依循，並非要我們從已知「甲就是乙」的條件，去

推論出未知「甲也是乙」的可能性；但它帶給我們的收穫，遠比演繹法或枚舉歸納法更多。

它為科學注入擴大本體論的力量；從次原子粒子和弦理論，到黑暗物質和宇宙黑暗能量，這些都是不能憑肉眼直觀的事物，而它替我們找到理由去相信有那種存在；還讓我們能從別人的行為來體會他們的感受。我看到手稿太接近火源，就會趕緊把它拿開；聽到人家對我言語冒犯，眼淚就會開始在眼眶中打轉；我也大概能理解別人在想什麼；我可以用這個方法從當局的所做所為得知一些訊息，推論出他們的行為背後有某種信念（有時候，這不見得是最佳的解釋）。我想站出來宣揚：儘管受限於眼前經驗而變得狹隘，我還是相信，在這個以我為中心的眼界之外，依然存在著別的宇宙；這種信念的基礎，就是推論出最佳解釋。為什麼我會用活力和可測性，而不是別的特質來形容肉體？要不是假設這樣的肉體真的存在，還有比它更好的解釋嗎？推論出最佳解釋，可以推翻腐蝕心智的懷疑論。

許多科學上針鋒相對的辯論，比如弦論或量子力學的基礎論，已變成在吵著該採用哪種判斷出「最佳」解釋的準則才對。還有的辯論則是在爭著該採用科學還是宗教解釋，很多人都有過這方面的經驗。只要能著重合理性，這些論點都能更精進；推論出最佳解釋有助於提出某種標準，做出相對客觀的解釋。就從遵循皮爾士的教誨開始吧！看起來很天馬行空的假設，絕對不是最佳的解釋。

擬物化

艾曼紐‧德爾曼（EMANUEL DERMAN）

哥倫比亞大學財務工程教授、普利斯瑪投顧公司（Prisma Capital Partners）社長、高盛股票部門計量化投資策略組（Quantitative Strategies Group, Equities Division, Goldman Sachs & Co.）前任董事，著有《一個計量金融大師在華爾街：從物理學家到高盛董事的波瀾人生》（*My Life as a Quant: Reflections on Physics and Finance*）

擬人化（anthropomorphism）就是把人類的特質放到無生物或動物身上。我想出了「擬物化」（pragmamorphism）這個詞，是把無生物的特質放到人類身上的抽象速記。希臘文 pragma 的其中一個意思，就是「實質存在的物體」。

擬物化聽起來就是用科學態度來面對世界，但這很容易演變成沉悶的科學至上主義。把物質與人類的心理狀態之間建立起等同的關聯，像是把 PET 掃描與情緒關聯起來，這就是擬物化。忽略無法量度的人性特質，也是擬物化。

我們用長度、溫度、壓力、體積、動能等務實的單位來表示物體的性質。拿這種單維的物體度量恆來描述人類的心理素質，也很適合用「擬物化」來形容。智商表示智力的「長度等級」，這也是擬物化的結果。但是智力並不是直線性的，它是擴散性的。

經濟學中的效用函數也很相似。人當然都有偏好。不過，有沒有一種函數可以用來描述這些偏好？

認知負載

尼古拉斯・卡爾（NICHOLAS CARR）

科技與科學記者，著有《網路讓我們變笨？數位科技正在改變我們的大腦、思考與閱讀行為》（*The Shallows: What the Internet Is Doing to Our Brains*）

你懶洋洋窩在客廳的沙發上，一邊看著電視上在播最新一集的《火線警探》（Justified），一邊想到廚房裡還有事要做。你起身，兩步併一步飛快穿越地毯，就在抵達廚房時，咦！發現已經忘了剛剛跳起來是為了做什麼。你杵在那兒迷迷糊糊了一會兒，然後聳聳肩，轉頭走回沙發。

這種暫時性失憶太司空見慣了，因此沒人很在意。我們輕描淡寫把它叫做「心不在焉」，如果年長一點，就覺得「年紀大本來就會忘東忘西」。但發生這種事，就表示我們的腦袋基本上是有極限的，工作記憶（working memory）的容量非常小。工作記憶是腦科學家稱為短期資訊儲存庫的東西，可以隨時保存當下意識到的內容，是一天當中所有流入腦海的印象和想法。在一九五〇年代，普林斯頓大學心理學家喬治・米勒（George Miller）最聞名的理論，就是人腦一次可以記住約七條資訊。不過，連這個數字可能都是高估。現在有些研究腦部的學者認為，工作記憶最多可能同時只容得下三、四件事。

在任何情況下進入意識的資訊量，稱為認知負載。當認知負載超出工作記憶的容量，智能就會受到負面影響。資訊被打包起來拋出腦外，速度之快，根本沒機會好好把握。（這就是為何你想不起來去廚房是要做什麼）。在有機會把訊息變成長期記憶、編織成知識之前，它就消失了。能記住的東西變少了，批判式和概念性的思考能力也減弱。工作記憶超載也容易導致分心。正如神經學家托克爾・柯林伯格（Torkel Klingberg）所說：「我們要記得住某件事，才會專心在那件事上。」如果記不住，就會覺得「越來越容易分心」。

長期以來，發展心理學家和教育研究人員都在使用認知負載的概念設計和評估教學法的技巧。他們知道，太快給學生太多的資訊，他們的理解力會降低，學習也會受到影響。但現在，多虧了現代的數位通訊網路奇快無比，小工具多到不

可思議，資訊排山倒海而來，前所未有的豐富，因此大家都能理解認知負載，以及它如何影響記憶和思考。越意識到工作記憶是多麼渺小和脆弱，越能夠監管認知負載，會更駕輕就熟地控制著流向我們而來的資訊。

　　人總會有想被訊息塞滿的時候；保持與資訊接觸和刺激，結果可能會感到興奮愉悅。但請記得，一旦扯上腦部的運作方式，資訊超載可不只是個形容詞，還是一種生理的狀態，這點非常重要。從事特別重要或複雜的任務，需要絞盡腦汁時，或只是想增加某種經驗的樂趣、在交談時更風趣，最好把資訊的水龍頭關小一點，讓它涓涓細流。

策展

漢斯・奧瑞奇・奧伯里斯特（HANS ULRICH OBRIST）

倫敦蛇形畫廊（Serpentine Gallery）策展人

「策展」這個術語，近來在各種情境中出現的機會遠比過去還要多，從大師級老藝術家的版畫展，到概念店的說明，都可以派上用場。當然這有風險，就是它的定義可能擴張到超出實務層面，起不了作用。但我相信，「策展」的應用會更廣泛，因為當今思想、資訊、影像、學科知識和物質產物擴散的程度令人難以置信，這是現代生活無法忽視的特性，而我們也見證了這一切。

這種擴散，使得篩選、啟用、綜合、編制與記憶的活動越來越重要，變成二十一世紀生活的基本方針。這些都是策展人的任務，不能再以為策展人的工作只是拿東西填補空間那麼簡單，他們也是促進不同文化領域接觸、想出新特色的展示、製造機會讓人事物擦出意外火花的人。傅柯曾寫道，希望自己的文章能被人當作理論的工具箱，提供認識世界的觀念泉源、典範。對我而言，作家、詩人兼理論家艾杜瓦・葛立松（Édouard Glissant）已經成為這樣的工具箱。他很早就指出（但並非第一位），全球化的階段會有同質化的危險，但同時也會發生退回自己所屬文化的反動。要避免這兩種危機，他提出「全體性」（mondialité）的想法，是在全球中能夠突顯差異性的交流。

我在策展時，這個觀念帶給我新的靈感。策展人的壓力很大，不僅要負責一個地方的展出，還要推廣到世界各地，就是把展覽品在一個城市裝箱，到下一個城市再拆箱。這也是全球化之下的均質現象。把葛立松的觀念當作工具，就可以讓展覽建立與所在地的關聯，隨著當地不同的條件改變，創造出能夠吸納一波波迴響而持續動態變化的複合體系。

就這層意義而言，策展就是反對停滯的安排方式，拒絕朝固定標準看齊，而是促成交流和建立相關性。能夠締造出這幾種相連性，對策展而言，跟傳播新知識、新思維和新藝術作品一樣，具有重要的意義，是播下未來跨學科啟發的種子。

不過，策展這個在二十一世紀中打前鋒的活動還會遇到另一種情況。正如藝術家提諾‧塞格爾（Tino Sehgal）所言，現代社會處於前所未有的情況，就是面臨缺少或匱乏，這也一直是推動科學科技創新的主要因素，現在，全球又發生了生產過剩和資源利用的效應，這個問題甚至取代了缺少或匱乏成為當務之急。因此，要不斷超越目標而前進，這樣的意義又更為中肯。選擇、表現和交談，都是人類創造與交換真實價值的方式，不需要依賴陳舊又不持久的過程。策展可引導我們，告訴我們如何做出這種重要選擇。

「得當的」抽象速記

理察・尼茲彼（RICHARD NISBETT）

社會心理學家、密西根大學文化與認知計畫副主任，著有《如何得到智慧？學校和文化的價值所在》（*Intelligence and How to Get It: Why Schools and Cultures Count*）

1. 某間大學需要淘汰過舊的附設醫院。估算成本可知，整修老醫院，跟拆了它重新蓋一座，所費同樣高昂。擁護前者的人主要論點在於，原來的建築造價不斐，就這樣拆除很浪費。支持蓋新醫院的人則認為，新建築一定會比整修的老建築更現代化。你覺得哪一個辦法比較有理？整修或新建？

2. 一位高中準畢業生大衛要從兩間大學中選一間，兩間的地位、學費與離家遠近都一樣。兩間學校都有大衛的朋友。甲大學的朋友喜歡這間學校的理由，主要跟學識和個人感受有關；乙大學的朋友，對乙大學的這兩方面普遍感到失望。但大衛都分別花了一天造訪這兩所大學，他的印象跟朋友們的截然不同。他遇到幾位甲大學的學生，他們看起來沒特別有趣或開心，還有些教授對他不理不睬。在乙大學，他遇到幾個聰明又愉快的學生，還有兩位教授對他這個人感興趣。你覺得大衛會選哪一間大學？

3. 要判定有沒有觸犯以下規則，該翻出哪一張卡片？「如果卡面的正面有一個母音，背面就有一個奇數」。

U	K	3	8

以下是關於上述問題的一些思考點：

Q1：如果你說，因為老建築造價不斐，所以大學應該整修，就落入了經濟學家說的「沒入成本陷阱」的抽象速記。已經花在老建築上的錢是無意義的，

它們已經「沉沒」了，對於當前的選擇無足輕重。阿莫斯·特沃斯基（Amos Tversky）和康納曼認為，人們如果要加強避免落入這種陷阱的能力，可做做看以下這幾個思考實驗：

想像一下，你有兩張今晚NBA比賽的票，場地位於你所在的城市，離你家四十英里。但現在開始下雪了，你也知道支持的明星球員受傷，沒辦法上場。你該去看比賽，還是就當錢打了水漂了？

從經濟學家的角度來看這個問題，他會說，請你自問：「假如你沒有今晚那場比賽的票，有個朋友找你，說他有兩張，但他自己沒辦法去，問你要不要？」如果你回答：「開什麼玩笑！下雪了，而且明星球員不會上場！」那麼答案就是你不該去。這個答案告訴你，你花了一筆錢買票這件事，其實一點也無關緊要，那是沒入成本，去做你不想做的事，也沒辦法把這筆錢拿回來。避免掉進沒入成本陷阱是經濟學家的信念，但我發覺，一堂大學的經濟學課，其實並不會讓人們警覺到沒入成本的陷阱。結果，用籃球比賽這種方式來說明還有效多了。

Q2：如果你說：「大衛又不是他的朋友，他應該去自己喜歡的學校。」那麼，你是沒考慮大數法則這個如此顯著的抽象速記。大衛才花了一天去體驗那兩間學校；但他的朋友可是待過幾百天。除非大衛覺得朋友們的品味很怪，否則他應該不顧自己的印象，選讀甲大學才是。一堂大學的統計學課很可能就會告訴你大數法則是什麼。很多統計學課都會提到大數法則，幾乎已是必然的慣例。

Q3：只要你的回答不是「翻開U，翻開8」，心理學家彼得·華生（P. C. Wason）和詹森雷爾（P. N. Johnson-Laird）會告訴你，你跟百分之九十的牛津大學學生同一掛。但不幸的是，你和他們都錯了。你沒有用條件邏輯的抽象速記來導出答案。證明丙與丁相關，且不是丙的，就不會與丁相關，這樣就會得出「如果有丙，就有丁」。人們若想回答像第三題這種假設，邏輯課其實一點幫助也沒有。如果人們遇到像第三題這麼簡單或日常生活中更複雜的問題，想好好應用條件邏輯時，哲學博士確實一點也派不上用場。

有些抽象速記顯然很「得當」，可以輕易納入認知的工具箱。有些則很沉悶，不合適。如果教育家想改善人們思考的能力，必須清楚哪些抽象速記是得當的，適合拿來教的；哪些又是沉悶的，很難教。幾個世紀以來，教育家都認為形

式邏輯可以改善思考技巧，也就是說，使人具備更多處理日常生活的智能。但這種信念可能是誤解。（伯蘭特・羅素〔Bertrand Russell〕說過，中世紀歐洲僧侶們研讀的三段論，就跟他們一樣枯燥乏味；這話幾乎一針見血）。不過，很多重要的抽象速記，當然也包含今年Edge上某些人提出的，都很好教。對教育家而言，很少有什麼事情比起找出哪一種抽象速記可以教、且教起來最輕鬆，還更重要。

外部性

羅伯‧庫茲班（ROB KURZBAN）

賓州大學心理學家、賓州實驗演化心理學實驗室（PLEEP，Pennsylvania Laboratory for Experimental Evolutionary Psychology）主任，著有《為什麼人都是偽君子？》（*Why Everyone (Else) Is a Hypocrite: Evolution and the Modular Mind*）

當我動手開始做事時，往往會影響到你，這是意外的副作用。在很多這樣的情況下，我不需要為任何不小心對你造成的傷害做出賠償；同理，我不經意讓你受惠，你也不需要付我任何代價。「外部性」這個詞適用於這些情況，它既有說服力又重要，因為，特別是在現代這個交織的世界，當我追求自己的目標時，終究還是會影響到你，影響的情況不一。

外部性可大可小，可正可負。我住在聖塔芭芭拉時，很多人目標沒別的，就是要想辦法曬出古銅色的美肌（他們並非多數，但這種事千真萬確），對路人來說這是正外部性，因為風景變得更養眼。這些旁觀者不需要為此付出代價，但同一片沙灘邊高速溜過的直排輪玩家會因此分心，這個別具正外部性的景象，便也會不時造成負面風險，想好好散步的行人可能就會被撞倒。

現在這個時代，外部性越來越重要，一個地方的行動可能會影響到另外半個地球之遙的人。當我製造想讓你買的小玩意兒，副作用可能就是製程中產生廢物，害我工廠周遭的人或甚至世界變得更糟。只要我不必為污染別人的水和空氣做出補償，我很可能就不會這麼努力想停止污染。

縮小到個人的層面來看，我們每天的生活中都會把外部性加諸到別人身上。我開車上班，使你遇到塞車的機會變高。你發覺，這些日子電影院裡的人好像都染上了某種奇怪的衝動，就是一邊看電影，一邊想看你手機裡的簡訊，而那些越過你肩膀想偷看的目光，破壞了我看電影的興致。

外部性這個概念很有用，我們會因此留意這種不是故意造成的副作用。如果你不注意外部性，可能就會覺得，想減少塞車就要多開闢幾條路。那可能有效，

但另一種方式，而且可能是更有效的方式，就是實施政策，規定駕駛人為自己造成的負外部性付出代價，如繳納用路費，特別是尖峰時段。倫敦和新加坡實施的道路交通擁擠費正是針對這種情況。如果我在尖峰時段進城得付費，那麼除非有緊急的事，否則我可能就想待在家裡。

　　謹記外部性也可以提醒我們，在複合體系中，為了達到特定的期望效果而輕微干預，造成後果可能會更多，正面和負面皆然。舉例，我們來想想一想DDT的歷史。當初使用時，它的確能達到期望的效果，遏制蚊子的生長，減少瘧疾的擴散。但是，使用DDT也造成兩個意外的後果。首先，它毒害了許多動物（包含人類），其次，它使一些蚊子產生抗藥性。後來，減少使用DDT的政策或許有效防止了這兩種負面後果。然而除了詳情還有爭議之外，這些政策本身可能也產生重大的副作用，就是發生瘧疾的機率提高，因為帶原的蚊子不再受DDT的壓制。

　　重點是，外部性的概念迫使我們去思考行動無意間造成的（正面和負面）效應；當世界變得越小，這個問題就變得越大。它突顯出不僅必須平衡待實施政策的本益期望值，也必須平衡不在期望之內的效應。此外，它可以幫助我們投入一種解決意外傷害問題的辦法，就是考慮用獎金鼓勵人們和企業多做能產生正外部性的事，而導致負外部性的事要少做。

　　在日常生活中把外部性納入考量，我們就會留意造成傷害的模式（儘管不是故意的）、關心周遭的人，也有助於做決策；你可以等演職員表跑出來後，再去查看手機裡的簡訊。

一切都在變動中

詹姆斯・歐唐納（JAMES O'DONNELL）

古典主義學者、喬治城大學教務長，著有《羅馬帝國的毀滅》（*The Ruin of the Roman Empire*）

人類能夠抽象化、推斷、計算與產生規則、演算法與表格，並令它們神奇生效，沒有什麼比這些能力更妙了。人類甚至會想接受大自然的挑戰去控制世界，是唯一能夠這樣的物種。在這場戰鬥中，我們可能會輸，但整件事依然嘆為觀止。

不過，人類會拒絕從自己的發現中學習，也沒有什麼比這種能力更不妙了。今年Edge大哉問中的大哉問就是在暗示，人類既聰明又愚蠢，能締造奇觀，也能忘記做過的蠢事。我們認知工具貧乏，需要螺絲起子時老是少一支；一直想拔掉齒輪上的螺栓，卻把一支維修扳手好好收在工具箱裡不拿來用。

因此，身為一名古典主義學者，我來試著聊聊堪稱最悠久的抽象速記概念是什麼，可以追溯到比蘇格拉底還資深的哲學家赫拉克利特（Heraclitus）。他說：「人不可能踏入同樣的河流兩次。」換句話說，他的口頭禪就是：「一切都流動。」我們老是記不起來，一切都在瘋狂不息、難以置信地快速變動。廣大的銀河系衝破開來的速度非常快，快到實際上近乎不可能；我們難以理解次原子粒子的量之大，又想知道它怎麼運動；而同時，我還躺在這裡，鼻涕蟲似地呆滯著，試著振作起來換條路爬，相信這一天跟另一天沒什麼不同。

我們是根據人類的時空尺度來思考與活動，因此會自我蒙蔽。哥白尼之前的天文學家相信「恆星」每年圍繞著地球緩慢跳舞，那是一個不爭的事實；宣稱「原子」（在希臘文中是「極微小不可分割」的意思）是不變的物質，是科學上的一大進步，不過後來我們還是把原子分割開來了。愛德華・吉本（Edward Gibbon）對羅馬帝國的滅亡感到疑惑，因為他沒意識到，羅馬帝國最驚人的特色就是維持了那麼長的一段時間。科學家發現了戰勝疾病的神奇化合物，只是，他們也察覺早已跟不上疾病變化的速度。

赫拉克利特說：「變就是定律。」把這句話拿起來，放到你的工具箱。追求穩定性和一致性都是做白日夢，人類窮盡意志力和毅力所達到的功成名就，無論如何只會是一時的。希望事物保持不變，最後總會變成苦苦追捕；不如順其自然吧！

次級自我和模組化心智

道格拉斯·肯瑞克（DOUGLAS T. KENRICK）

亞利桑納州立大學社會心理學教授，著有《性、謀殺，以及生命的意義：演化心理學家教你如何過更有意義的生活》（*Sex, Murder, and the Meaning of Life*）

你腦中似乎明確存在著另一個「你」，但根據一些心理學類科的研究，這是幻覺。這個「你」，決定跟一位沒回電、借幾千塊沒還、吃飯時又要你付帳的朋友絕交，看似懂得「利己」；但這個「你」，跟面對兒子、情人或生意夥伴時評價標準完全不同的那個「你」，並非同一人。

三十年前，認知科學家科林·馬丁戴爾（Colin Martindale）提出每個人都有幾個次級自我（subselves）的想法，並將這個想法與新興的認知科學觀結合。馬丁戴爾的理論重點都是一些相當簡單的觀念，如選擇性注意、側抑制（lateral inhibition）、狀態依賴式記憶與認知解離。儘管大腦中有數十億的神經元無時無刻都在發射訊號，但若無法拋開其他排山倒海而來、正在同步處理的背景訊息，還是永遠不能踏實理解意義。走在大街上，有成千上萬的景象會刺激著已不堪重荷的大腦；數以百計的人擦身而過，年齡不同、口音不同、髮色不同、穿著不同、走路的模樣和手勢不同；更別提閃爍的廣告招牌、怕你絆倒的醒目路緣石，還有穿越十字路口時印入眼簾的車燈。注意力具有高度選擇性。神經系統是靠著強而有力的側抑制原理做出選擇；某些神經元可能會干擾接下來要處理的重要訊息，因此有一組神經元會去抑制這些其他神經元的活動。在視覺方面，側抑制可幫助我們注意到地上潛藏著危險的洞；有光的部位會刺激視網膜細胞，發出抑制鄰近神經元活動的訊息，眼睛便能察覺任何邊緣之處，亮部為凸起，暗部為凹陷。幾種局部「邊緣探測器」式的機制會組合在一起，變成進階的「形體探測器」，幫助我們辨識如「田」、「由」和「甲」之間的差異；更進步點，還能區分句型；然後再晉一級，能夠於不同情境下運用這些句型（如判斷「你好嗎？」這樣一句話，究竟是浪漫的搭訕，還是試圖推銷的開場白）。

狀態依賴式記憶有助於整理所有傳入的新資訊，依照情境做好分類，便於日後運用。如果你與她在當地的爪哇咖啡店喝了杯雙倍義式濃縮咖啡後，聽到某個陌生人的名字，下次當你們在星巴克碰面時，比起到當地酒吧喝了杯馬丁尼更容易想起那個名字。從義大利回來後幾個月，我每次喝了一杯酒就會開始說義大利文，擺出豪爽的手勢。

　　馬丁戴爾認為，當這些抑制和解離的程序發揮到了極致，就會使我們發生類似解離障礙的困擾。換句話說，每個人都有許多次級自我在使力，而要成就人生中的大小事，唯一的辦法，就是在特定時機僅允許一個次級自我出來操控你的理智。

　　在現代心理學有突破性的進展之前，馬丁戴爾就已建立起這種次級自我會使力的概念，不過，要把他的認知模型與「功能模組化」（functional modularity）的觀點結合，這個概念才會顯得格外有力。動物與人類在學習不同的事物時，心智的歷程很明顯不一樣，基於這樣的發現，心理學家大受啟發，他們認為，我們的腦並不僅僅是個獨自處理各種資訊的器官，而是有好幾個專門解決各種適應問題的系統。因此，腦中並非有一些隨性、乖張又異類的次級自我，而是人人都有一套負責不同功能的次級自我，其中一個主司與朋友相處，一個主司自我保護（避開壞人），一個主司爭取地位，一個主司求偶，另一個主司留住配偶（這又衍生出別的問題，有些人應該受過這種教訓了），再另一個主司撫育後代。

　　把心智想像成由若干各自獨立、適應不同功能的次級自我所組成，即可瞭解人類許多明顯矛盾和不合理的行為，比如，為什麼同樣一個決定，對象是兒子時順理成章，一旦涉及朋友或情人卻又變得不對勁。

預測編碼

安迪・克拉克（ANDY CLARK）

愛丁堡大學哲學教授，著有《拓展超級心智：具體化、行動與認知擴充》
（*Supersizing the Mind: Embodiment, Action, and Cognitive Extension*）

我相信，把大腦基本上視為一具預測引擎的觀點，將來會變得非常有價值，不僅對於目前研究它的學科（計算認知神經科學）是如此，跨界到藝術人文時亦然。如果每個人要瞭解身而為人去接觸世界究竟是怎麼回事，這個觀念也很寶貴。

目前有許多學科都廣為運用「預測編碼」一詞，然而，我要推薦來當「日常認知工具」的「預測編碼」，適用的範疇更嚴格，涉及大腦如何利用預測和期待，為傳入的訊號賦予意義，再用它們來引導感知、思維和行動。就預測編碼的這層意義來看，在計算神經科學研究方面就出了不少成就代表（關鍵的理論學家包含丹納・巴拉德〔Dana Ballard〕、托比亞斯・恩納〔Tobias Egner〕、保羅・弗來契〔Paul Fletcher〕、卡爾・弗利斯頓〔Karl Friston〕、大衛・曼福德〔David Mumford〕和羅傑許・拉歐〔Rajesh Rao〕）。這些學者巨擘採用數學原理和模型，仔細探究這種形式的編碼怎樣構成感知的基礎，又何以促成信念、選擇和理性思考。

它的基本觀念很簡單，想感知世界，就要成功預測自己的感官狀態。只要某個狀態之前曾發生過，自己也已知道世界的結構、發生這種狀態或後續事件的機率，大腦就會運用這套儲存的知識體系，預測出這個狀態目前可能會如何發展。如果預測不符合收到的訊號，就會發出錯誤訊號，通知你稍微改變一下預測，或（在比較極端的情況下）促進學習和適應能力。

我們可以把它拿來與舊模型比對，在後者當中，感知是一種「由下而上」的過程，會（透過某種累積證據的過程，從簡單的跡象開始，一路往上）將傳入的訊息逐步堆砌成高層的模擬世界。改用預測編碼，情況則相反。在大多數的情況下，我們會以對於世界本質和狀態最為普遍的期望為前提，再來深入後續，從高

層開始往下預測低層的跡象。

這種反向操作的意義深遠。

第一，接觸世界時，好（「真實不造作」）的感官經驗會影響是否能對傳入訊號套用正確的期望。如果沒有這些期望，最有可能發生預測錯誤，誘發適應能力和學習。這意味著，實際上所有的感知都是某種「專業見解」，而且，想取得未經掩飾的感官真相這樣的念頭是經不起考驗的。（除非只是舉出別種訓練有素的專業見解！）

其次，感知的時序變成關鍵。預測編碼這個模型顯示，大腦中首先浮現的東西就是普遍性的場景知覺（包括普遍性的情感），隨著大腦運用大型情境（只要時間和任務量允許的話）而漸漸填入細節，就會產生越來越精細的預測。這裡有一個非常實際的意義：可能要先見林才見樹。

其三，感知與認知的界限變模糊。我們的感知（或自以為如此）主要是靠所知來決定，而所知（或自以為如此）則不斷因感知（或自以為如此）而調整。這為我們打開了博大的視野，一探各種思維和行動背後的病理，解釋了精神分裂症如何一併患有妄想和錯誤信念，以及其他更耳熟能詳的狀態，如「驗應性偏見」（人會伺機偏向「注意」應驗的證據，而非無法應驗的證據）。第四，如果我們現在覺得，不僅可靠改變預測，還可靠改變所預測的事物來抑制預測錯誤，那麼我們對於操控環境，以及從環境中抽樣的行為和方式，都有了簡單又強而有力的解釋。

在這種觀點之下，行動的目的就是使預測成真，並如實呈現從體內平衡到維護情緒和人際關係現狀的各種現象。

對我而言，以預測來瞭解感知是個絕佳的工具，幫助我們體會接觸世界之原始方式所蘊藏的力量和危險。這一切都表明，我們與世界的原始接觸是透過對於即將見識和體驗之事物的期望。預測編碼的概念，以簡明、嚴格又豐富的方式指出這個事實，是一套不僅在科學、法律、道德和理解個人日常經驗上站得住腳的認知工具。

我們的感官桌面

唐諾・霍夫曼（DONALD HOFFMAN）

加州大學爾灣分校認知科學家，著有《圖像智慧：如何創造所見》（*Visual Intelligence: How We Create What We See*）

我們的感知不真也不假。對於空間、時間和物體（玫瑰香、檸檬酸）的感知，都是「感官桌面」的一部分，作用就像電腦的桌面。

個人電腦的圖形化桌面已存在了約三十年。然而，它們現在太融入日常生活了，以至於我們可能很容易忽視它們象徵的實用概念。圖形化桌面是「適應行為的指南」。電腦是出了名複雜的設備，複雜到大多數人都不想花精神去學。在桌面上，圖示的色彩、形狀與位置，使我們免受電腦複雜之苦，可以確實看到自己的一舉一動，如滑鼠游標的移動，開啟、刪除和其他檔案操作方式的按鈕點按，我們便能駕馭電腦。因此，圖形化桌面就是適應行為的指南。

它也讓我們更容易瞭解，引導適應行為與回報真相不一樣。在桌面上，一個紅色的圖示並不會反映所代表檔案的真實色彩。的確，檔案是沒有色彩的。紅色會引導適應行為，也許象徵檔案的重要性比較高，或最近曾更新過。圖形化桌面會引導有用的行為，並隱藏真實但無用的動作。對大多數使用者而言，電腦的邏輯閘和磁場這些複雜的真面目是無用的。

圖形化桌面從而讓我們更容易理解實用性和真相間不凡的差異。實用性會透過天擇來驅動演化。認識實用性和真理之間的差別，對於瞭解塑造身體、心靈和感官經驗的主要力量而言非常重要。

舉例，可以想一想長相的吸引力。當我們看到某個人的臉，馬上就感受得到這張面容的吸引力是一種性感與否的印象。這種感覺可以啟發詩歌、刺激胃口或值得出動上千艘船艦；當然也會影響談戀愛和交配。根據演化心理學的研究，吸引力這種感覺是適應行為的指南。這裡所指的行為就是交配；一開始就被一個人吸引的感覺是一種適應指南，因為它意味著與這個人交配成功產下後代的可能性。

正如紅色不是反映檔案真正的顏色，性感與否也不是反映面容真正的吸引力；檔案本來就沒有顏色，長相也並非天生具備吸引力。圖示的色彩是一種人為的慣例，用來表示無色檔案的實用特質；一開始被吸引的感覺，也是一種人為的慣例，用來代表交配的實用考量。

聯覺現象可幫助我們瞭解感官經驗的慣性。發生聯覺的情況，多半是以某種方式體驗（如聲音）的刺激，也會自動以別種方式（如色彩）體驗。有聲音和色彩聯覺的人，只要聽到一種聲音就會看見色彩和簡單的形狀；相同的聲音總是伴隨相同的色彩和形狀。有味覺和觸覺聯覺的人，每當嘗到某種滋味就會覺得雙手觸摸到了什麼；相同的滋味總是伴隨相同的手感。聲音和色彩聯覺所體驗到的特殊關聯性，通常與別種組合的聯覺不同。從這種角度來看，關聯性是一種獨斷的慣例。現在，想像某個有聲音和色彩聯覺的人，聽覺受到刺激時不再產生聲音聯覺，只剩色彩聯覺。這種人的聯覺只會體驗到色彩，不像別人，還會體驗到聲音。別人收得到的音訊，原則上他們也收得到，只是他們體驗到的格式是色彩，而不是聲音。

這可以導向感官桌面的概念。人的感官經驗，如視覺、聽覺、味覺和觸覺，都可想成是感官桌面，已發展成能夠引導適應行為，而不是反映客觀真相。因此，我們該認真看待自己的感官經驗，如果某樣東西有腐爛的味道，或許不該吃了；聽到好像響尾蛇發出的聲音或許該避開。天擇的機制已為我們塑造了感官經驗，能夠引導這種適應行為。

我們必須認真看待自己的感官經驗，但不要太執著於表象。感官桌面的概念正好可以說明這一點。我們會認真看待圖形化桌面上的圖示，怕失去珍貴的檔案，因此不會把圖示不小心拖放到垃圾桶。但我們不會只看中色彩、形狀或圖示的表面意義，它們存在的目的不是要代表真相，而是要促進有用的行為。

每個物種的感官桌面都不同。值得出動上千艘船艦的長相，對獼猴而言，可能不具有任何吸引力；對我來說，屍體的味道很腐臭，但禿鷹可能覺得是美味大餐。我的味覺體驗會引導適合我的行為，吃腐肉，我可能會死；禿鷹的味覺體驗引導適合牠的行為，而腐肉是牠的主要食物來源。

許多天擇演化的現象，都可視為互相敵對感官桌面之間的軍備競賽。擬態和保護色，是獵物為了避免被吃掉，使自己的感官桌面發生突變，以箝制掠食者的感官桌面，獵物因此多了天擇上的優勢。感官桌面的利用與改變會交相輪替，成為驅動演化的創意機制。

把感官桌面的概念運用在個人身上，可改變認知態度，加強認知工具。我們常常以為，自己眼中的世界等於世界的真面貌，或多多少少是如此。比方說，在普遍的認知裡，體驗了世上某些時、空、物，就會認為這些經歷是世界的客觀真相，或代表世界的客觀真相。感官桌面的概念會重塑這一切，靠想像力來放鬆感官經驗對我們造成的約制。時、空、物的觀念可能只屬於有智人種特有的感官桌面，而不見得是對於客觀真相的深入見解，它們只是演變而成的慣例，便於讓我們利用自己的優勢求生存。我們的桌面只是某一種桌面而已。

感覺與多重感官

巴瑞・史密斯（BARRY C. SMITH）

倫敦大學高級研究學院哲學中心主任　BBC World Service 影集《大腦的秘密》
（*The Mysteries of the Brain*）撰稿兼主持人

　　我們因為誤解感覺而受害太久了。隨便問身邊認識的人：「人有幾種感覺？」除非有人想聊「第六感」，不然大概都會回答「五種」。但是，為什麼要挑五個？前庭系統提供的平衡感呢？它會讓你知道電梯在上升還是下降，火車在前進還是後退，船在左搖還是右晃。本體感覺呢？閉上眼就能強烈意識到四肢。覺得痛、冷或熱呢？都只是某種觸覺，就像摸著絲或絨的感覺嗎？還有，為何會認為像視覺、聽覺、味覺、觸覺和嗅覺的感官經驗，只是單一的感覺？

　　當代神經科學家已提出視覺系統有兩種，一種負責觀看事物，另一種負責控制動作，兩者各自運作。視覺可能會被幻象所騙，看到比實際上還大的形狀，但手不會，手可以輕易伸出去觸摸那些形狀。

　　還不止如此。可想而知，我們的嗅覺也有兩種：一種是外部嗅覺，指吸入時產生的鼻前嗅覺（orthonasal olfaction），能夠偵測環境中的東西，如食物、掠食者和煙；另一種是內部嗅覺，指呼出時產生的鼻後嗅覺（retronasal olfaction），能夠偵測剛剛吞下的食物好壞，決定要不要多吃一點還是吐掉。這兩種嗅覺結合在一起，反應出我們有多麼享受。鼻前嗅覺會增加期待的樂趣，鼻後嗅覺則會促進品嚐後的滿足；但期待和實際品嚐總是會有落差。你是否注意過，新鮮現煮的咖啡香氣有多麼誘人，嚐起來卻又不那麼回事？難免會有點失望。有趣的是，不分鼻前鼻後、香濃度完全一致的食物就是巧克力，嚐起來就跟想像中的一樣，這可以解釋為何巧克力的誘惑如此強大。

　　當代神經科學對於感官方面的研究激增，除此之外，也正在發生大變化。過去對於感官的研究都是個別處理，而且大部分的重點都在於視覺。情況迅速變化，現在我們知道，這些感官並不是個別運作，只是在處理階段中有先後之分，它們會聯合起來，使我們對於周遭有了豐富的體驗，而這些體驗，幾乎都不僅僅

來自看到的景象或聽到的聲音。我們始終享受著透過眼耳鼻口身帶來的感覺，但它們都不是單獨出現的感知。我們只是把繁雜豐富的情景照單全收，不太去思考不同的感覺受器如何製造出整體經驗。

我們很少會想，在意識清醒的每一刻，嗅覺如何在幕後發揮作用。失去嗅覺的人可能會陷入憂鬱，一年過後，他們比失去視力的人更不容易復原；因為熟悉的地方聞起來不一樣了，不再擁有可以確認感官經驗的嗅覺印記，而且失去嗅覺的患者也會認為自己失去了味覺。他們在受試時，知道自己可以嚐到酸、甜、苦、辣、鹹和金屬味，卻嚐不出食物其他的味道，那是失去鼻後嗅覺的關係。

我們稱之為「味覺」的東西最適合拿來當討論案例，證明人對於感覺的觀點多麼不精確。它不單單是舌頭感受到的，還是味覺、觸覺和嗅覺的綜合。觸覺會讓我們知道醬料嚐起來很濃稠，別的食物則是有嚼勁、酥脆或老化不新鮮。洋芋片「吃」起來新不新鮮，差別就在質地變了。我們稱之為「味覺」的東西，其實大部分都是鼻後嗅覺，這就是為何失去嗅覺的人會說自己再也嚐不出任何味道。味覺、觸覺和嗅覺三者結合，不僅可讓我們體驗食物酒水的口感；個別感覺受器發出的訊號還會融合產生統一的體驗，我們把這個稱作味覺，而科學家則稱為「風味」。

風味這種感知，是把味覺、嗅覺和口腔感覺等多重感官的資訊整合成單一經驗的結果，我們只是無法區分它的成分。它是多重感官經驗的一種，可能也會受到視覺和聽覺的影響。酒的顏色和咬嚼食物所發出的聲音，都可能大大影響我們對它們的好惡和評判。吃辣椒，臉部三叉神經受到刺激，會感到「熱」；含薄荷會覺得「涼」，但實際上溫度並沒有任何變化。

多重感官的整合是感知的規律，而非例外。試聽時，不僅用耳來聽，還用眼看著戲院中明顯的聲音來源，「聽」到螢幕上演員動口發出的聲音，然而那些聲音是來自戲院兩側，這就是所謂的腹語效果。同理，透過鼻子嗅覺受器偵測到的鼻後氣味，會變成口中嚐到的味道。感覺會轉移到口中，因為咀嚼或吞嚥的口腔感覺會吸引我們的注意力，使我們以為這些嗅覺體驗發生在同一個部位。

感官之間會因為跨形式效應產生其他驚人的合作現象，就是刺激某種感覺使另一種感覺活躍起來。在擁擠的空間內看著某人的嘴形，更容易聽清楚對方在說什麼；啜飲一口飲料時，香草的氣味可讓我們「嚐」出甜一點、沒那麼酸的味道。這就是為何我們會說香草聞起來很甜，即使甜屬於味覺，而香草本身也完全不甜。工業製造商瞭解這些效應，也懂得利用。舉例來說，某些洗髮精的香氛可

以使頭髮「摸起來」更柔軟；紅色飲料「口味」甜，草綠色飲料「口味」酸。在這些相互作用中，視覺多半會主導，但並非所有的情況都如此。

前庭系統受到干擾的人，儘管眼睛和身體透露出一切都是靜止的訊息，還是會不幸感到天旋地轉。沒有這種困擾的人，大腦會以視覺為準，本體感覺也會跟著一致。還好感覺彼此之間會合作，讓我們與所居環境和諧共處，而這是一個靠多重感官、非單一感官能夠體驗的世界。

周身世界

大衛・伊葛門（DAVID EAGLEMAN）

神經科學家、貝勒醫學院（Baylor College of Medicine）知覺和動作實驗室（Laboratory for Perception and Action）神經科學和法律先導計畫（Initiative on Neuroscience and Law）主持人，著有《躲在我腦中的陌生人：誰在幫我們選擇、決策？誰操縱我們愛戀、生氣，甚至抓狂？》（*Incognito: The Secret Lives of the Brain*）

　　一九○九年，生物學家雅各・宇克斯庫爾（Jakob von Uexküll）觀察到一種簡單（卻往往被忽視）的現象，在同樣的生態圈裡，不同動物從環境中擷取的訊號也不同；他想用一個詞來表達這種現象，提出了「周身世界」（umwelt）這個觀念。在壁蝨又聾又盲的世界裡，最重要的訊號是溫度和丁酸的氣味；對黑鬼刀電鰻魚（black ghost knifefish）而言，是牠的電場；對以回聲定位的蝙蝠而言，是空壓波。動物從大環境下能夠感測到的小環境，就是牠的周身世界，而相對上無論如何都更為真實的大環境，稱為 umgebung。

　　有趣的是，每種生物都會預設自己的周身世界是完整、客觀又真實的「存在」。怎麼會有人想冷靜下來思考，世界是否遠超出我們所能感受到的一切？在《楚門的世界》這部電影中，主角楚門活在一個完全由強勢的電視製作人為他打造的世界。其中一段，有人訪問這位製作人：「你覺得楚門為什麼從來沒發現他所處世界的真相？」製作人回答：「人對於呈現在自己眼前的世界都信以為真。」就像這裡談的，我們對自己的周身世界都信以為真，沒想到要去探索。

　　要體驗生活中大量沒被挖掘的事，可以把自己想像成一隻獵犬，長鼻子裡有兩億個嗅覺受器，濕潤的鼻孔可以捕捉到氣味的分子，鼻翼下角有縫，嗅聞時可多吸一點氣，甚至沿著地面搜索時，垂下的耳朵會跟著拍動，把氣味分子搧了起來；你的世界中一切都與嗅覺有關。有一天下午，你跟在主人身後，忽然靈光一閃，停下來想：要是像人類一樣可憐，鼻子這麼不靈光，是什麼感覺？人類的鼻孔只能吸進那麼一點點空氣，哪能聞出什麼東西？鼻孔應該要聞得到氣味的，他

們卻聞不到，受苦了吧？

　　人類顯然沒有因嗅覺不靈敏而感到痛苦，我們以為世界本來就是如此。沒有獵犬的嗅覺，我們也不太會驚覺世界還有別的可能。同理，小孩上了學才會知道蜜蜂喜歡紫外線訊號，響尾蛇會利用紅外線訊號，否則他不會突然想到，原來有那麼多種傳播資訊的頻道是人類天生就無法觸及的。根據我收集的非正式資料，電磁波譜，人類看得見的部分，才不到全部的千萬兆分之一，這不是人人都知道的事。

　　我們察覺不到自己周身世界的極限，色盲是一個很好的例子。除非色盲者得知別人能看到他們看不到的顏色，否則他們的雷達螢幕上收不到「原來還有別的顏色」這種訊息。對於天生全盲者的誤解也差不多；他們失去視力，並非陷入「黑暗」或掉進「伸手不見五指的黑洞」。就像獵犬與人類的差異，盲人並非完全看不到景物，只是無從構想景物輪廓的畫面；電磁波譜可見的部分，剛好不屬於他們的周身世界。

　　當科學探勘出越來越多人類無法察覺的頻道，我們就越清楚，自己大腦調頻所能感測到的現實世界竟然只有這麼小一片。我們在所屬的生態圈中，靠著感覺中樞還算勉強過得去，但沒辦法貼近全貌。

　　要是把周身世界的概念收錄到大眾的辭典裡，它會變成實用的思維。這個觀念恰如其分說明了，對於無法取得之資訊和無從想像的可能性，我們所知均有限。我們每天都聽得到有人在批評政策、闡述教條和宣達事實；想想看，如果體認到看不見的事物如此之多，在智識上的態度就會變得謙遜，面對上述所有活動時，我們就會注入這樣的態度。

理性無意識

艾利森‧高普尼克（ALISON GOPNIK）

加州大學柏克萊校區心理學家，著有《寶寶也是哲學家》（*The Philosophical Baby: What Children's Minds Tell Us About Truth, Love, and the Meaning of Life*）

　　二十世紀最棒的科學見解之一，就是大部分的心理過程都不是有意識的。不過，現在大家印象中普遍認知的「無意識」是佛洛依德強調的「不理性無意識」，它就像一個狂熱翻騰的化身，幾乎不受理性和反省的意識管制。即使佛洛依德在科學上的聲望大減，這個觀念還是傳播開來。

　　其實「無意識」對於科學與科技的進步貢獻卓著，是圖靈所說的「理性無意識」。假使《全面啟動》這部電影中對於「無意識」的詮釋非常到位的話，裡面應該會出現一群拿著滑尺的瘋子，而不是穿著睡衣的女人揮舞著左輪手槍在超現實的場景中穿梭。觀眾可能會變得不太想買票去看，不過至少對於心智的認識會更實際。

　　像洛克和休謨這些早期的思想家都曾預料到許多心理學上的發現，但還是認為心智的基礎在於有意識的「想法」。現代電腦之父圖靈則開始思考人類的「電腦」，在運算時意識非常清楚，也會刻意按步驟進行，就像布萊切利園（Bletchley Park）中從事德軍情報解碼的女性。圖靈第一個了不起的見解，就是在完全無意識的機器上也可看到同樣程序，產生相同結果的例子。一部機器，採用跟有意識的「人腦」相同的步驟，也可以解開德軍加密的情報，判讀出有意義的內容。由繼電器和真空管組成的無意識電腦，與血肉之軀構成的有意識人腦一樣，能用相同的方法解出正確的答案。

　　圖靈第二個了不起的見解是，我們也可以把人類心智和大腦當成無意識的電腦而理解出許多現象。布萊切利園的女性解碼員上班時，可以在有意識的情況下算出優異的結果，不過，每當她們開口說話或顧盼之間，也會在無意識的情況下算出同樣極其精準的答案。要從眼底一團亂的影像中辨識出三維物體隱藏的訊

息，其難度和重要性，正如要在納粹難解的電報中挖掘出潛水艇的秘密消息；結果證明，大腦會用同樣的方法解開這兩種謎題。

認知科學家最近在融入機率的觀念，我們便可以說，無意識的心智能運用歸納和演繹來推理，也可以設計出這樣的電腦。運用這種機率邏輯的系統，可漸進、合乎機率而精確算出世事的結果，提高、降低某些假設的命中率，或出現新證據時修改假設。這樣的任務要靠某種逆向工程來完成。首先，要清楚任何理性系統如何根據掌握的證據推論出最佳的真理；而你會常常注意到，人類無意識的心理就會這麼做。

認知科學上有些偉大的進步都是運用這種策略的結果。但是，在大眾文化中多半看不到這些進步；可想而知，那往往是演化心理學的性偏見和暴力造成的（就像佛洛依德的故事一樣，拍成電影還比較好看）。科學上關於視覺的研究，探討著怎樣才能把刺激著眼底的混亂訊息，轉換成對外在世界有意義的正確解讀。這可謂認知科學和神經科學旗下門派在科學上最成功的進步，它打破了一個觀念，也就是視覺系統不完全是無意識的，可以根據眼底收到的資訊做出理性的推論，辨識物體的樣子。視覺科學家開始探索解決視力問題的最佳解決之道，於是在大腦如何執行這些運算上有了鉅細靡遺的發現。

理性無意識這種觀念，也改變了否定有些生物（例如兒童和動物）具有理性的傳統科學觀點，還改變了我們的常識。在佛洛依德的理論中，嬰兒就是有愛幻想、不理性的無意識；甚至在皮亞傑的古典學說中，幼童大部分都是缺乏邏輯的。但是當代研究顯示，幼童所說的話（或遭遇），和他們憑著無意識去學習、歸納和演繹的神準表現之間，存在著極大的落差。嬰兒能夠憑意識去理解的事，看起來似乎太少，而理性無意識這個觀念可幫助我們瞭解，他們如何學會了這麼多。

理性無意識還能以另一種形式來促進日常思考，就是成為意識經驗與一點點腦內灰黏物質之間的橋梁。人們對於經驗和大腦功效之間的誤解太大，以至於看到把知識、愛或美德判定為「其實都是大腦功效」（不然還有哪裡可以儲存這些東西？）的日常研究，總在驚奇和懷疑之間角力。建立不理性無意識與意識經驗和神經病學之間的關聯，是重要的工作。

我們本能上覺得懂自己的心思，認為意識經驗是對於潛意識直接的反應。但是，在社會學和認知心理學中，大部分有趣的研究都顯示，理性無意識和意識經驗之間存在著分歧。舉例，儘管我們總在無意識的情況下做出合乎機率的微妙判

斷，但在意識上，對於機率的理解卻很糟。與意識有關的科學研究讓我們明白，心智和經驗之間的關係多麼複雜、不可測和微妙。

而坦白說，神經科學也必須超越「新顱相學」的範疇，不能再只想從特定的腦部分區中找出對應的心理作用。理性無意識告訴我們，腦部的運作有其方式和原因，它不僅僅是一個儲存無意識的器官。視覺科學在這方面也有領先而一流的實證研究，顯示特定的神經元系統如何像電腦般運作，理性解決視覺的問題。

當然，理性無意識也有其限制。幻覺這種現象，就代表我們的視覺系統再怎麼精明，偶爾還是會出錯。在有意識的情況下所做的反思有時也可能是誤解，不過，它還是能輔導我們的認知能力，就像為心智戴上一副可矯正視力的眼鏡，彌補理性無意識辦不到的事。科學制度的功能就在於此。

瞭解理性無意識最大的好處就是能夠證明，理性的探索並非幾位被稱為科學家的人的神秘特權，而是我們全體在演化上的天賦權利。好好傾聽內在小孩的聲音，可能不會更快樂，也不會調適得更好，不過卻能欣賞自己原來這麼聰明。

我們對太多塑造精神世界的元素視而不見

亞當・奧特（ADAM ALTER）

心理學家、紐約大學心理系兼任教授、史登商學院行銷學系助理教授

　　人腦是複雜到難以想像的工具。當我們忙於日常生活事務時，大腦會不自覺處理大量沒意識到的訊息；這些環境中的刺激也會同時巧妙塑造出我們的思想、感情和行動，並雕琢出人生最重要的部分結局。我有一本書即將由企鵝出版社出版，我從書中的大架構中抽出三個簡短的例子來說明：

　　1. 色彩

　　色彩是環境中無所不在的特點，但我們很少注意到色彩，除非特別明亮，或與期望相差太大。儘管如此，色彩影響的層面還是很廣。譬如說，羅徹斯特大學心理學家安德魯・艾略特（Andrew Elliott）和丹妮拉・伊涅斯塔（Daniela Niesta）最近的一項研究顯示，在女性眼中，男性穿紅色的襯衫比穿別種顏色的襯衫更有吸引力。在女性身上也有同樣的效應，把女性的照片鑲上紅色的邊，對男性似乎更有吸引力。對於有低層次需求的物種而言，紅色訊號同時兼具浪漫意圖和支配地位，而這個訊號同樣適用於男性和女性。這種紅色與支配之間的關係，解釋了二〇〇五年杜倫大學（University of Durham）演化人類學家羅素・希爾（Russell Hill）和羅伯特・巴頓（Robert Barton）的研究結果，他們發現，在「各種領域的運動」中，穿紅色的選手往往勝過穿其他顏色的選手。但紅色並不總是帶來好處，我們也把它與錯誤、警戒聯想在一起，儘管有警惕的作用，還是會抑制了創造力（可參閱拉維・梅塔〔Ravi Mehta〕和朱睿於二〇〇九年二月廿七日《科學》期刊上發表的〈藍還是紅？探討色彩對於認知任務的表現所造成的影響〉〔Blue or Red? Exploring the Effect of Color on Cognitive Task Performances〕）

　　這些效應在生物學和人類心理學上都可以找到紮實的基礎，但這不表示不足以推崇和驚嘆。

2. 天氣和環境溫度

夏天陽光溫暖，令人快樂，這不足為奇；不過，天氣狀況和環境溫度對我們的精神世界還有更多意想不到的影響。雨天發人深省，因此能加強記憶力（Forgas et al, 2009, *J. Exp. Soc. Psychol.*）。在福加斯的研究中，人在雨天時憶起某個商店的特色，比在晴天時還精準。股市晴天時容易上漲，雨天時容易低迷和短暫下跌（Hirshleifer & Shumway, 2001, *J. Finance;* Saunders, 1993, *Am. Econ. Rev.*）。更令人驚訝的是氣候變化與自殺、憂鬱、易怒以及各種事故之間的關係，據說全都是對於大氣中電子狀態變化的反應（Charry & Hawkinshire, 1981, *J. Pers. Soc. Psychol.*）。

溫暖和善意之間的關聯不僅僅是一種隱喻。最近的研究顯示，人們第一眼看到拿了杯熱咖啡的陌生人會比較有好感（Williams & Bargh, 2008, *Science*）。就像溫暖和善意之間的隱喻關係，當人在社會上遭到排擠時，內心也會真的感到寒冷。

3. 符號和影像

都會景觀中充滿成千上萬的符號和影像，不知不覺中影響我們如何思考和產生行為。我和同事們發現，自認為基督徒的人如果處在有十字架影像的環境中，舉止會比較老實，儘管他們想太起來自己是否曾看著十字架。一九八九年，密西根大學團體動力學研究中心（Research Center for Group Dynamics）的心理學家馬克·鮑德溫（Mark Baldwin）的實驗顯示，基督徒身處有教宗若望保祿二世影像的地方時，下意識裡會覺得自己的品行比較差，因為那會提醒他們，自己遠達不到宗教權威所要求的超高道德標準。

換一個比較積極的角度來說，人身處在有蘋果電腦標誌（Fitzsimons et al., 2008, *J. Consumer Res.*），或點著白熾燈泡（Slepian et al., 2010, *J. Exp. Soc. Psychol.*）的環境時，往往會多冒出一些創意。人們常常把蘋果電腦標誌和照明燈泡都與創意聯想在一起，是根深柢固的符號，一旦啟動這層聯想，就可塑造出我們的思維。

類似這樣的聯想邏輯，也可說明國旗代表團結；確實，以色列的左派和右派人士只要隱隱感到自己身處存在著以色列國旗影像的環境時，會更願意包容彼此對立的政治觀點（Hassin et al., 2007, *Proc. Natl. Acad. Sci. USA*）。美國人也有一樣的例子，坐在一大面美國國旗前，對於穆斯林會採取比較正面的態度（Butz et al., 2007, *Pers. Soc. Psychol. Bull.*）。

　　色彩、天氣狀況、符號和影像，再加上許許多多別種信號，深深影響了我們思考、感受、言行舉止和下決定的方式。一旦瞭解了這些信號，明白它們如何塑造出我們的精神世界，就能好好駕馭它們，或許也可不必盡信之。

學習本能

特庫姆塞・費奇（W. TECUMSEH FITCH）

演化生物學家、維也納大學認知生物學教授，著有《語言的演化》（*The Evolution of Language*）

認知科學上最有害的誤解之一，就是相信先天與後天的二分法。許多心理學家、語言學家和社會學家，連同大眾媒體，一直把先天和後天當成對抗的意識形態，而不是互補的觀點。對於某些事物既「天生」又是「習得」而來，或既具「生物性」又有「文化性」的觀念，他們會覺得很荒謬。然而，當今大部分的生物學家都體認到，要瞭解行為，就必須瞭解先天認知過程（如學習和記憶）與個別經驗間的相互作用。在人類的行為方面，這點又特別確實，因為語言和文化是我們這種物種關鍵的適應能力，同時涉及先天生物上與後天環境上少不了的元素。

要打破「先天與後天」壁壘分明的思維，就是認識「學習本能」的存在和重要性。這個用語是鳥鳴研究之父彼得・馬勒（Peter Marler）提出的。一隻依然待在鳥巢裡的燕雀幼鳥，熱切聽著自己同種的成鳥唱歌。幾個月後，牠羽翼漸豐，以記憶中聽到的歌聲為範本，唱出自己的初試啼聲。在這段「幼鳴」的期間，小鳥慢慢朝著完美的目標修飾自己的歌聲，到了成年後，牠已準備就緒，可以用自己這個物種特有的、獨一無二的歌，去保衛領土和吸引配偶。

燕雀的發聲練習是學習本能的一個經典範例，牠們想要聽、唱，以及根據聽來的歌聲譜出自己歌曲的動力，都是本能，不需要靠父母的監護或回應就會經歷這些階段。儘管如此，牠們唱的歌還是會變成代代相傳的文化，下一代會一直學習下去。鳥類也有地域性的方言，各地不同，沒有一定的規律。如果幼鳥沒聽過歌聲，就只會發出貧乏、粗厲的叫聲，而不是一首歌曲該有的聲音。

重點是，只有某些鳥類，如燕雀和鸚鵡，才有這種學習歌唱的能力。其他鳥類，如海鷗、雞、貓頭鷹，並不會學習發聲，牠們是在沒有吸收任何聲音的條件下，穩定發展出自己的呼叫聲。這種鳥類的叫聲屬於真正的本能，而不是學習而來的。但是，能夠學習歌唱的那些鳥類，成鳥唱的歌曲是本能（聽、排練並修飾

到最完美）與學習（與同物種成鳥的歌曲相符）之間複雜交互作用的結果。

　　大部分的哺乳動物都缺乏這種複雜的歌唱學習能力，這點著實令人驚奇。目前的研究顯示，除了人類之外，只有海洋哺乳動物（鯨魚、海豚、海豹）、蝙蝠和大象有這種能力。在靈長類中，人類似乎是「唯一」能夠在聽到環境中新的聲音之後，把這些聲音複製出來的物種。這種能力可能取決於嬰兒期牙牙學語的階段，在這段期間，人類以發聲練習來玩樂，跟小鳥的「幼鳴」一樣，是本能。在這個階段，幼兒會微調自己的發聲控制，聽到照顧他的成年人所說的詞句，並模仿出來。

　　那麼，人類的語言能力究竟是本能，還是學習而來的？這個問題帶有二分法的預設立場，在本質上就是誤導。所有人種的語言加起來約六千種，而任何人種所說的每一個字都是學習而來的。然而，「能夠」學習該語言屬於人類的本能，每一個正常的人類孩童一出生時，就具備這種黑猩猩或大猩猩沒有的能力。

　　儘管每一種語言都是學習而來，但是去學習某個語言的本能確實是天生的（就是指我們這個物種可以穩定發展這項技能）。正如達爾文在《人類的起源》（*The Descent of Man*）中說的：「語言是一門藝術，就像釀酒或烘焙；不過……當然不是真的本能，因為每種語言都要靠學習才會得到。但與所有普遍的技藝不同之處在於，人類有想要說話的本能，可以從幼兒的咿咿呀呀來證實這一點；沒有任何一個小孩有想要釀酒、烘焙或書寫的本能。」

　　文化又是什麼？對許多人而言，人類的文化似乎與「本能」是對立的。然而在每一種人類文化之中，語言都扮演著重要角色，這一點是無庸置疑的。語言是幫助傳遞歷代累積的知識、品味、偏見和風格的主要媒介，每一種人類部族和國家因此而成為獨特、珍貴的實體。如果可從學習本能的角度來理解語言，文化本身又未嘗不可？

　　過去十年，人類遺傳和神經結構的揭秘已有了不起的成果，未來十年有望再大為突破。六十億人中，每個人在遺傳上都是唯一的（只有同卵雙胞胎是奇妙的意外）；獨特的基因結構會影響（但不會決定）我們會成為怎樣的人。

　　在認清人類生物學和遺傳學的現實之下，如果想讓努力的結果誠然有效，必須拋棄像先天和後天這種傳統、過時的二分法，迎向許多使我們之所以為人的學習（語言、音樂、舞蹈、文化）本能。

　　我認為，在個人基因體即將來臨的時代，想在人類生物學的背景之下瞭解人類文化和人類本性，「學習本能」這個拒用二分法的用語，值得收錄為眾望所歸的認知工具。人類語言和人類文化並非本能，而是「學習的」本能。

從下往上想，不是從上往下想

麥可‧薛默（MICHAEL SHERMER）

《懷疑論者》（*Skeptic*）雜誌發行人、克萊蒙研究大學（Claremont Graduate University）兼任教授，著有《大腦的信念：從鬼神到政治陰謀 —— 我們如何建構信念並鞏固成真理》（*The Believing Brain: From Ghosts and Gods to Politics and Conspiracies - How We Construct Beliefs and Reinforce Them as Truths*）

　　有一個最平凡的抽象速記，採用的話，可以改善人性的認知工具，就是「從下往上想，不是從上往下想」。自然界和社會中的每件大事幾乎都是從下往上，而不是從上往下發生的。水是氫氧從下往上自行組成的突顯性質；生命是有機分子從下往上自行組成的突顯性質，這種有機分子完全是透過地球早期環境圈中的能量，聯合起來變成蛋白質鏈。構成人體的複雜真核細胞本身是由更簡單的原核細胞，從下往上合併在一起產生的，是兩個有機體的基因體合併時，在共生過程中自然出現的產物。演化本身就是有機體從下往上求生、把基因傳遞給下一代的過程，在這個簡單的過程中，誕生出各式各樣今日看得到的複雜生命。

　　同理，經濟也是人類從下往上謀生、把基因傳遞給下一代而自行組成的突顯過程。在這個簡單的過程中，出現了各式各樣今日看得到的複雜產品和服務。民主制度也一樣，是一種從下往上的突顯政治體制，專為顛覆從上往下的王國、神權統治和獨裁而形成。經濟和政治的體制都是人為的結果，並非人天生藍圖就是如此。

　　然而多數人卻認為世界是從上往下，而不是從下往上建構的。原因是，人類大腦演化成會去辨識世間萬物的藍圖，而我們的經驗中，被規劃出來的事物幕後都有個設計者（就是我們），我們也認為這個設計者很有智慧。所以在大部分人的直覺中，都以為自然界中看起來經過設計的事物都是從上往下，而不是從下往上發展。從下往上的思維，違反直覺。這就是為何有這麼多人相信，生命的藍圖是從上往下規劃出來的，以及為何有這麼多人認為，經濟一定是從上往下建構出

來的，國家也必須居高臨下進行統治。

　　要讓人們接受從下往上的抽象速記，把它當成認知工具，就是找出從下往上演化，而不是從上往下規劃的「已知」例子。語言就是這樣的例子。沒人把英語設計成現在看起來和聽起來的樣子（青少年每句話裡都會出現「like」這個字）。從喬叟以降，說母語的人會採用符合自己獨特生活和文化的語言風格，因此語言已演變成從下往上發展。知識產物的發展歷程也很像，從上而下轉變為從下而上的過程，已留下一段很長的軌跡。從古代修士、中世紀學者、學院教授到大學出版商，知識的民主化是一個爭取解放的歷程，一直都是跟隨著社會民主化的腳步，想掙脫被從上往下控制的束縛。相較於過去幾個世紀，大量百科全書都是威權的產物，具有統治地位者就是最終決定可靠知識的權威；現在每個人只要使用維基的工具，就可以變成自己那門專業知識的百科編纂人。

　　這就是為何讓數百萬電腦使用者跨伺服器交換資料的網際網路，是從下往上自行組成的突顯性質；儘管牽涉到一些從上往下的控制方式（就像某些經濟和政治的體制，依然泰半是從上往下控管），無人是老大的事實，還是衍生出數位時代自由的力量。過去五百年來，人類的體制已不可避免漸漸由從上往下轉變成從下往上，理由很簡單，資訊和人類都同樣渴望自由。

固定行動模式

艾琳‧派波柏格（IRENE PEPPERBERG）

哈佛大學副研究員、布倫戴斯大學（Brandeis University）心理學兼任副教授，著有《你保重，我愛你——我和我的聰明鸚鵡艾利斯》（*Alex & Me: How a Scientist and a Parrot Discovered a Hidden World of Animal Intelligence—and Formed a Deep Bond in the Process*）

這個概念源自早期的動物行為學家，如奧斯卡‧海因洛特（Oskar Heinroth）和康拉德‧洛倫茲（Konrad Lorenz）這些科學家，把它定義為一種本能反應，通常是一系列可預測的行為模式，出現通稱為「釋放者」的特定輸入訊號時，就會產生這種穩定的機制。固定行動模式就像許多已知的模式一樣，被認為缺乏認知處理的過程。事實證明，固定行動模式幾乎不是動物行為學家以為的那麼固定，但這個概念仍保有其參考地位，是科學上描述俗稱如「膝反射」這種反應的方式。儘管固定行動模式的概念很簡單，在研究與改變人類行為上，還是可證明它具有形而上的價值。

參閱固定行動模式的文獻可以發現，這種直覺反應實際上是根據最基本的訊號學習得來的。舉例來說，剛孵出來的銀鷗雛鳥啄父母鳥喙上的紅點來覓食，理當算固定行動模式，但其實這行為的意義可沒這麼簡單。鳥類和動物行為學家傑克‧海曼（Jack P. Hailman）說明，所謂的先天，只是一種啄食視野中擺盪物體的傾向。瞄準鳥喙和鳥喙上紅點的能力，雖然是穩定發展且發展得相當快的模式，但其實是靠經驗得到的。有些敏感度當然是與生俱來，但發展成各種行為動作的具體特徵，很可能是取決於有機體如何與周遭環境互動，以及會收到什麼樣的回饋。這個機制不一定（特別是對人類而言）只是一個指令一個動作那麼單純，而是盡可能評估輸入的訊息。

這麼說很中肯，因為身為人類，如果想瞭解為什麼，採取的行動在某種程度上都是可預測的（特別是有想要改變這些行為反應的慾望或需要時），我們會想起自己繼承的動物本性，尋求有可能激發自己固定模式的釋放者。固定行動模式

實際上有沒有可能是長時間習得的反應，一開始就與比想像中還基本的東西有關？後來可能會影響到一些人生的面向，從社會上與人的互動，到以自己的專業角度快速做決策的過程。我們身為具有認知處理能力的人類，只要瞭解自己和互動對象的固定行動模式，就能開始重新思考自己的行為模式。

十的次方

泰倫斯・索諾斯基（TERRENCE SEJNOWSKI）

計算神經科學家、沙克中心（The Salk Institute）弗朗西斯・克里克（Francis Crick）教職繼任者，著有《算計的大腦》（*The Computational Brain*，與派翠西亞・邱吉蘭〔Patricia Churchland〕合著）

在我的科學工具中有一個相當重要的，就是如何以大小規模和時間尺度來考量世間的萬事萬物。這牽涉到：一，瞭解十的次方；二，想像使用對數刻度算出大小規模，把數據圖像化；三，瞭解大小規模的意義，例如分貝（dB）計是測音量，芮氏規模是測地震強度。

每個人思考時都應該使用這個工具，但遺憾的是，我發現不是科學家的人即使受到良好教育，還是會覺得對數刻度的概念很困難，只能隱約理解芮氏地震規模六和八之間的差異（釋出超過千倍的能量）。利用十次方來思考是種基本技巧，應該在小學中連同整數一起教。

自然界中到處都看得到比例定律。伽利略一六三八年指出，比起小型動物，大型動物的腿骨特別粗，才能支撐自己的重量；動物越重，腿就必須越粗壯。於是他推測，腿骨的粗細是長度的二分之三次方。

另一個有趣的比例定律是大腦白質（等於連接到皮質的長距佈線）和灰質（進行運算的地方）的量。體重超過十的五次方的哺乳類，從小鼩鼱到大象，白質的量都是灰質的四分之五次方。這表示腦越大，溝通皮層的佈線所占的比例，比運算機制的部分還大多了。

我擔心自己的學生已失去使用十的次方來估算的技巧。我還是學生時都用滑尺計算，但現在的學生是用計算機。用滑尺可加減對數來計算一長串的乘法和除法，但最後必須靠估計才能大致得出十次方的結果。計算機可替人辦到這點，但人如果中途按錯一個數字，結果就會差了十的十次方，對於數量級的概念不敏感的學生就會犯這種錯。

最後，熟悉十的次方就能改善人人認知工具的理由還有一個，就是可幫助我

們理解人生以及生活的世界：

人一生共有幾秒？十的九次方秒。

　　秒是一種時間單位，雖然任意，但還是奠基于我們的經驗。我們的視覺系統以每秒收到三個快照影像的速率掃視，這是眼球急速運動的結果。運動員經常只差個幾分之幾秒就決定了輸贏。如果一生中每秒可賺進一元，就會變成億萬富翁。不過面對聽眾時，一秒鐘可能感覺像一分鐘那麼長；一個寧靜的週末可能一剎那就消失了。我小的時候，夏天好像可以就這麼永遠繼續下去，現在卻覺得它彷彿還沒開始就結束了。威廉・詹姆士認為，主觀的時間是以新奇的經驗來算的，因此人越老，感覺時間越少。或許人生是以對數的時間刻度來度過的，壓縮著朝向終點而去。

世界的GDP是多少？十的十四次方美金。

　　十億美金一度所值不斐，但現在百億富翁榜上有名的人一大串。美國政府最近為了刺激世界經濟，借出好幾兆美元給銀行。很難想像一兆美金（$1012）到底是多少，不過YouTube上有一些影片（關鍵字：trillion dollars），以具體的對照（巨大的一疊百元美金鈔票）和可以拿來買什麼（美國對九一一事件做出回應已十年），把它聰明地描繪出來。開始想像世界經濟時，會看到好幾兆美金往上加；這裡一兆，那裡一兆，很快就體認得到，那些真的都是錢，但是到目前為止，沒有人是兆億富翁。

腦中有多少突觸？十的十五次方個。

　　神經元之間可以藉由突觸來互相溝通，是大腦中的運算單元。一般突觸的直徑不到一微米（十的負六次方米），接近光學顯微鏡解析度的極限。要是世界經濟的規模很難想像，那麼一提到腦中有多少突觸會覺得不可思議！如果每個突觸是一美金，可以支撐整個世界的經濟十年。神經元平均每秒發射一次訊號，這表示頻寬每秒約十的十五次方位元，比網際網路骨幹的總頻寬還大。

陽光的存在還會有幾秒？十的十七次方秒。

我們的太陽已發光了數十億年，還會繼續再照著我們幾十億年。用我們的一生來看，宇宙似乎是靜止的，但從長遠的時間尺度來看，宇宙充滿了窮凶惡極的暴力事件。太空的規模也是無邊無際。我們的時空軌道是宇宙非常微小的一部分，但還是可以套用十的次方來理解它。

生命編碼

> 瑪・安利奎斯（JUAN ENRIQUEZ）
>
> 優越風險管理公司（Excel Venture Management）常務董事，著有《訂製人：生命科學如何改變全球經濟》（*As the Future Catches You: How Genomics & Other Forces Are Changing Your Life, Work, Health & Wealth*）、《演化人：拜見下一代的人種》（*Homo Evolutis: Please Meet the Next Human Species*，與史蒂芬・古蘭〔Steve Gullans〕合著）

人人都熟悉數位編碼，它是資訊科技業的抽象速記；大家很快就會開始談論生命編碼。

我們花了一段時間才知道如何判讀生命編碼；大部分人都忽略了孟德爾最初的食譜，達爾文早就知道這個爭議性的題材，卻有好幾年拒絕公開。甚至當今電影、牛仔褲、大眾心理叢書上已用到浮濫的廣宣用語「DNA」於一九五三年被發現後，還是備受漠視，將近有十年的時間很少人提到華生（Watson）和克里克（Crick），儘管他們發現了生命編碼是怎麼寫的，一九六〇年以前卻沒有任何人幫他們提名諾貝爾獎。

先是漠視，然後爭議，才來一直緊抓著生命編碼來解釋人性，從判讀它變成複製它。一九五二年就有複製蝌蚪，但在一九九七年複製羊桃莉惹來驚奇、錯愕和恐懼以前，並沒什麼人注意過這個程序。類似的情況也發生在試管嬰兒之父身上，他到二〇一〇年才得到諾貝爾獎，那已是第一位試管嬰兒露薏絲・布朗（Louise Brown）出生三十二年後的事。要複製出許多基因，產生成千上萬幾乎一模一樣的動物，現在變得司空見慣。最新的爭論焦點已經不是「要怎麼處理複製生物？」而是「我們該吃牠們嗎？」

當人們學會判讀和複製生命編碼後，發生了很多變化，但對於目前的發展所知依然甚少。然而這個編寫和改寫生命編碼的第三階段，正是至今最重要和影響最深遠的階段。

到目前為止很少人明白，生命編碼會跨領域、經濟、國家和文化散播開來。

當我們開始改寫現有的生命時，怪事也會跟著演變出來。細菌可以被設計來解開數獨之謎；病毒開始製造電路；當我們編寫生命的草稿時，克萊格・凡特、漢彌爾頓・史密斯（Hamilton Smith）等人與艾克森美孚合作，試圖改變世界的能源市場。逆轉錄病毒產生特有的基因、無中生有的器官、第一批合成細胞，再再都是巨變的例子。

從能源、紡織、資訊科技、疫苗、太空探測、時尚、財經到房地產，跨各式各樣的領域，都可以看到越來越多生命編碼衍生的產品。二〇〇〇年時在Google搜尋「life code」時，只能找到五百五十九筆結果，在二〇〇九年時不到五萬筆，它漸漸變成大家茶餘飯後的公開話題。

數位編碼幾十年來已經發生了不少變遷，一路把大家帶往Digital、Lotus、HP、IBM、微軟、亞馬遜、Google和Facebook。下個十年的《財富雜誌》五百大企業中，多數將會是能夠瞭解和重視生命編碼的公司。

但這才剛開始而已；隨著人類形態生命編碼的改寫，真正的改變才會浮現。我們已從當初被動形成的猿人轉變成「演化人」，能夠主動、刻意去設計、塑造自己和其他物種的演化。

約束滿足

史蒂芬・柯斯林（STEPHEN M. KOSSLYN）

史丹佛大學行為科學高等研究中心主任，著有《影像與心靈》（*Image and Mind*）

　　約束滿足的概念，對於瞭解、改善人類的理性思考和做決策相當重要。「約束」是一種在解決問題或下決定時必須納入考量的條件，而「約束滿足」則是達相關約束的過程。關鍵在於，只有幾種方法可以同時滿足整套約束條件。

　　舉例說，搬進新房子時，我和我太太已決定要怎麼擺放臥室裡的家具。我們有一塊舊床頭板搖晃得很厲害，一定要靠著牆，這勢必約束了床頭板能放在哪裡。其他的家具可以擺哪裡也會有別的要求（約束），特別是有兩個小床頭几一定要靠在床頭板的兩側；有張椅子必須放在房間裡某個位置；一盞閱讀燈得放在椅子旁邊；另有一張老沙發少了一條後腿，因此要靠在幾本書上，而且我們想擺在人家看不到書本的位置。在這樣的室內陳設練習中，我們歸納出一個不得了的事實：太剛好了！只要選好了床頭板要靠的那面牆，就只剩一面牆適合前面擺沙發，然後再剩下一個空間可以擺椅子和閱讀燈；屢試不爽。

　　一般而言，約束越多，同時滿足它們的方法就越少，而且「強勢」的約束很多時，這點會特別明顯。強勢約束就像床頭几要擺哪裡，滿足這個條件的方法很少。「弱勢」的約束則相反，如床頭板的位置，有很多種方法都可以滿足（不同的牆邊都可以擺）。

　　有些約束無法配合其他約束時會如何？舉例，假設你住的地方離加油站很遠，所以想買電動車，卻沒足夠的錢買一台。並非所有約束都同樣重要，只要能「充分」滿足最重要的，你的問題可能還是會獲得滿意的解決。在這個案例中，雖然解決你交通問題最好的辦法是電動車，但折衷的瓦斯車可能也夠好了。

　　除此之外，當開始進入約束滿足的過程，要找出其他的約束會更有效率。例如，決定要買哪台車時，可能會先從（甲）預算和（乙）希望能避免去加油站來著手；再來可能會考慮符合目的所需的車體大小、保固時間和款式；可能還會

願意放棄某些來換取其他，像是充分滿足一些約束（里程數），但幾乎不求別的（款式）。即便如此，光是納入其他約束，也可能成為決定性的因子。約束滿足的案例俯拾即是：

◎ 這就是從夏洛克‧福爾摩斯到《超感警探》（*The Mentalist*）這些偵探如何破案的方式，把每一條線索都當成約束，搜尋可以全部滿足這些條件的解決之道。
◎ 這就是交友服務努力想辦到的：找出客戶的約束，辨識出哪些約束對她或他而言最重要，然後看看有哪些候選人最能滿足這些約束。
◎ 這就是在找新住家時要經歷的過程，衡量相對重要的約束，如坪數、價錢、地點和鄰里的類型。
◎ 這就是早上換衣服時會做的事：選擇可以「互相搭配」的服飾（顏色和款式都要搭）。

約束滿足的例子到處都是，一方面是因為它不要求「完美」的解決方案。你可以決定最重要的約束是什麼，以及整體而言有哪些約束必須滿足（還有滿足的程度）。約束滿足甚至不見得要循序漸進，你可以一次考量整套的約束，把它們全丟進腦中的燉鍋，小火慢煨。不需要刻意去經歷這段過程。「深思熟慮」看似能把所有事都納入，就是缺少非刻意的約束滿足。

最後，有很多創意都是從約束滿足中誕生的。有很多新食譜，都是廚師發現手邊只有一些食材時創造出來的，不是被迫去找替代食材，就是要想出一道新菜色。決定改變、排除或加入約束時，創意也可能會冒出來。愛因斯坦其中一個重要的突破，就是體悟到時間不一定以固定速率度過。加入約束實際上可以加強創意，這點聽起來或許有點矛盾，然而，如果某個任務太開放或結構鬆散，可能太不受約束，要構想出任何解決之道，反而變得困難。

循環

丹尼爾・丹尼特（DANIEL C. DENNETT）

哲學家、塔夫斯大學認知研究中心教授兼副主任，著有《破除魔咒：將宗教視為自然現象》（*Breaking the Spell: Religion as a Natural Phenomenon*）

　　人人都熟知大規模的自然循環，白天過後是夜晚，夜晚過後又是白天；春夏秋冬四季遞嬗；水蒸發再降雨，填滿湖泊、沖刷河流，以及儲存地球上每一種生物的補給水。但並不是每個人都懂得欣賞，循環（從原子到天文的每一種時空規模）其實是暗中運轉的馬達，為所有奇妙的自然現象提供動力。

　　一八六一年，尼古拉斯・奧圖（Nikolaus Otto）製造並賣出了第一台內燃式汽油引擎；一八九七年，魯道夫・狄塞爾（Rudolf Diesel）製造出他的引擎，這兩個優秀的發明都改變了世界。四衝程的奧圖循環引擎，或二衝程的迪塞爾引擎，都是利用循環的機制，也就是完成一些工作後，系統恢復到原始位置，準備完成更多其他工作。這些循環的細節很巧妙，而且都是好幾世紀以前，在發明的研發過程中就已發現並改善到最好的狀態。還有一具更小巧精美的引擎，就是克氏循環，是一九三七年漢斯・克雷布斯（Hans Krebs）發現的；但早在生命的曙光出現後，在數十萬年的演化過程中，它便已存在。它是一種八衝程的化學反應，在新陳代謝的過程中把燃料變成能源，是從細菌到紅杉木等所有生命都不可或缺的。

　　像克氏循環這樣的生化循環，負責生命世界中所有運動、生長、自我修復與繁殖，錯綜複雜，上兆的發條裝置零件轉動著，每個裝置都必須倒轉，從頭開始執行任務。這一切再加上偉大的達爾文生殖循環而更臻完美，亙古以來挑選出進步的幸運者，代代相傳。

　　我們的祖先，從人類史前時代某個規模全然不同的偉大進步中發現了循環的功效，就是製造過程中重複的作用。用石頭磨一根樹枝，什麼事也沒發生，唯一看得見的改變就是幾道刮痕；磨上一百遍還是一樣，看不出有什麼變化。奇怪的是，繼續這樣再磨個上千遍，它就會變成一支直直的箭柄。週期性的過程是潛移

默化的累積，會創造出全新的結果。其他動物建構和塑造的過程雖然也會重複，但全憑本能，也並非有意識的；人類憑著遠見和自制去做這樣的工作本身就很新奇，比動物更進步。這麼新奇的行為，當然就是達爾文循環的產物，後來還靠著文化演進的快速循環來強化，而技術的繁衍，並非透過基因傳遞給下一代，是靠模仿無血緣關係的同種。

第一個用石頭打磨出精美對稱手斧的祖先，在製作過程中的樣子看起來應該挺蠢的。他坐在那裡，連續磨了好幾個小時，結果什麼明顯的效果都沒有。但在所有漫不經心重複的空檔之中，藏著逐漸精緻化的過程，肉眼幾乎看不見，因為肉眼已演化為偵測節奏更快的變化。外觀不變的徒勞現象，有時候也會誤導心思縝密的生物學家。分子細胞生物學家丹尼斯・布雷（Dennis Bray）在他所著的好書《複製人腦》（Wetware）中這樣描述神經系統：

在一個典型的訊號傳遞路徑中，蛋白質會不斷被改造改和重建，激酶和磷酸酶像巢穴中的螞蟻不停工作，把磷酸根加到蛋白質裡，又再把它們清除。這似乎是毫無意義的行動，尤其是每經歷一次添加與清除的循環，都會使細胞耗費掉一個三磷酸腺苷分子，等於一單位的珍貴能量。這種循環反應當初確實被貼上「無用」的標籤，但這麼說是一種誤導。把磷酸根加入蛋白質是細胞中最常見的反應，支持著本身大部分的運算活動。這個循環反應為細胞提供可快速靈活調整的重要機制，一點也不是徒勞無功。

「運算」這個用詞很得當，因為所有認知的「魔法」都像生命體本身一樣，從神經元內的生化規模，到腦電波圖上可以看到的全腦睡眠週期、活動腦波和恢復腦波，都要靠重生、重入、反省式的資訊轉化過程一再循環。電腦程式設計師探索運算的可能還不到一個世紀，但到目前為止，透過發明和發現已製造出數以百萬計迴圈中的迴圈。進步的秘方永遠都一樣，就是練習、練習、再練習。

達爾文演化正是一種累積精緻化的循環，這是值得記住的一點。還有很多這樣的例子。生命起源的問題，如果要說的話，看起來的確難解（「不可簡化的複雜」），就像智設論倡導者說的，「既然天擇演化要靠生殖來完成」，那麼第一個能活、能生殖的生物是如何誕生出來的？達爾文主義不可能解答這個問題。生命當然複雜得驚人，它的設計精美，必然是奇蹟。

如果我們把有生物之前、處於未成熟期的世界，想像成某種混亂無特色的化

學物質（就像一陣亂拼裝出來的可怕噴射客機），這個問題看起來的確更糟，令人害怕；但如果我們提醒自己，在演化過程中最關鍵的就是週期性的重複（其中基因複製只是高度精緻化和優化的一環），就可從難解中看到可解的曙光：所有那些季節性的循環、水循環、地質循環和化學循環，是怎樣運轉了數百萬年，漸漸積累成誕出生物循環的先決條件？或許第一個一千次的「嘗試」是徒勞的，就差那麼一點點就成功了。但是，就像蓋希文和迪西瓦（DeSylva）美妙動聽的歌曲提醒我們的，「再做一次」（又一次，再一次）看看會如何。

優良的經驗法則告訴我們，如果遇到看起來很神奇的生命和精神境界，注意那背後是不是有一再努力的痕跡。

關鍵消費者

珍妮佛‧賈奎特（JENNIFER JACQUET）

哥倫比亞大學環境經濟學博士後研究員

一提到共有資源，合作失敗就等於控制消耗失敗。在加勒特‧哈丁（Garrett Hardin）的經典悲劇中，每個人都過度消耗，以同樣的程度損害了共有資源。但相對少數者也可能摧毀其他人的資源。

生物學家都熟知「關鍵物種」這個用語，這是羅伯特‧潘恩（Robert Paine）一九六九年完成潮間帶排除實驗所提出的。潘恩發現，把一些五足肉食動物（紫色海星，Pisaster ochraceus）從海岸移走，會造成牠的獵物「淡菜」過剩，多樣性急遽下降。沒有了海星，淡菜會勝過海綿；沒有了海綿，就沒有裸鰓類。海葵也會餓死，因為牠們吃被海星驅逐的動物。紫海星是維持潮間帶這個共同體的基礎物種，少了牠，就只有淡菜、淡菜，還是淡菜。「關鍵物種」這個用語受到紫海星啟發，是指對於所在生態環境的豐富性而言舉足輕重的物種。

我想，在人類的生態圈中，疾病和寄生蟲扮演著類似潘恩實驗中紫海星的角色。移除疾病（和增加食物），人類就會全面占據這個世界，必然改變所在環境的結構。但不是所有人類消耗的量都一樣。關鍵物種是決定一個生態系統結構的特定物種，而我認為關鍵消費者是決定一個資源市場的特定人類群體。少數個體的強烈需求，都可能造成動植物瀕危。

魚子醬、拖鞋蘭、虎鞭、鉢、寵物猴、鑽石、抗生素、悍馬汽車和海馬的市場，都有關鍵消費者。美國、歐洲和亞洲有些地方有蛙腿的利基市場，耗盡印尼、厄瓜多和巴西的青蛙族群。愛好高級餐廳海鮮的人，會造成像大西洋胸棘鯛或南極齒魚這樣的長壽魚種毀滅。富裕的中國消費者愛吃魚翅羹的慾望，導致某些品種鯊魚的枯竭。

每四種哺乳動物中就有一種瀕臨滅絕（地球上有5,487種哺乳動物，1,141種瀕危）。十六世紀以來，至少有七十六種哺乳動物已經滅絕，很多如塔斯馬尼亞

虎、大海雀和大海牛，都因為被相對小群的人類補殺而絕種。少數的人類族群很可能會加速我們整個物種的消失。

　　非生物資源的消耗也失衡。世界上有百分之十五的人口生活在北美、西歐、日本和澳洲，消耗三十二倍以上如化石燃料和金屬的資源，並產生比發展中國家（也就是其餘百分之八十五的人生活的地方）再高三十二倍以上的污染。居住在城市的人比住在鄉下的人消耗的更多。最近的一項研究證實，不列顛哥倫比亞省溫哥華居民的生態足跡，平均比附近郊區或農村的高十三倍。

　　已開發國家、都市人和收藏象牙的人，這些關鍵消費者都依賴這裡所提的資源。美國的農業占了百分之八十的用水量，大量農田就是水的關鍵消費者。那麼，為什麼那麼多資源保護的要求都是針對家庭，反而不是農田的用水效率？關鍵消費者的概念，有助於著重投資報酬率最高的資源保護工作。

　　就像關鍵物種一樣，關鍵消費者對於所在環境的豐富性而言有舉足輕重的影響。生物學家把關鍵物種視為優先保護的重點，因為若牠們消失，可能也會導致許多其他的物種流失。在消費市場上，應該優先注意關鍵消費者，因為他們的消失可能會使資源恢復。人類應該保護關鍵物種，並遏止關鍵消費，因為那是其他人或物種的生存所依。

累積的錯誤

傑容‧藍尼爾（JARON LANIER）

音樂家、電腦科學家、虛擬實境先鋒，著有《別讓科技統治你：一個矽谷鬼才的告白》（*You Are Not a Gadget: A Manifesto*）

「傳話」是一種小孩子在玩的遊戲；一個小孩對著另一個小孩耳語秘密訊息，一個接一個，到最後一個小孩才大聲公布出來。在傳遞訊息的過程中，無論每個小孩多麼用心謹慎，通常最後還是會變成全然不同的怪異結果，這就是最好玩的地方。

幽默，似乎是大腦帶著愉悅的心情，以自我激勵的方式去注意到一個事實：在能夠理解的世界中，存在著懸殊和分裂的現象。玩傳話遊戲時，可從違反期望中得到樂趣；以為固定的卻變成流動的。

當大腦太容易出錯這件事足以構成簡單兒童遊戲的核心，我們就知道，人類的認知有某種值得擔憂的問題。我們多多少少期望資訊是理想的，忠於它的來源，無論過程中曾受到怎樣的破壞。

對於理想資訊的奢望令人混淆，因為那會一下子打破我們能夠立即心生懷疑的直覺。如果遊戲過程中有個孩子嗅出訊息的不尋常之處，覺得不太可能是真的，可以輕易跟最靠近她的前一個孩子比對。她可能會注意到一點小異動，但看來大部分的情況下，訊息都受到肯定，然後她會發現受到驗證的事情很明顯都是假的。

另一種有趣的消遣，就是把某種刻意安排的資訊透過數位演算法進行過度轉換（謹慎一點使用這個方法的話是有幫助的），直到變成奇怪的結果為止。舉例，用一種線上機器翻譯服務來連續轉譯不同的語言，最後回到起始語言，看看會得到什麼結果。用「Google 翻譯」以四步驟（英文→德文→希伯來文→簡體中文→英文）翻譯「The edge of knowledge motivates intriguing online discussions」這個句子，最後回到英文會變成「Knowledge stimulate online discussion charming end」。我們會覺得這種事很好玩，就像小孩玩「傳話」遊戲一樣，令人想起自己

的大腦對於資訊轉換也有不切實際的期望。

　　資訊科技能夠揭示真理，但也可能製造出我們不熟悉的強烈錯覺。例如透過雲端運算來監控全世界，會從氣候數據中看到變遷的模式相當危急。但永無止盡一再轉述這件事，也會對大眾造成錯覺，以為原始資料是一場騙局。

　　對於理想資訊的奢望是金融界的禍害。金融工具變成實際行動的層層衍生品，彷彿金融界到最後應該能激盪出最進步的結果。提供買房資金的理由，最起碼要跟取得所購買的屋子有關。但連一大群專家和巨額成長的雲端電腦，都沒辦法料到加速邁向金融海嘯的過程，這表示設計得再縝密的金融工具，可能也會與終極目標完全脫勾。

　　在金融工具這麼複雜的情況中，每個玩傳話遊戲的孩子不再扮演一連串水平傳遞訊息的傳播站，而是一連串垂直改變訊息的轉換站，不再可靠。交易一筆一筆往上堆疊，每筆交易都是根據一種公式，這種公式會轉換疊在下面的交易數據。一筆交易可能根據的是某種機率，而這種機率是一連串不當預測的結果。

　　對於理想資訊的奢望，再度以信念之姿出現，相信更高層的再現結果，永遠必然會更好。然而，每當一筆交易被當成評估另一筆交易風險的標準（即使是在垂直結構中）時，多少都會注入了一些錯誤和人為干預。到了複合起來的那幾層，資訊就變得很怪異。

　　很不幸的是，交易有沒有成功要看傳回的反應，而這個反應根據的只是在變幻無常、抽象的金融遊樂場中，與最靠近的交易之間的往來。所以，一筆交易會不會賺錢，要看本身與其他直接對應的交易互動的結果，跟實際上導致交易的根本事件沒有任何關係。這就像試圖弄清楚訊息是否被毀壞的小孩，只跟最靠近她的小孩討論一樣。

　　原則上，網際網路可讓我們直接與資訊的來源接觸，避免發生傳話遊戲的錯覺。確實有這樣的事。譬如有數百萬人都有火星漫遊的經驗，了不起又直接。

　　但那是網際網路衍生經濟鼓勵而累積出來的結果。我們都成為新傳話遊戲的玩家，你告訴部落客，部落客告訴匯集部落格的人，匯集部落格的人告訴社交網站，社交網站告訴廣告商，廣告商告訴政治行動委員會，依此類推。沿途每個傳播站都覺得自己傳的話很合理，因為圈內還是有人抱持著保守的懷疑態度，像那個女孩一樣，然而整個系統還是融入了一定程度的胡說八道。

　　笑話重複講太多遍就不好笑了。教育大眾對於理想資訊的奢求是一種認知錯誤，以及設計出減少錯誤累積的資訊系統，都是當務之急。

文化吸引因子

丹·斯波伯（DAN SPERBER）

布達佩斯中歐大學哲學與認知科學教授

　　理察·道金斯一九六七年提出了模因（meme）的觀念，它是一種使文化傳播的單位，可自我複製，也會經歷達爾文所說的天擇。「模因」已成為每個人的認知工具，而且廣受歡迎。我想建議用「文化吸引因子」來解釋模因，就算不能取代這個概念，起碼可以補充未盡之處。

　　「模因」一詞出奇成功（或者說貌似如此），本身就是這個觀念最好的例子，因為這個詞現已被用了成千上萬遍。但是每次用上這個詞的時候，是否也再度轉述了它的觀念？並沒有。不僅「模因學家」對於「模因」的定義有許多不同的見解，更重要的是，大部分使用這個詞的人，對於它到底是什麼意思都沒有清楚的認識。這個詞的用意變得模糊，視情況而調整。這些意義層層相疊，但都不是彼此的複本。違背「模因」一詞的模因觀念，可能不能算是模因最好的示範！

　　模因觀念的例子說明了一種常見的謎團。文化的確包含可一再製作出來的特定項目，如觀念、規範、訣竅、舞蹈、儀式、工具、實務等等。即使社會的時空遞嬗，這些項目本身還是有相似性。無論有多少新花招，愛爾蘭燉肉還是愛爾蘭燉肉，小紅帽還是小紅帽，森巴舞還是森巴舞。要說明宏觀的文化這種穩定度最明顯的方式（或者大概能夠如此），就是假設微觀的人與人之間的傳播有忠實度。大部分的時候，小紅帽被複製的程度一定夠忠實，經過口頭傳播了數個世紀，這個故事才會保持本身的相似性，否則就會偏離成各種樣貌，童話的成分就會消失，像沙灘的水。宏觀的穩定度是微觀的忠實度帶來的。是這樣嗎？並不是。研究微觀的傳播過程時（運用列印或網際網路轉寄這樣明確的複製技術不算），所觀察到的是混合了「保留」模式，以及符合傳播者能力和興趣的「重建」版。從一個版本到下一個版本，改變的成分可能很小，但當它們在大量的人口之間傳播時，這些改變所累積起來的效應，可能會破壞文化項目的穩定度。但是並沒有發生這種事（這就是個謎了）。如果不是忠實度，還有什麼可以解釋為何穩定？

文化的成分（想要的話，也可簡稱是模因）能夠保持自身的相似性，不是因為一再被複製的關係，而是因為每次重複傳播時產生變化的版本，並不是「隨便」偏離原本的模式，而是重心會偏向文化上的吸引因子。如果小紅帽的結局是大野狼吃掉小孩，這個故事可能會更好記，但快樂的結局才是強而有力的文化吸引因子。如果某人只知道這個故事的結局是大野狼飽餐一頓，我猜她可能根本不會想轉述這個故事（這是選擇的結果），不然就是修改這個故事，重建一個快樂的結局（這是吸引因子）。小紅帽能夠保持文化上的穩定度，不是因為一直受到忠實的複述，而是因為所有版本中出現的變體，都會把別的變體取消。

到底為什麼要有文化吸引因子？因為在我們的心靈、身體和環境中，有影響著自己詮釋與重新‧產生思想和行為的偏好因素。（我寫成「重新‧產生」，中間加了一個間隔號，是因為我們往往不是用複製某個舊代號的常規，去重新產生同類的新代號）。當偏好因素在一定的人口中分享，文化吸引因子就會興起。以下是幾個基本的例子。

概數是文化吸引因子，因為好記，而且適合拿來做為大事的表徵。因此我們會慶祝二十年結婚紀念日、刊物發行了第一百期、唱片售出百萬張等等。概數同樣也可為定價創造出文化吸引因子，比概數剛好少一點（標價 $9.99 或 $9,990），可以避免讓人想起大金額。

散播技術和文物時，效率是一種有效的文化吸引因子。向長老學習如何製造、使用弓箭的舊石器時代獵人，目標並不是複製長老的經驗，而是自己想盡力成為好的弓箭手。當有效率的方法不多時，這種效率上的吸引力，遠比忠實的複製更能解釋各種技術傳統在文化上的穩定度（以及歷史轉換）。

原則上，人類想像得到的超自然生物種類應該沒有極限。然而，就像人類學家帕斯可‧波耶（Pascal Boyer）說的，在人類宗教中複製得到的超自然生物卻很有限。鬼、神、祖靈、龍等等，這些超自然生物的成員都有兩種共通特色：

1. 祂們都違反了活人主要的直覺期望：預期會死亡、歸屬於唯一的物種、所能得知和使用的資訊有限等等。
2. 祂們能滿足其他非直覺的期望，因此，儘管是超自然生物，還是在預料之中。

為什麼會這樣？因為「以最小的程度違背直覺」（波耶的用語）可以構成「切

身相關的神秘感」（我的用語），這是文化吸引因子。比起被遺忘的生物，想像中的生物多少違反直覺，不然就是會朝向這種吸引因子轉化。

而使「模因」的重心偏向的吸引因子又是什麼？就是模因觀念（或是眾多詳細的版本）已成為文化上空前的成功，並非因為它被一再忠實複製，而是因為我們的對話通常的確會圍繞著文化中的成功話題打轉（這就是文化吸引因子），在大眾媒體和網際網路的時代越來越常流行開來，也確實合乎我們對世界的瞭解。即使不太瞭解它們到底是什麼，怎麼流行開來的，還是會引起我們的注意；當我們越不瞭解，它們就越可能引起我們的注意。「模因」的意義，已從達爾文的科學觀念偏移成某種說明令人詫異迷惑事物的方式。

我是這樣解答的。讓我以一個提問做結（時間會帶來答案）：文化吸引因子的觀念，本身是否夠接近能夠變成「模因」的某種文化吸引因子版本？

規模分析

格利歐‧波卡勒堤（GIULIO BOCCALETTI）

物理學家、大氣海洋學家、麥肯錫公司副董事

我們常聽到一句話：把宇宙萬物分成線性和非線性兩種，就像把宇宙萬物分成香蕉和非香蕉兩種。不是香蕉的事物有很多。

非線性現象是真實世界的指標。每當系統輸出無法以輸入的總量表示時，就會產生乘上簡單常數的非線性結果，是龐大的事物才會發生的稀有現象。非線性的現象不一定很複雜，但即使線性的事物也無法排除非線性的結果，大部分的真實系統中，的確存在著某些會導致複雜行為的非線性特質。有些非線性的特質就像水龍頭的紊流，深深隱藏在家裡簡單的事物中；還有一些就像氣候，對觀察到而受困擾的人而言，顯然是非線性的現象。我們身邊環繞著非線性的複雜動態，不可預知的變化、臨界點、行為突然改變、磁滯現象，全都是非線性世界的常見症狀。

非線性的複雜特質也有不妙之處，就是再怎麼經過高速的運算還是難以控制，因為它比較缺乏線性解決方案的普遍性。在燈柱下找遺失的鑰匙，我們會覺得很合理，因為那裡有光線；基於差不多相同的理由，我們會比較想用線性的模式去觀察世界。想要瞭解某個事物，似乎必須經過簡化的手續，而在這樣的簡化過程中，盡量降低複雜性，只保留問題最現實的部分。

線性和非線性，簡單和複雜之間，最堅固的橋梁就是規模分析，是物理系統中的維度分析。透過規模分析，通常就可用簡化的模型來理解複雜的非線性現象。它有兩個核心要點，第一點是，對手邊的問題而言，怎樣的數量最重要（看起來沒想像中那麼明顯）。第二點是，期望的大小是什麼，以及最重要的，這種數量的維度是什麼。第二點特別重要，因為它說明了簡單又基礎的觀念，也就是對於要用來測量數量的單位而言，物理行為應該是不變的。聽起來可能很抽象，如果不用行話，也可以真的把規模分析解釋成「有系統地僅僅鎖定特定時間地點最重要的事」。

規模分析有一些微妙之處，比單單比對數量級更有效。最顯著的例子就是，

即使不清楚管制系統動態的算式，還是可使用維度來系統化套用規模分析。偉大的物理學家傑佛里‧泰勒（G. I. Taylor）是一號傳奇人物，他富有創造力，任何有抱負的科學家都對他著迷；他曾示範這個不可思議的簡單方法，非常知名。在核彈威力受到高度保密的一九五○年代，美國政府的核爆照片卻不慎外流。泰勒知道，就算問題的細節可能很複雜，還是可用一些參數來管制問題的基本資訊。他從維度的論點出發，假定應該有規模不變的數據與爆炸的輻射、引爆時間、爆炸釋放的能量和周遭空氣密度有關。他可以根據照片來估計爆炸的輻射和時間，然後再估計出爆炸的能量，結果精確得不得了，公開以後，令政府尷尬不已。

泰勒的洞察力無疑是非比尋常，規模分析很少產生這麼絕妙的結果。無論如何，對於應用科學而言，規模分析的適用情況相當廣泛，引導研究的歷史也很豐富，從結構工程到紊流理論，都看得到規模分析。

延用到其他層面又如何呢？規模和維度的分析可幫助我們理解許多複雜的問題，應該成為每個人的工具。舉例，在業務規劃和財務分析中，使用比率和基準點是邁向規模分析的第一步。泰勒理論的精華會變成常見的管理工具當然不是巧合，這裡說的是另一位泰勒，現代管理學理論之父佛雷德里克‧溫斯洛‧泰勒（F. W. Taylor），他是率先提出「科學管理」一詞和衍生理論的人。這樣的類比不是沒有問題的，需要進一步詳細說明，例如關於使用維度與指涉數量之間的關係；但我們在這裡沒時間談這麼多。但存貨周轉率、獲利率、資產負債比、勞動和資本生產率，可以告訴我們很多關於商業經濟學基本動力的維度參數，即使沒有詳細的市場知識和個別交易的逐日動態。

事實上，規模分析最簡單的形式，幾乎可以應用在日常生活中每一種與數量有關的層面，從控制著投資報酬期望的基本時間規模，到生命的能量密度。規模分析終究是一種特定形式的計算能力，其中相對的大小以及周遭事物的維度，可引導我們去瞭解它們的意義和演變。

它幾乎有著華堡格（Warburg）的作品「記憶女神圖譜」（Mnemosyne Atlas）的普遍性和一致性，就是統一的分類系統，其中看似異類的物體之間的遙遠關係，可以繼續產生看待問題的新方式，而透過直喻和維度，通常可以揭開意外的研究結果。

每當複雜系統轉譯成簡單系統時，當然都會發生資訊流失。規模分析是一種只有在使用時才有效果的工具，本身不會提供解答，也不能替代深入的分析。但它就像一塊好用的鏡片，可用來檢視現實，以及瞭解「事物的秩序」。

隱藏層

弗朗克‧韋爾切克（FRANK WILCZEK）

麻省理工學院物理學家、二〇〇四年諾貝爾物理學獎得主，著有《萬物之輕：質量、乙醚和力的統一》（*The Lightness of Being: Mass, Ether, and the Unification of Forces*）

當我第一次愛上鋼琴時，光要彈出每一個音符都需要付出全部的注意力。我耐著心，開始練樂句與和弦。漸漸地，我的音樂能力進步了，越來越不用刻意去花精神。

我的大腦裡有了強大的變化。

這種經驗當然很常見。每當我學習新語言、玩新遊戲上手或適應新環境時，就會發生類似的事。看來，這牽涉到一種普遍的機制。我覺得廣義來說，可以把這個機制看成：「隱藏層」（hidden layers）被創造出來了。

隱藏層這個科學概念是從神經網路的研究中興起的。一張圖片勝過千言萬語：

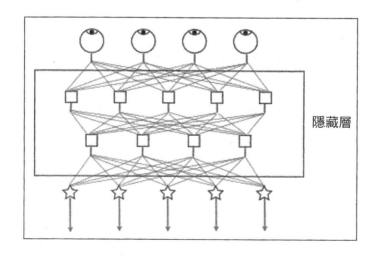

隱藏層

在這張圖片中，資訊從上往下流動。感覺神經元（最上面的眼球）接收外在世界輸入的訊息，並把這些訊息編碼成好辨識的格式（對生物神經元而言，通常是指電子脈衝列；對人造神經網路的電腦「神經元」而言，通常是指數據），然後再把這種經過編碼的資訊散播到下一層其他的神經元。運動神經元（最下層的星星）會把這些訊號傳送到輸出裝置（對生物神經元而言，通常是指肌肉；對人造神經元而言，通常是指電腦終端機）。這之間是既無法直接看見或回應外部世界的神經元，它們只能與其他神經元溝通，它們就是隱藏層。

最早的人造神經網路缺乏隱藏層，因此，輸出，是相對簡化了輸入之後的功能。那種雙層的輸入輸出「感知器」，處處都是限制。舉例，沒有任何辦法可把感知器設計成：面對一系列不同的白底黑圓圈圖片時，可算出有多少圓圈。第一個人造神經網路問世數十年過後，人們到了一九八○年代才明白，即使只有一、兩個隱藏層，都可能大為強化神經網路的能力。現在這種多層網路，都是用於像是從大型強子對撞機高能量碰撞的粒子爆炸中找出精微的模式，比人所能辦到的還要快速可靠。

大衛・休伯爾（David Hubel）和托斯坦・威澤爾（Torsten Wiesel）因為研究出視皮質神經元的反應，得到了一九八一年諾貝爾獎。他們發表出接續的隱藏層會先擷取對於比較可能有意義的視覺景象特色（例如亮度或色彩上有大落差，表示物與物之間有分界），並將它們組合成有意義的整體（基本物體）。

成人生活中每一個清醒的片刻，都會把光子到達視網膜（光子來自混雜無序的來源，會以各種方法送達，投射到二維的表面）的原始模式，解譯成我們體驗到的、有秩序的三維視覺世界。這不需要刻意處理，所以我們很容易把這種日常的奇蹟視為理所當然。但工程師嘗試為機器人複製這種視覺機制時就得到教訓了，明白不能等閒視之。時至今日，用人類的標準來看，機器人的視覺還是不成熟。哈伯爾和威澤爾的研究呈現出大自然解決之道的架構，就是隱藏層的架構。

突現（emergence）是時下流行卻相當抽象模糊的觀念，而隱藏層就是可把它具體化的物理形式。每個隱藏層神經元都有一個範本，神經元被啟動後，會傳送自己的訊號到下一層，正好就在從上一層接收符合（允許有一點誤差）那個範本的資訊模式時。但用精確一點的術語來說，這就表示，神經元會界定而因此創造出新「突現」的概念。

一開始要如何把好的網路建構起來是個難題，以及建構起來後，分辨它的例行效率和力量之間的差別，都是思考隱藏層時的重點。這就像彈鋼琴（或者騎腳

踏車、游泳）時，一開始練指法（難），與一旦學會指法後（易）的差別。新的隱藏層如何在神經迴路的幕後運作，正是科學上一個未解的大謎團，而在所有未解的科學謎團中，我想它最大。

把隱藏層的概念從神經網路這個源頭解放，它就會變成最好用的隱喻，自然能解釋一切。譬如我在自己的物理工作中，已多次注意到為事物命名的影響。當莫瑞・蓋曼（Murray Gell-Mann）發明了「夸克」（quark）一詞時，是在為一種矛盾事實的模式命名；物理學家一旦得知這種模式，就遭遇了求進步的挑戰，要使它達到數學上的精準度和一致性；識別問題就是邁向解決問題的重要一步！同理，當我發明「任意子」（anyon）一詞來表示理論上只存在於二維的粒子，我就知道自己要釐清前後一致的觀念，但我很難預期這些觀念如何演變成美妙的結果，如何具體成真。就像這些例子一樣，名稱在思想的隱藏層中創造出新的問題點。

我相信，無論是人類、動物或外星人，過去、現在或未來，隱藏層的觀念都能普遍描繪心智運作方式這樣深層的面向。心智創造實用概念時，會以特定方式把它們具體化；正如隱藏層辨識出的那些特性。「隱藏層」本身就是最實用的概念，值得收藏於各處隱藏層之中，這不是很美妙嗎？

「科學」

莉莎・藍道爾（LISA RANDALL）

哈佛大學物理學家，著有《扭轉的宇宙：解開第五度空間之謎》（*Warped Passages: Unraveling the Mysteries of the Universe's Hidden Dimensions*）

「科學」這個詞本身就是今年Edge大哉問最好的答案。這個觀念對我們的思考方式扮演著重要的角色，讓我們能有系統瞭解世界某些面向，以及根據所知做出預測。許多概括科學本質的用詞，如「因果」、「預測」和「實驗」，還有機率的用詞，如「平均值」、「中位數」、「標準偏差」，以及「機率」這個概念本身，都可幫助我們特別進一步瞭解「科學」的意義，以及如何詮釋這個世界和當中的行為。

「有效理論」是科學界眾多重要的概念之一，在科學界以外的領域也一樣重要。這個觀念會判別實際上能夠測量和決定的東西，使測量工具達到精準，以及找出可測數量適用的理論。說得通的理論未必是終極真理，但會接近我們所需的真理，也是我們在任何指定時間內所能測出的極限。我們可以不認同超出有效理論的東西，這很合理；不過，在我們能夠測試和確認的範圍內，可以瞭解理論經過測試的部分。

一個例子就是牛頓的運動定律，需要說明把球丟出去時會發生什麼事時，它正好可以派上用場。現在我們知道，最終還是要靠量子力學的作用，但即使如此，在球的運動軌跡中還是看不出量子力學會造成什麼結果。最後歸結於量子力學才是有效理論，而牛頓定律只是它的一部分，然而在可受到驗證的範圍內，牛頓定律仍維持實用和真確的價值。這很像在看地圖時所用的邏輯。先決定路程的規模，是要跨國旅行、到郊區或想找最近的雜貨店？然後用對應規模的地圖。

有時表示特定科學結果的術語很有效，但如果斷章取義，缺乏真正科學調查的背書時，也可能會誤導。不過，用於尋找、測試和識別答案與瞭解調查極限的科學方法，永遠都是獲得知識可靠的方式。瞭解科學成就的精神和極限，還有機率的結果和預測，就可以塑造出做出正確決定的環境。

團體內部擴張

馬塞爾·金斯本（MARCEL KINSBOURNE）

新學院（The New School）神經學家和認知神經學家，著有《兒童學習與注意力問題》（*Children's Learning and Attention Problems*，與寶拉·克普蘭〔Paula Kaplan〕合著）

不斷累積擴散是這個時代顯著的社會現象，不僅資訊是如此，全球人口也一樣。雖然文化發生同質化叫人惋惜，但也同時打破了文化差異的隔閡，國內跨族群和跨世界各地民族的通婚情形都不斷增加。這個效應對於改善認知技巧有潛移默化的作用，可從兩個角度來看，稱為「團體內部擴張」效應和「混血優勢」效應。

團體內部與團體外部的雙重標準已造成悲劇，只要人人都把每個一息尚存的他人都當成自己團體內的一分子，理論上應該可以消除這種可怕的後果。這種烏托邦願景渺茫，不過，把內部團體以概念的方式延伸開來，就可以擴大友好、支持和利他行為的版圖。幫助遭遇自然災害外國人的慈善活動越來越多，已能證實這樣的效應。捐助者對於受助人的同理心變強，使這種願景化為可能。國際間的收養率提高，也表示歧視和民族主義偏見的藩籬，已逐漸被滲透。

另一種潛在的好處跟遺傳有關。不相似的父母，造就出下一代混血優勢（又稱為異型結合子優勢）的現象。這已經過實驗證實，而且異種基因庫融合優勢所造成的進步，不僅在生理方面看得到，在心智發展方面也看得到。通婚因此能實現認知上的優勢。從弗林效應中確實也可看到這個效應；大家都知道，二十世紀以來，連續數十年間，人類的平均智商每十年會增長三個單位。

每一個重大的變化，都會造成意料外的結果，這些變化可能有利有弊。人口交雜在社會上和認知上的優勢也不例外，我們不知道，是否有不明的壞處抵銷這些好處，或甚至超越了好處。儘管壞處可能在意料之外，概念性內部團體的狀態使社會整體而言受惠，全球化所提升的通婚率使認知獲得優勢，這些已夠有力了。

偶發的超級有機體

┌─
強納生・海特（JONATHAN HAIDT）

維吉尼亞大學社會心理學家，著有《象與騎象人》（*The Happiness Hypothesis*）
─┘

人類是是利他的長頸鹿。我們是自然的怪物，可像螞蟻一般（盡力）為群體服務。我們欣然聯手打造超級有機體，但與真社會性的昆蟲不同點在於，我們很明顯不是為了親情而這麼做，而且還會根據特殊情況暫時或偶然這麼做（特別像是戰爭、運動和商業中看得到的群體衝突）。

自從喬治・克里斯多福・威廉斯（G. C. Williams）一九六六年的經典《適應與天擇》（*Adaptation and Natural Selection*）出版後，生物學家就與社會科學家聯手組成利他、破謬的同盟。任何看起來利他的人類行為或動物行為，都會被解釋成是利己的偽裝，最終還是跟選擇親屬（基因會幫自己複製）或能夠互惠的利他（經紀人只有在預期得到有正面回報時才肯幫忙，包含增進名聲）有關。

但過去幾年，「生命就是層層自我複製的階級」，以及伯特・荷爾多布勒（Bert Hölldobler）和愛德華・威爾森（E. O. Wilson）在新合著的書《超級有機體》（*The Superorganism*）中提到，天擇會同時在多層上發揮影響力的觀念，越來越受到認可。每當解決階級中某一層搭便車者的問題，個別經紀人就可以串連起財富，以身為團體的一分子為生或死，形成了一個超級有機體。在生命史中，這種「重要的大轉變」鮮少發生，可是一旦發生，產生的超級有機體會非常成功（真核細胞、多細胞有機體和蟻群全都是這種變革的例子）。

根據荷爾多布勒和威爾森對於昆蟲社會的研究，我們可把「偶發的超級有機體」定義為一群組成運作單位的人，在這個單位中，每個成員都願意為了群體的利益而犧牲，以克服通常來自其他偶發超級有機體的挑戰或威脅。這是人類最高貴也最可怕的能力。這種蜂窩般的組織，就是從一九五〇年代的階級化企業，到今日多變的網路公司之所以成功的秘密；是基本軍事訓練想達到的目標，是鼓勵人加入行會、消防隊和搖滾樂團的誘因；是法西斯主義的夢想。

把「偶發的超級有機體」這個用語放進認知工具，可幫助人們超越四十年來

的生物簡化論，對於人性、人類的利他和潛能，能有更正確的認識。它可以解釋為何我們會有想（暫時、偶然）融入比自己還大的群體之中這種怪異的情感。

帕雷托原理

克雷·薛基（CLAY SHIRKY）

社會與科技網路拓樸學研究員、紐約大學互動通訊研究所兼任教授，著有《下班時間扭轉未來：休閒時間 x 網路連結＝改變世界的決勝點》（*Cognitive Surplus: Creativity and Generosity in a Connected Age*）

到處都看得到模式：百分之一的人口控制著百分之三十五的財富；在推特中，百分之二的使用者發出百分之六十的訊息；在健保制度下，病患中有五分之一需要最高額的治療，占了整體成本的五分之四；這些數據被報出來時總是令人震撼，彷彿世間正常的秩序遭到破壞似的，只要看起來並非完全線性分布的金錢、訊息或投注的心力，彷彿都嚴重到叫人詫異。

其實並非如此，或者說，並不應該如此。

一個世紀以前，義大利經濟學家維弗雷多·帕雷托（Vilfredo Pareto）研究市場經濟時便發現，無論哪一種國家，人口中最富裕的五分之一控制著全部的財富。帕雷托的這種分布效應有許多名稱：80/20 法則、齊夫定律、冪次法則、勝者全拿，但基本的分布型態始終都相同，就是在一個體制中，最富裕、最忙碌或關係最多的成員，其財富、活動或人脈，遠遠超過平均值。

這種模式甚至會遞迴。在帕雷托分布中，體制中財富、活動或人脈前百分之二十者以內，又有前百分之二十者比其餘的占了多到不成比例的財富、活動或人脈，以此類推。一個這樣的體制中，排名最高的成員，其權重比同一塊圖表裡次高成員的高太多。（在英文裡，「the」這個字不但是最常見的，出現的頻率甚至是次常見之「of」的兩倍。）

這樣的模式太普遍了，因此帕雷托把它稱為「可預測的不平衡狀態」；這種樂觀主義已是老派，但儘管這種現象到處都有，我們還是無法預測出來。

無法預料到預料中之事，一方面是因為我們都被灌輸一個觀念：大型體制中典型的分布是通稱鐘型曲線的高斯分布。在鐘型曲線分布之中，舉高度為例，平均值和中間值（體制的中間點）是相同的。隨機選出一百位美國女性，平均身高

大約是五呎四吋，而排第五十名的女性身高也是五呎四吋。

帕雷托分布完全不是如此，遞迴的80/20權重比例表示平均值遠超過中間值。這也意味著，在這種體制中，大部分人（或被測者）都是低於平均值，有一個經濟學的老笑話充分表達出這種模式的核心精神：「比爾‧蓋茲走進一個酒吧，把財產平均分一分，就可以讓裡面每個人都變成百萬富翁。」

在許多複雜的體制中都可以明顯看出帕雷托分布。英文中，「the」和「of」兩個字加起來的使用頻率，占了所有字的百分之十。股市史上波動最大的一天，通常是波動第二大那天的兩倍，是第十大波動那天的十倍。Flickr上照片被標記的頻率也遵守帕雷托分布；地震規模、書籍受歡迎的程度、小行星的大小以及你社交網路中的朋友，全都是如此。帕雷托原理是非常基本的科學觀念，連在一令特製的圖紙中，都是把帕雷托分布畫成直線，而不是陡峭的曲線。

然而，儘管在科學界中這個觀念已經普及了一個世紀之久，對於大眾定期發表的帕雷托分布抽樣結果卻被當成是異常現象，有礙於對世界透徹的思考。我們應該別再去想家庭的平均收入，以及中等家庭的收入彼此之間有什麼關係，或以為通訊工具的愛好者和一般使用者所做的事都差不多，或想像外向者的人脈應該只有比一般人的稍微多一點。我們別再想，未來最大的地震或市場恐慌，會跟歷史上最大的規模一樣；只要體制撐得越久，未來就很可能發生比過去還大兩倍的事件。

但這不表示，這種分布的狀態會超出我們所能控制的範圍。要帕雷托曲線從頭降到尾多少有點誇張；但在某些情況下，政治或社會干預的確可以影響情勢的緩急，如稅制可提高或降低收入前百分之一人口的負擔，就像還是有辦法約束市場的整體波動，或減少可能會使健保成本動盪的波段。

然而，在設想這樣的體制「是」帕雷托分布，且即使在任何這類干預之下，它還是會繼續保持那種狀態之前，我們都還沒開始用正確方式去思考這些問題。我們極有可能只是把帕雷托的樁打進高斯的洞裡。在發現了這個可預測的不平衡狀態百年後，我們應該把這個工作完成，好好開始預測它。

找出那個架構

威廉·卡文（WILLIAM CALVIN）

理論神經生物學家、華盛頓大學醫學院榮譽教授，著有《全球熱：如何對待氣候變遷》（*Global Fever: How to Treat Climate Change*）

　　自動進行「比較異同」（compare and contrast）的階段，不僅可以改善一篇作文的得分，還可以改善大部分的認知作用。你可以設計一組事物來比較相同之處；例如搖滾樂交織的旋律，就像槳上下划的節奏跟甲板左右晃的節奏不同時，在船上跳舞要怎麼扭。

　　比較相同之處很重要，就像試穿衣服一樣，要測試觀念可不可通，找出記憶中相關的事物，以及練習有建設性的懷疑論。沒有它，可能就會落入別人構築的陷阱。人通常會想知道某人的來歷，就像可能也需要尋求認知的架構，而「比較異同」是這方面最好的朋友。在認知的架構中如果漏了一段，可能會使粗心的人以為被排除的東西不重要，而做出不正確的推論。舉例，「全球氣溫到了二〇四九年會上升攝氏兩度（華氏三點六度）」。這句話總是令讓我想插一句：「要是明年就發生別的氣候驟變，這件事就會提早降臨。」

　　全球暖化會造成溫度像坡一樣上升，與氣候變遷有關，是氣候科學家目前可以計算出來的結果，那就是這條資訊的來歷。雖然這會導出非常重要的觀念（即使大幅減少了碳排放量，也只會把這個升溫攝氏兩度的結果延後十九年），它仍忽略了一九七六年以來觀察到的氣候驟變，如一九八二年時世界上的乾旱面積變成兩倍，到一九九七年從兩倍變成三倍，然後二〇〇五年又變回兩倍；這像樓梯，而不像坡道。

　　即使徹底瞭解了氣候驟變的機制（就像把海洋水氣挪到別的地方，就會改變足以導致聖經「大洪旱」的風向；燒毀亞馬遜雨林，應該也會引發像這麼大的氣候劇變），混沌理論的蝴蝶效應還是告訴我們，氣候何時會發生劇變，大小又如何，仍然無法預測，像心臟病一樣，可能會突襲，沒辦法預測何時發生，也說不準規模會很小，還是會造成大災難。但我們可以頻繁去防範，就是清理掉過多的

二氧化碳。

　　二氧化碳通常也是被排除在目前氣候架構之外的條件。就目前的局勢，只是減少碳排放量，就像馬跑了之後才把馬舍的大門鎖好一樣，有一點作用，但沒辦法挽回。政客通常都很愛鎖馬舍的門，因為不用耗費很大的代價，看起來卻像有在採取行動。降低碳排放量只會減緩惡化的速度，二氧化碳還是會持續累積。（人們搞不清楚碳的年排放量和導致問題的碳累積量）。另一方面來說，清理掉二氧化碳確實可以降溫，逆轉海洋酸化，甚至逆轉海平面上升的熱膨脹比例。

　　最近我聽到一位生物學家這樣抱怨昆蟲社會行為的模式：「所有最難的東西都沒人提，只會去計算簡單的東西。」科學家會先做已知該怎麼做的事，但他們所量化的結果，並不表示等於整體的品質。當某件事因為有運算上的困難（驟變）而被排除在外，或只能猜測（清理）時，通常完全不會有人費心力去提它。當不是專家的人仰仗專家的每字每句時，就是不能這樣告訴人家：「（在我們業界裡）大家都知道這件事。」

　　因此，找出那個架構，並且問有什麼被遺漏了。就像氣候驟變或清理二氧化碳，它們可能都是最重要的考量。

詭譎的問題

傑・羅森（JAY ROSEN）

紐約大學新聞學教授，著有《記者所事何事？》(*What Are Journalists For?*)

任何住紐約的人一定都會想到這個問題：下午四點到五點之間招不到計程車。為什麼會這樣？並不是個謎。在需求的高峰時段，計程車司機比較想換班。有太多計程車要開往皇后區的車庫，因為一台一天工作二十四小時的計程車有兩個司機輪流開，要公平交班，就是在下午五點的時候。那麼，這是本市計程車和租車委員會的問題，甚至可能很難解決，但還不算是個詭譎的問題。一來它很好說明，就像我說的那樣；正因如此，它不會被分到詭譎那一派。

有些社會科學家把太棘手的麻煩稱為「詭譎的問題」（wicked problem）。如果我們瞭解詭譎的問題是什麼，學到區分它們和一般（或者說是「好控制」）的問題，一定會好過得多。

詭譎的問題有三個特色：很難描述，很難清楚定義，或很難得知從何開始與結束。沒有「正確」的方式可以檢視這種問題，沒有限定的形式。詭譎問題的構成方式會影響解決方法的樣貌。總是有人會說，這個問題只是另一個問題的某個症狀，而且這個人覺得自己說的準沒錯。許多利害關係者都有自己的眼界，往往都覺得自己看出去的絕對正確。問他們問題是什麼，每個人都會講出不同的答案。問題交織著一堆其他的問題，要理清它們幾乎不可能。

問題只會變得更糟。每個詭譎的問題都很獨特，可以說沒有先例，解決一個不代表有助於解決其他的。沒人有「犯錯的權利」，這表示幾乎一開始就確定會失敗的事，夠正當，而且受到利害關係者的支持，可以去試試。失敗反而會被猛烈抨擊，嘗試失敗的人會被認為不適合再試一次。而問題繼續在我們身上發生變化，從來沒有徹底解決。我們就是用光耐心、時間或金錢了。一開始就不可能瞭解問題，更不可能解決；而且，試圖解決又進一步呈現出問題的其他面向。（這就是「善於」解決詭譎問題的人成功的秘訣。）

聽過哪些像這樣的問題嗎？一定聽過。在我們這個時代最好的例子，大概就

是氣候變遷。還有什麼問題比它更錯綜複雜？總是有人會說，氣候變遷只是另一個問題（或許就是我們整個生活方式）的某個症狀，而他或她覺得自己說的準沒錯。我們以前當然從來沒解決過像這樣的問題。利害關係者是地球上每個國家、每個公司的每個人。

當通用汽車快要破產，使成千上萬人失業時，實在是個大到響亮的問題，正好交到了總統的手上，但它還不是個詭譎的問題。歐巴馬的幕僚可以為他提供限定範圍內的選擇；如果他決定冒著政治上的風險解救了通用汽車，使他免於倒閉，自然會肯定幕僚建議的行動是有效的。如果無效，他可能會採取更激烈的措施。

但要重整健保制度完全不是這樣。在美國，健保成本的增長是個典型的詭譎問題，沒有「正確」的方式可以檢視。每一種解決方案本身都帶著有爭議的框架。利害關係者很多，看待問題的方式都不一樣。如果沒有健保的人數下降，成本卻增加，這算是進步嗎？我們根本不知道。

太詭譎！

如果知道面臨的是詭譎的問題而不是一般的問題，還是會好過得多。要是可以把某些問題歸類成詭譎的，必然會明白解決「正常」問題的辦法沒有用。沒辦法定義問題、評估可行的解決方案、挑選最好的解決方案、雇用專家，然後實施。無論多麼想照那樣的慣例去做，都不會成功。訂定制度者可能會需要它，習慣對它可能有偏好，老闆可能想訂購它，但詭譎的問題一點也不在乎。

要是總統選舉的辯論，是要把詭譎的問題從好控制的問題中分出來，這樣的辯論一定非常不同，我覺得會更好。能以不同於報導一般問題的方式去報導詭譎問題的記者，會是聰明的記者。知道如何區分詭譎問題和別的問題的制度訂定者，終究會明白命令和控制的限制。

必須是有創意、務實、有彈性和懂得合作的人，才能面對詭譎的問題。他們不會太執著於自己的觀點，因為知道將來還是必須修改觀點。他們知道沒有適合的起點，所以就從某處著手，再看看會怎麼發展。他們接受一個事實：解決問題之後，可能會比以前更瞭解這個問題。他們不期望得到最好的解決方案，但會一直努力，直到找出夠適用的辦法為止。他們從不相信自己懂得夠多，足以解決問題，所以經常針對不同的利害關係者測試自己的想法。

聽過任何像這樣的人嗎？或許我們可以引起他們對健保的注意……

人類世的思維

丹尼爾・高曼（DANIEL GOLEMAN）

心理學家，著有《EQ》（*Emotional Intelligence*）

知道你洗髮精的PDF嗎？PDF指的是生態圈中「一點點的部分削減」（partially diminished fraction），如果洗髮精裡很明顯有像是砍伐婆羅洲叢林得來的棕櫚油，那麼這個值會偏高。你洗髮精的DALY呢？這個量測指標來自公共衛生領域，指的是「失能調整存活人年」（disability-adjusted life years），或一個人的壽命會因為某種使他失能的疾病而損失，這種疾病可能是例如終生暴露於特定的工業化學物質中累積造成的。所以，如果你喜歡的洗髮精含有兩種常見的成分：致癌物質1,4二氧六環或BHA（一種干擾內分泌的物質），那麼DALY會高一點，

PDF和DALY隸屬於無數的人類世（anthropocene）思維，讓我們看懂人類的體系如何影響維持生命的全球體系。這種看待人造世界和自然環境之間交互作用的方式，源自地質學。如果擴大這種檢視方法的應用範圍，確實可以看到解決我們這個物種面臨之重大危機的辦法，而這個危機，就是我們的生態優勢會滅絕。

從工業革命起，地球資源被加速開發，脫離了「全新世」，進入地質學家所說的「人類世」，人類體系侵襲了維持生命的自然體系。從人類世的角度看出去，電網、運輸、工業和商業天天運作，殘酷地導致全球生化體系（如碳、磷和水循環）惡化。根據最令人不安的資料，一九五〇年代起，人類企業的發展太飛快，將在未來的幾十年內達到臨界狀態，變成一個無法回頭的新體系。舉例來說，大氣中二氧化碳的濃度就有一半是過去三十年增加的，對全球所有維持生命的體系而言，碳循環幾乎是條不歸路。這種關於碳循環「不願面對的真相」，已變成我們這個物種慢性自殺的表徵，背後代表著更大的危機，我們的日常習慣全部侵害了八種維持生命的體系。

人類世的思維告訴我們，問題不一定是體系（如破壞自然的商業和能源）中

固有的；有人希望靠創新和創業能量，就能把這些改成自給自足。人類世的兩難局面根植於我們的神經結構中。

演化塑造了我們的大腦，告訴我們灌木叢中的吠叫和沙沙作響就是危險的訊號，使我們有充分厭惡蜘蛛和蛇的反射性本能，可在上一個全新世中存活下來，卻使我們更接近了人類世的威脅。我們的神經系統還是把頻道定在接收這種熟悉的危險訊號。

在這種對於危險的錯誤調頻中，還有我們天生在認知上的盲點，人類世的危險對於我們的感官系統而言，不是太巨大就是太微小，我們沒有可直接受理它們的神經。我們漠視自己身體的負擔，組織中累積了一生的有害工業化學物質。

可以肯定的是，我們有方法可以評估累積的二氧化碳或血液中的BHA含量。但對大多數人而言，這些數字太小，不至於影響情緒；杏仁核聳聳肩，一點也不在乎。

想辦法對抗餵養人類世效應的力量，應該算是最優先的科學工作。地球科學家當然會迎向這樣的問題，但他們不會處理問題的根源，也就是人類行為。貢獻最多的一門科學，最不關心的就是人類世思維。

握有解決之鑰的領域有經濟學、神經科學、社會心理學和認知科學，以及無數相關的綜合學科。只要它們重視人類世的理論和實務，就有機會提出拯救我們這個物種的見解。不過，它們首先必須接觸這樣的挑戰，而在它們的討論中，卻往往忽略了這個議題。

舉例：大腦對於地球即將崩潰的消息反應冷漠，令人費解，而神經經濟學何時會處理這個問題？更別提如何修補神經上的盲點。認知神經科學有一天會不會提出一些改變集體思維的見解，讓我們決定不再當走上自殺之路的旅鼠？任何一種電腦科學、行為科學或腦科學，是否提得出有機會扭轉我們行進方向的補救資訊？

荷蘭大氣化學家保羅・克魯岑（Paul Crutzen）十年前因為研究臭氧層的破壞得到了諾貝爾獎，是他創造了「人類世」一詞。「人類世」已算是一種模因，卻尚未在地質學和環境科學之外的科學圈現蹤，更別提出現在大眾文化中；在我寫這篇文章的當下，上Google查「anthropocene」這個字，只有78,700筆結果（主要都是地質科學的內容），但「placebo」這個字原本是醫學圈行話，現在則發展成了模因，有超過1800萬筆（即使是新創的「vuvuzela」都有365萬筆）資料。

177

緩生人

亞隆‧安德森（ALUN ANDERSON）

《新科學家》（*New Scientist*）資深顧問以及前主編與前發行總監，著有《冰原過後：新北極的生死與地緣政治》（*After the Ice: Life, Death, and Geopolitics in the New Arctic*）

　　或許我們這個物種的學名最好改成「緩生人」（*Homo dilatus*），一種發展遲緩的人猿。在我們的演化過程中，大腦有了可應付突發危機、採取緊急行動去回應的電路。穩定衰敗與緩慢發展的危機是很不一樣的。「為什麼現在要行動，未來不是還很遠嗎？」這句話最適合拿來描述天生只會處理近憂，而無法處理長期不定問題的物種。這是一種對於人類的概觀，說明了人類面臨氣候變化時越來越傾向無止盡的拖延應對，所有想用科學改變政策的人，都應該把這個納入自己的思考工具。從京都議定書到哥本哈根氣候協定，到坎昆氣候會議；恐慌之餘卻沒發生什麼大災難，使得恐慌似乎也變得越來越不要緊。

　　我們不是只有在應對氣候變化時才有這樣的行為。要等到鐵達尼號沉沒後，我們才會在客輪上設置足夠的救生艇；要等到阿莫科‧卡迪茲（Amoco Cadiz）號發生漏油事件，我們才制訂了國際海洋污染規則；要等到埃克森公司的瓦爾迪茲（Exxon Valdez）號造成污染的大災難，我們才開始改用雙船殼的油輪。在石油業中也可看到相同的模式，二〇一〇年墨西哥灣漏油事件為「緩生人」的思維發展又添了新的一章，這一章就叫做「災難在前，規範在後」。

　　人類歷史上有數百萬則相似的故事。許多強權和一度占有主導地位的企業還沒發生迫使他們一定要改變的危機，就隨著財富減少而消失。緩慢穩定的變化只會導致習以為常，不想採取行動。維多利亞時期詩人一聽就開心不已的鳥兒高歌，現在走在英國的鄉村只聽得到破碎的樂章，但我們對這種損失根本不知不覺。只有眼前的危機可以喚醒我們。

　　我們的行為如此奇怪，使得「氣候變遷的心理學」已成為研究中的顯學，想努力找出能把思維從具體「當下」轉向長遠的重要訊息。可悲的是，「緩生人」

的頭骨似乎太厚了，收不到當前提供技巧的訊息。在氣候變遷的情況下，我們最好多花心力學著適應，以準備面臨不得不注意的大危機。第一個這樣的危機，可能就是夏季時北極冰層將完全消失。現在，約美國一半大的亮晶晶巨大冰穹頂罩住夏季時世界的天空，但很可能會在數十年間消失。數百萬平方公里的白色冰層沒入暗流中，聽起來像是個危機嗎？如果還不這麼想，那麼不久之後，美國全國，以及非洲、東南亞和澳洲的大部分地區，很可能就會遇到痛苦而長久的乾旱。

然後「緩生人」好的一面終於可能會現身。一場危機喚醒了所有人內心的「美國隊長」，運氣好的話，我們會發現一個意想不到的方式，可以即時導正世界，停止走向毀滅。然後毫無疑問，我們又可以再次如釋重負了。

我們在思緒中迷失

山姆・哈里斯（SAM HARRIS）

神經科學家、理智工程（Project Reason）主席，著有《道德風景：穿越幸福峰巒與苦難幽谷，用科學找尋人類幸福的線索》（*The Moral Landscape*）和《信仰的終結》（*The End of Faith*）

我想請你把注意力集中在隨便一件事上（如看著這段文字、呼吸的感覺，或你的身體靠著椅背的感覺），只要維持六十秒，別被其他散亂的思緒分心就好。聽起來太簡單，只要專心就好了。但真相是，你會發現這是個不可能的任務。如果你孩子的性命就靠這件事，而你卻不能專注於任何一件事（即使是一把刀插在喉嚨裡的感覺）超過幾秒鐘，之後意識就會再次被溢流的思緒給淹沒。這種被迫陷入不真實的現象是個問題，其實它就是引發每個人生活中其他問題的來源。

我絕對不是在否定思維的重要。語言思維是我們不可或缺的，是計畫、外顯學習、道德推理和許多使我們之所以為人的能力基礎。思維是每一種社會關係和文化制度的產物，也是科學的基石。但我們對於流動想法的慣性認知（也就是看不出想法就是意識中剎那一現的「思維」），是人類痛苦和混亂的主要來源。

我們與自己思維之間的關係其實陌生又矛盾。看到某人走在街上自言自語，通常會猜這個人腦筋有病。但我們都會「不斷」對自己說話，只是懂得嘴巴閉上而已。蒙上了思緒散漫的面紗，幾乎看不清自己當下的人生；我們會告訴自己，剛剛發生了什麼事，差點發生什麼事，應該發生什麼事卻沒發生，還沒發生什麼事；不斷重申對未來的希望和恐懼。我們不會單純做自己原來的樣子，而是把自己假設成另一個交往的對象，彷彿在與一個想像中的朋友交談，這個朋友具有無比的耐心。我們是在對誰說話？

大多數人終其一生都覺得是自己觀念的思想家和自身經驗的實踐者，但我們也知道，從科學的角度來看，這是一種扭曲的觀點。我們腦中的迷宮並沒有藏著一個像半人半牛怪那樣具體的自我。沒有任何處於優勢的皮質區或神經傳遞路徑，跟我們的個人特質有關。沒有不變的「敘事中心」（套句丹尼爾・丹尼特的

用語）。不過主觀而言，對我們大多數人來說，大部分的時候「似乎」有一個不變的敘事中心。

　　人類文化裡冥想的傳統（如印度教、佛教、基督教、回教、猶太教等）或多或少也都是這麼說的：人活在受到認知幻覺約制的世界裡。但擺脫這種牢籠的方法，似乎總是要透過宗教的教義才能看到。基督徒會花整個週末持續背誦主禱文，深刻去感受純淨和平靜的意義，並把這樣的精神狀態完全當成基督教義的見證；印度教徒會花一個晚上對著大黑天（Krishna）唱虔誠的歌曲，並認定這位命定的天神已為他加持；蘇菲派的信徒會花數小時轉圈圈，一時之間穿透思想的面紗，相信已直接與阿拉接觸。

　　這些現象都有共通性，就是駁斥任何其他教派的主張。而且，既然靈修者通常都會認為，自我超越的經驗和那些與自己相關的神學、神話和形而上學密不可分，那麼科學家和懷疑論者會認為，他們所說的都是腦筋短路的產物，或誇大了再普通不過的心理狀態（如對於科學的敬畏、美感的愉悅、藝術靈感等），那也不奇怪了。

　　即使有些傳統宗教活動值得體驗，但人類的宗教很明顯都是假的。如果我們真的想瞭解心靈，克服世界上某些最危險和持久的衝突來源，必須開始用科學的邏輯來思考人類完整經驗的樣貌。

　　但必須先認清一點：我們都迷失在思緒之中。

具有透明現象的自我模型

湯瑪斯‧梅辛格（THOMAS METZINGER）

美因茲古騰堡大學法蘭克福高級研究中心哲學家，著有《自我的隧道》（*The Ego Tunnel*）

自我模型是某些資訊處理系統把自己視為一個整體的內在重現。如果重現是（甲）有意識的，且（乙）無法「當成」重現來體驗，那麼就現象學而言就是透明的。因此，透明的重現（transparent representation）會產生素樸實在論（naïve realism）的現象，是一種強健、收不回的感覺，馬上會直接察覺某件事一定是真的。現在，把第二個概念套用到第一個概念：透明的自我模型（transparent self-model）一定會產生真實有意識的自我經驗，馬上直接與完整的自己接觸。

這個概念很重要，因為那表示「做自我」（being as self）這個強健的現象在某些等級的資訊處理系統中終將現身的方式；即使這些系統從來都不是，或從來都沒有過像自我這樣的東西。憑經驗來看，我們很可能真的都是這樣的系統。

有關聯並不代表是原因

蘇‧布萊克摩（SUE BLACKMORE）

心理學家，著有《淺談意識》（*Consciousness: An Introduction*）

「有關聯並不代表是原因」（CINAC，Correlation is not a cause）這句話，科學家可能都很熟悉，但不是各個領域都有這種說法；如果多一點人的心智工具中包含這個簡單提醒，就會改善我們的批判性思考和科學性理解。

缺乏CINAC的理由是，它或許太難懂了。當我在教護士、物理治療師和其他專業團體實驗設計時，就明白有多困難了。他們通常都會明白我最喜歡舉的例子：想像你正望著火車站，越來越多人抵達，月台上擠滿了人，然後，嘿！突然來了一列火車。是人群引來火車的嗎（甲造成乙）？是火車引來人群的嗎（乙造成甲）？不，他們都是因為火車時刻表才會來的（丙同時造成甲和乙）。

我很快就會發現，大家對於這個概念的瞭解會一再消失，每次開始新療法或上新課時，都要想出新的例子，才能讓大家再想起同樣的概念。「好吧！」我可能會說：「假設有人發現，我不是說這一定是真的，吃越多蕃茄醬的小孩，考試成績越差。這可能是什麼原因？」

他們就會吵著答，這不是真的。（我便得再次解釋思考實驗的重點。）

「但如果蕃茄醬有毒的話，上面應該會標示健康警語。」

（拜託，現在先假裝這件事是真的吧！）

然後他們就會開始發揮自己的想像力：「蕃茄醬裡有讓神經傳導變慢的物質」、「吃蕃茄醬讓人想多看電視，而不是做功課」、「蕃茄醬吃得越多，表示吃薯條吃得也越多，會讓人又胖又懶」。

好，很好，可能有錯，不過都是甲造成乙的好例子。繼續。

再來有人說：「笨蛋的味蕾不一樣，而且不喜歡蕃茄醬」、「如果你考試沒過，你媽可能會給你吃蕃茄醬」。最後有人說：「窮人吃的垃圾食物比較多，課業表現也比較差。」

到了下一週：「假設我們發現，越常去找占星師或靈媒問事的人，活得越久。」

「但這不是真的啊！占星師說的都是廢話。」

（我嘆氣……幫幫忙，反正現在假裝這件事是真的好了。）

沒問題。「占星師都有特殊的通靈能量，會照到客戶身上」、「知道未來表示可以避開死亡」、「懂得自己星座的意義，就會更快樂、更健康」。

好，很好，都是很棒的想法，繼續。

「人年紀越大，越常去找靈媒」、「健康的人會更有靈性，所以也會尋求精神上的指引」。

好，很好，繼續，這些想法都可以測試。

最後有人說：「女性比較常去找靈媒，也比男性長壽。」

重點在於，一想到什麼與CINAC有關，想像力就開始奔馳了。一旦用CINAC的角度來聽每一種科學上的新故事，就會發現自己在想：「好吧！如果甲沒有造成乙，乙有可能造成甲嗎？有沒有可能是別的原因同時造成這兩者，或它們其實是同一件事，只是看起來不同？這是怎麼回事？我可以想像別的可能性嗎？我可以測試它們嗎？我可以搞清楚哪一個才是真的嗎？」那麼，你對於聽到的科學故事就會產生批判性的想法，表示你像科學家一樣思考。

關於健康的故事很聳動，而靈媒的說法則可引人注意，但明白了有關聯的並不是原因，可以提升當今某些迫切科學問題的爭辯水準。舉例，我們知道全球溫度升高與大氣中的二氧化碳密度增加有關，但為什麼？從CINAC的角度來思考表示要問，哪一種變數造成另一個結果，或是否有別的原因造成兩者，對於社會行動和地球生命的未來會造成重大的後果。

有人說，科學所面對的最大謎團就是意識的本質。我們「似乎」是獨立的自我，有著意識和自由意志，但我們越瞭解腦部的運作，就會發現能讓意識運作的空間似乎越少。解決這個謎團最常見的手法，就是尋找「跟意識有關的神經」。舉例，我們知道腦部活動與運動皮層有關，而腦額葉與有意識做出行動決定有關。但有意識的決定會造成腦部活動嗎？腦部活動會造成決定嗎？或兩者都是由別的東西引起的？

第四個可能是，腦部活動和有意識的經驗真的都是一樣的東西，就像光不是電磁輻射「造成」的，本身「就是」電磁輻射；熱氣是液體分子的運動。目前沒有任何跡象顯示意識可能「是」腦部活動，但我猜，有一天會證明是如此。一旦除去對思想本質的妄想，最後可能就會明白為何沒有深奧的秘密，而有意識的經驗根本「是」腦內的活動。如果這是正確的，那麼跟意識有關的神經就不存在。

但無論這是否正確，記得CINAC，慢慢從關聯走向原因，就很有機會瞭解最後如何解決這個謎團。

資訊流

大衛・達林普（DAVID DALRYMPLE）

麻省理工媒體實驗室研究員

要理解因果關係的概念，最好把它當成兩種相關事件之間的資訊流，也就是從早發生的事件流向晚發生的事件。說「甲造成乙」聽起來很精確，實際上很模糊。我會指定：「知道甲發生的這個資訊，我有幾乎十足的信心*算出乙會發生。」這排除了甲發生時，其他可能阻止乙發生的因素，但包含了甲沒發生時，其他可能造成乙發生的因素。

速記時我們可以說，如果一組資訊可以從另一組資訊推論或計算出來，則後者「指定」了前者。請注意，這不僅適用於一組小小的資訊，如特定事件的發生；也適用於字符變數（舉使用網路為例，用搜尋引擎得到的結果，是查詢時指定的）、數值變數（溫度計上精準的讀數，是溫度感測器指定的），或甚至行為變數（電腦行為，是記憶體負載位元指定的）。

不過，讓我們仔細瞧瞧所做的假設。細心的讀者可能已經注意到，在其中一個例子中，我假設了整個網路的狀態是一個常數。多荒謬！數學上稱假設是「先決條件」，在某些統計學的思想學派中，視假設為任何涉及資訊的過程中最重要的一部分。我們真正想知道的是，如果指定一組現有的先決條件，增加一份資訊（甲）時，是否可重新估計出另一份資訊（乙）的可能性。當然，這取決於先決條件，舉例，如果先決條件中包含乙這個絕對知識，則不可能重新估計。

如果在最合理的一組先決條件之下，甲的相關資訊可讓我們重新評估乙，則表示兩者之間有某種因果關係。但這種因果關係的形式是非指定的，這種原理通常稱為「有關聯不見得代表是原因」。原因是，因果關係的本質這個概念，是基於我們多半先得到早發生事件的資訊，才得到晚發生事件的資訊。（這個概念還完整涵蓋了人類意識、第二熱力學定律和時間的本質，都很有趣，但遺憾的是，都不在這篇文章要討論的範圍內）。

要是收到所有事件相關資訊的順序，跟事件發生的順序一致，那麼關聯性的

確代表了因果關係。但是在真實世界中，我們不僅在觀察過去的事件上受限，還可能會發現與那些事件相關的資訊毫無秩序可言。因此，觀察到的關聯性可能是逆向歸因（即使乙先發生所以是甲的原因，甲的相關資訊還是可讓我們重新評估乙），或甚至更複雜的情況（例如甲的相關資訊可讓我們重新評估乙，但也讓我們知道了丙的相關資訊，而丙比甲或乙早發生，所以成為這兩者的原因）。

　　資訊流是對稱的，如果甲的相關資訊可讓我們重新評估乙，則乙的相關資訊也可讓我們重新評估甲。但既然我們無法改變過去或知道未來，這些條件約束，只有在暫時放在上下文中考慮，以及依照發生順序排列時，對我們才有用。資訊流永遠都是從過去流向未來，但在我們的思緒中，有些矛頭是可以逆轉的。消除這種模稜兩可的狀態，基本上就是科學注定要解決的問題。如果擅於視覺化所有資訊流和持續追蹤先決條件，就得到了科學方法和其他方法的全部功力，可以當作個人的認知工具。

　　*不管用哪一種絕對論述，在我們的宇宙中，有太多的事情都是相互關聯的，所以我們通常都會放寬標準；舉例，「十足的信心」的標準，被放寬成出錯率介於百分之零到（假設是）三千兆分之一，大概等於一讀完這句話，全人類都被隕石擊中而滅絕的機率。

比較時間有限與時間無限的思考方式

李‧施莫林（LEE SMOLIN）

理論物理週邊研究所物理學家，著有《物理學的困惑》（*The Trouble with Physics*）

有一種非常古老和普遍的思考習慣，就是想像任何疑問的真正答案就在某種永恆的領域之中，也就是「超越時空的真理」。於是，研究的目的就是去已知的現有永恆領域中「發現」答案或解決之道。舉例，物理學家的論調，往往好像每件事的終極之道早已存在於數學物件廣大永恆的柏拉圖式空間中。這是時間無限的思考方式。

科學家都是採用時間有限的思考方式，會把自己的任務設想為嶄新觀念發明的產物，這些觀念是用來描述新發現的現象，以及表達它們在數學上的新結構。如果我們以時間無限的方式來思考，就會相信這些觀念在我們發明它們之前已經「存在」。如果我們以時間有限的方式思考，就會覺得沒理由這樣假設。

在許多人類思考和行動的領域中，都可以看到時間有限和時間無限兩種思考方式的差別。當我們要解決科技或社會問題，假設可能的方法早已由一套絕對事先存在的範疇決定時，我們是以時間無限的方式思考。當我們瞭解科技、社會和科學的進展，都是因為嶄新發明的觀念、策略和新型態社會組織而發生時，我們是以時間有限的方式思考。

真理永恆且在宇宙之外的觀念，是柏拉圖哲學的精髓，他用一個奴隸男孩的寓言來說明發現其實只是憶起的論點。這個論點反映在稱為柏拉圖主義的數學哲學中，相信存在的方式有兩種，一種是常態的實體事物，存在於宇宙中，而且受到時間的約制，也會改變；另一種是數學的物件，存在於永恆的範疇。把世界分成泡在時間中進行生、死、變化、腐朽的俗界，被完美永恆的真理天體環繞，構成了古代科學和基督教的觀念。

要是想像物理的任務，就是去發現跟世界史同構（isomorphic）的永恆數學物件，等於是認為宇宙的真理就在宇宙之外。這是我們習以為常，以致於看不到

荒謬之處的想法；要是宇宙就是存在的全部，那麼怎麼可能在宇宙之外還存在著某種跟宇宙同構的東西？

另一方面，要是我們把時間的現實當作證據，那麼就不可能有跟世界完美同構的數學物件，因為真實世界有一種任何數學物件都沒有的特性，就是它總是某一刻的產物。確實，正如查爾斯·桑德斯·皮爾士率先觀察到的，如果我們要憑理性去瞭解，為什麼適用的是某一套特定的定律而不是別的，那麼終其整個世界史，物理定律是會演變的假說就是必要的。

以時間無限的方式思考，通常也意味著想像中的境界是存在的，在宇宙之外是真理所在。這是一種宗教觀點，因為這表示，解釋和正當理由，最終都是指自己所經歷、參與的世界之外的東西。要是堅持宇宙之外沒別的東西，甚至也沒有抽象觀念或數學物件，就不得不從整個宇宙之內找出現象的原因。因此，以時間有限的方式思考，同樣也是以宇宙有限的方式思考，我們居住在這一個宇宙之內，觀察它顯示給我們看的現象。

在當代宇宙學家和物理學家中，永久膨脹論和永恆量子宇宙學的擁護者都是以時間無限的方式思考；演化和循環宇宙論的擁護者都是以時間有限的方式思考。如果你是以時間有限的方式思考，會從時空奇點（space-time singularity）的角度來擔心時間的結束。如果你是以時間無限的方式思考，這就是可以忽略的問題，因為你相信現實是整個世界史上一瞬之間的事。

達爾文的演化生物學是一種以時間有限的方式思考的原型，因為它的中心思想就是認識到，在有限時間內發展的自然過程可以導致嶄新結構的誕生。只要新的結構存在，甚至也可能出現適用的新定律。演化的動力不像所有可能存活的動物、DNA定序、蛋白質組或生物定律一樣，需要抽象而廣大的空間。期望太不可預測，太取決於分析和編碼出整群生物DNA定序的特性。或者，如理論生物學家史都華·考夫曼（Stuart Kauffman）所言，把演化的動力想成生物圈或相鄰可能性（adjacent possible）在有限時間內發生的大爆炸。

科技、經濟和社會的演變也是如此。經濟市場比較會出現與歷史無關的獨特平衡狀態，這種貧乏的觀念顯示出以時間無限方式思考的危險。經濟學家布萊恩·亞瑟（Brian Arthur）和其他人主張的路徑相依理論，對於理解真實市場是必要的，它說明了以時間有限的方式思考所帶來的見解。

以時間有限的方式思考並不是相對論，而是某種形式的關係論。唯有物體的存在是來自演化或人類思想的發明時，它的真理才會同時有時間性又客觀。

當我們以時間有限的方式思考，就知道人類發明嶄新結構和問題解決辦法的能力。當我們以時間無限的方式去思考生活與工作的組織和社會時，會毫無疑問接受它們的束縛，並試圖操縱官僚體制的槓桿，好像非這樣不可似的。當我們以時間有限的方式去思考組織時，就知道每一個特性都是自身歷程的結果，相關的一切都是可以協商的，靠著發明新的辦事方法來進步。

負面能力是萬靈丹

理察・佛爾曼（RICHARD FOREMAN）

編劇、導演、哲學本體論的歇斯底里劇場（Ontological-Hysteric Theater）創辦人

錯，錯，錯，全部接受；這是創意的基礎。

我參考的基準（身為編劇，不是科學家）是濟慈對負面能力的意見（出自他的信件）。在面對不確定、謎團和懷疑時，能夠神智清醒、鎮定，而不會「急著（而且總是不成熟地）想得到真相和道理」。

這種負面能力的概念工具，是各種智識、心理、精神和政治病症的「萬靈丹」。我用愛默生的話來回應（加強）：「藝術（需要動腦筋的活動嗎？）是（最好是當成不是來想）創作者通往自己作品的路徑。」

真是顛簸又崎嶇的路。（紐約市打算把我家的卵石街道改鋪成光滑的瀝青。邪惡的官僚主義和目光短淺的「科學家們」！這樣蘇活區就會出現開快車的傢伙，更多俗不可耐的高級商店。）

哇！我敢說自己的貢獻一定比任何人都少。我有哪裡不夠好嗎？還是到目前為止漏掉了什麼重要的工具嗎？

深度

托爾‧諾川德（TOR NØRRETRANDERS）

編劇、顧問、講師，著有《慷慨的人：幫助他人如何成為最迷人的舉動》
（*The Generous Man: How Helping Others Is the Sexiest Thing You Can Do*）

深度就是瞥見事物表象時看不到的東西。深度就是在表面之下的東西，是湖面下的水，是土裡豐富的生命，是一句簡單的話背後了不起的智慧線索。

深度是物理世界坦率的面向。重力使物體堆疊起來，而且不是每個東西都能疊在最上面。在下面還有更多，你可以去挖掘。

二十五年前，深度因為複雜科學的興起而有了特殊的意義，複雜的東西有什麼特徵？有秩序的東西，例如水晶，不複雜，它們很簡單。混亂的東西，例如一堆垃圾，很難描述，它們帶著太多資訊了。資訊是判斷事物有多難描述的一種標準。失序的現象裡面充滿了資訊，而有序的現象資訊則非常少。生活中所有有趣的東西，生物、思想和對話，都介在這兩者之間，資訊不多也不少。所以資訊並不會告訴我們什麼是有趣的，或什麼是複雜的。標記則比較像是不在場的資訊，但多少與創造引人興趣的目標有關。如果我們想找出令我們感興趣的事物，目標的歷史比目標本身更切合這個主題。

引我們好奇的不是事物資訊的表面，而是它的深度。好不容易才能呈現在我們的眼前。重要的並不是那裡現在有什麼，而是那裡過去有什麼。深度大概就是那樣。

在複雜科學中已用不同的方式表達深度的概念，你可以提到某件事（熱力學的深度）來談物理資訊的量；或計算要達到結果的量（邏輯深度）。這兩個都表達出背後的過程比產出的結果更重要。

這個觀念也可以套用在人類的溝通之中。

當你在婚禮上說「我願意」時，它（有人希望）代表你與另一個人之間大量的對話、共存和趣味，還有很多感想。在「我願意」中並沒有很多資訊（其實只有一點點），但這句話很有深度。

大部分的對話內容都具備某種深度。話不是只有聽到的部分，在聽到人家講話之前，某些事情已經發生了。當你聽懂話時，話裡的意義被說出來了，你「挖掘」出在下面或背後的深度。沒有被說出卻意有所指的話，就是排除資訊（exformation），是在產生明確的資訊之前就已經被處理掉和丟棄的資訊。

　　2 + 2 = 4 這是個簡單的算式，4 這個答案帶有的資訊，比 2 + 2 這個問題的還少（基本上是因為，3 + 1 這個問題也可以得出 4 這個答案）。計算是丟棄、擺脫資訊最美妙的方法。計算可以讓人忽略所有細節，得到一種概觀、摘要、結果。

　　你想要的，就是分辨非常有深度的「我願意」，與非常膚淺的「這個男人真的想過他說的話嗎？」的方法。「4」這個答案，真的是有意義的計算結果嗎？水實際上在湖面下嗎？它有深度嗎？

　　人類大部分的互動都跟那樣的問題有關，這是唬人的還是真的？這個情感裡有真誠的深度嗎？這個結果是密切分析產生的？或只是個估計？有沒有言下之意？

　　發出訊號都跟這個問題有關，假的？還是有深度？過去數十年來都看得到，有關動物如何向彼此證明訊號背後有深度的生物學研究興起。性選擇的障礙原則，是一種證明訊號有深度的方式，要是雄孔雀的羽毛又長又壯觀，就證明儘管羽毛這麼炫麗，還是可以逃脫掠食者而存活下來；炫麗的羽毛代表劣勢，是障礙，因此雌孔雀就知道，展現了大尾巴的那隻雄孔雀是強者，否則羽毛是如此明顯的目標，不可能存活。

　　在人類社會中，經濟學家所說的「昂貴訊號」（costly signal）是表達你擁有高價物的方式。社會學家托斯丹・范伯倫（Thorstein Veblen）一八九九年觀察到炫耀性消費的現象。如果你想證明自己很有錢，就必須浪費，也就是說，用荒謬又愚蠢的方式把錢花掉，因為只有富人才能這麼做。但要用炫耀的方式，這樣別人才會知道。浪費錢是一堆錢深度的昂貴訊號。障礙條件、昂貴訊號、密集的眼神接觸和具有表達意義的手勢，都是證明看起來簡單的東西，實際上有很大的深度。

　　這也是抽象詞語的重點；我們想用抽象詞語，去速記為了理解其背後抽象概念，而在過程中消化掉的許多資訊；在這個理解概念、消化資訊的過程中，那個抽象詞語尚未出現。這種抽象詞語有深度，我們熱愛它們。別種抽象詞語沒有深度，它們很膚淺，只是為了讓別人印象深刻，但幫不了我們，我們討厭它們。

　　有智慧的人生多半跟有沒有能力區分膚淺和有深度的抽象詞語有關。你得先知道深度夠不夠，才可以一頭往下潛。

氣質向度

海倫‧費雪（HELEN FISHER）

羅格斯大學人類學系研究教授，著有《為何是他？為何是她？如何找到真愛並維持愛情》（*Why Him? Why Her?: How to Find and Keep Lasting Love*）

詩人惠特曼說：「我有容乃大，我包羅萬象。」我從來沒遇過兩個這樣的人。我是同卵雙胞胎的其中一個，但即使我們是這樣，兩人還是不像。每個人都有不同的個性，不同的思想和感情，使他們表現出豐富的行為。但個性是有跡可尋的，人們會表現不同的思考和行為風格，心理學家把這個稱為「氣質向度」。我覺得這個氣質向度可以列入實用認知工具。

個性是由兩種不同的特質組成的，一種是「性格」，一種是「氣質」。你的性格特質發自你的經驗。小時候玩的遊戲、家庭的興趣和價值觀、所屬社群如何表達愛恨、親友覺得什麼是禮貌或什麼是危險、你周遭的人都怎麼敬神、他們唱什麼歌、什麼時候會笑、營生和休閒的方式；數不清的文化力量塑造出你獨特的性格特質。平衡你個性的是氣質，各種影響你感情、思考和行為循一致模式的偏好，是一種天生的傾向。正如西班牙哲學家荷西‧奧特加‧加塞特（José Ortega y Gasset）說的：「我是我，再加上我當下的處境。」「我是我」就是氣質，是你這個人的基礎。

個性中可以觀察到的變化，大約有百分之四十到六十都是因為氣質特質。它們是遺傳性的，在整段生命過程中相對穩定，並與特定基因途徑和（或）激素或神經傳導物質系統有關。此外，我們的氣質特質還有同類相聚的特性，每一塊聚合的特質，都與腦部系統分泌出來相互關聯又截然不同的四種大量物質有關，這四種物質就是多巴胺、血清素、睪固酮和雌激素（催產素）。每一種氣質特質的排列，都構成特有的氣質向度。

舉例來說，多巴胺系統的特定等位基因，與探險行為、刺激、尋求經驗和冒險、易感到無聊以及缺乏抑制有關。熱情往往跟多巴胺系統的變化聯想在一起，因為缺乏內省、精力和動力旺盛、喜歡探索體力和智力、認知上很靈活、有好奇

心、會產生想法，以及具有口語和非語言上的創意。

與血清素系統相關的一套特質，包括社交能力、低度焦慮、外向性量表的分數比較高，「沒有知心朋友」的量表分數比較低、還有正面的情緒、篤信宗教、順從、井井有條、自制力、保持注意力、不喜歡追求新奇，以及具有形狀和數字上的創意。

高度關注細節、強烈聚焦於某些事，以及興趣狹小這些特質，與產前睪固酮有關。睪固酮很活躍，也與情緒遏制、情緒爆發（特別是憤怒）、社交上的控制慾和侵略性、社交敏感度低、空間感和數學敏銳度有關。

最後，與雌激素和催產素有關的特質排列，包括口語流利和其他等語言技巧、移情作用、養育、有社交歸屬感的衝動和其他社交傾向、情境思維、想像力和彈性思考。

我們每個人的氣質是這四塊向度中不同特質的排列組合，但我們的個性還是截然不同。人當然有可塑性，但並不是空白的石板，任由環境在上面雕琢出個性。好奇的孩子會傾向保持好奇心，但是他或她好奇的是什麼，會隨著成熟而改變。頑固的人還是一樣倔強，井井有條的人還是一樣一絲不苟，而服從的男女還是傾向繼續順從。

我們可以做出「不符性格」的舉動，但這麼做令人疲乏。人天生會傾向根據特定的模式來思考和行動，這種模式就是氣質向度。但氣質向度這個概念，為什麼會是人類實用的認知工具？因為我們是社交的動物，深入瞭解自己（和他人）是誰，可以提供瞭解、取悅、誘騙、譴責、報答和愛他人的珍貴工具，對象從朋友、親人到世界領袖。它也很實際。

舉職場的應用為例。氣質向度表現出愛好新奇的人，比較不可能做好單調的例行工作和固定排程的事務。天生警戒心高的人，做高風險的職務不可能自在。睪固酮高的人果斷、強悍，不太適合與優柔寡斷的人共事。明顯有體恤、養育氣質這些高雌激素向度的人，如果做了得無情才行的職業，不可能會表現突出。

經理人籌組的公司董事會成員可以包含這四塊氣質向度的人。大學可以把氣質相似，而不是背景相似的大一新生安排做室友。業務團隊、運動隊伍、政治小組和師生團體，如果「思維相近」或認知技巧更豐富，或許合作起來會更有效率，我們與孩子、愛人、同事和朋友溝通起來當然也會更有效率。我們不是受DNA操控的傀儡，就像天生容易酒精中毒的人通常也會放棄喝酒。越瞭解我們的天性，越能欣賞文化如何形塑出自己的氣質。

人格／瘋狂連續

傑佛瑞・米勒（GEOFFREY MILLER）

新墨西哥大學演化心理學家，著有《花錢：性、演化與消費者行為》（*Spent: Sex, Evolution, and Consumer Behavior*）

　　我們喜歡劃清正常行為和異常行為之間的界線。對於自認正常的人，這是一種自我保證。但是這樣並不精確。心理學、精神病學和行為遺傳學綜合顯示，人類人格特質的「正常變化」和「異常」精神疾病之間並沒有明確的界限。我們思考瘋狂時的直覺反應，自然而然就想到精神病，其實完全錯了。

　　要瞭解瘋狂，必須先瞭解人格。科學界一致公認，主要有五種變化向度可以描述人格特質。這「五大」人格特質，就是經驗開放性（openness）、盡責性（conscientiousness）、外向性（extroversion）、親和性（extroversion）和情緒穩定性（emotional stability）。「五大」人格特質一般而言會呈現鐘型曲線分布，就統計上來看彼此不相依；有遺傳性，在整段生命過程中相對穩定，擇偶和交友時會不自覺做出判斷；別的物種也有這種特質，例如猩猩。它們可以預測出人在求學、工作、結婚、養育子女、犯罪、經濟和政治等許多方面的行為。

　　精神障礙通常都與「五大」人格特質極端適應不良有關。過度盡責可以預測出強迫症，而低度盡責可以預測出藥物成癮和其他「衝動控制」上的障礙。情緒穩定性低可以預測出憂鬱症、焦慮症、躁鬱症、邊緣型人格障礙和表演型人格障礙。外向性低可以預測出畏避型人格障礙和類分裂型人格障礙。親和性低可以預測出變態和偏執型人格障礙。經驗開放性高可能會併發高精神分裂傾向和精神分裂症。根據對於雙胞胎的研究，這些人格特質和精神疾病之間的關聯不僅存在於行為層面，也存在於遺傳層面。具有極端人格特質的父母，比較可能生出有相關精神疾病的孩子。

　　有一種說法是，「瘋狂」的人格，通常只是比現代社會中促進成功或滿足的人格更極端一點，或者是比相處起來能夠自在的程度更極端一點。另一個令人不太愉快的說法是，我們都有某種程度的瘋狂。所有活著的人都有許多精神障礙，

大多數人程度輕微，但有些人則嚴重，而且不僅包括如憂鬱症和精神分裂症這些傳統認知上的精神障礙，還包含愚蠢、不理性、不道德、衝動和疏離等各種形式的症狀。積極心理學這個新領域承認，我們的精神都不是處於最健康的狀態，而且在許多方面多少是瘋狂的。然而，就像人類的直覺告訴我們的一樣，傳統精神病學把盛行程度超過百分之十的症狀都堅稱為障礙。

在有關精神健康政策和保健中，人格／瘋狂連續是個重點。對於如何修訂於二〇一三年出版的精神病學核心參考著作《精神障礙診斷與統計手冊》（*Diagnostic and Statistical Manual of Mental Disorders*）第五版（簡稱DSM-5），尚有激辯和未決的爭議。其中一個問題是，美國的精神科醫生在DSM-5的爭辯中占主導的地位，而美國的醫療保險制度要求，病患要先被診斷出具有分立的精神疾病，保險單位才會負擔他們精神病藥物和治療的開銷。美國食品藥物管制局（FDA）也只核可適用於分立之精神疾病的藥物。這些保險和藥物許可的問題，迫使精神疾病的定義被刻意極端化，使彼此之間分立，互不相干，而且核對症狀時過度簡化。保險單位也想省錢，才會盡力提議出害羞、懶散、易怒、保守傾向這些最普通的人格變化，都不屬於值得治療的疾病。但是科學對疾病的認定並不符合保險制度對緊迫性的標準。DSM-5究竟是為了服務美國保險業者和FDA官員而寫，還是為了達到國際上要求精準的科學精神而寫，有待觀察。

心理學家已告訴我們，我們的直覺本能在許多層面上都是不可靠的（即使常常和經驗配合得很好）。我們直覺上的物理觀念（時間、空間、重力和衝力）與相對論、量子力學或宇宙學都不協調；我們直覺上的生物觀念（物種本質觀和目的功能論）與演化、群體遺傳學或適應理論都不協調；直覺上的道德觀念（自欺、裙帶關係、氏族社會、以人類為中心和好用制裁），與任何一致的道德價值觀，無論是亞里斯多德學派、康德哲學或功利主義，都不協調。我們對於精神病學的直覺觀念，顯然也是同樣認知受限。越快體認到這些認知的侷限，越有能力幫助有嚴重精神疾病的人，而且對於自己精神健康的態度會越謙遜。

自我適應性退化

喬爾・格德（JOEL GOLD）

精神科醫師、紐約大學朗格醫學中心精神科臨床助理教授

自我適應性退化簡稱ARISE（Adaptive Regression In the Service of the Ego），是一種數十年來已知，現在卻很少有人重視的精神分析概念。它是一種自我機制，反應出來的行為視人而定，從一點點到好幾打都有可能，包含測試現實、調整刺激、防衛機制和綜合集成。為了簡化，可以把自我（ego）等於自性（self）（不過ARISS說起來感覺沒那麼溜）。

在大部分的領域，包含精神病學，都不認為退化是好事。退化意味著存在和反應機制都退步到較早而更差的狀態。但是這裡要探討的關鍵並不是退化，而是退化的適應性是否良好。

如果沒有適應性退化，就無法體會很多重要的經驗，如創作與欣賞藝術、音樂、文學和食物；可以睡覺；性滿足；談戀愛；以及，是的，能夠自由聯想、容忍精神分析或精神動力治療，而不至於惡化。或許適應性退化中最重要的一點，就是能夠幻想，做白日夢。能夠進出自己無意識的過程，往下探勘而不至於陷落的人，可以嘗試新的方法、開始用新的角度看待事情，而且，或許在追求目標時也能成功。

總之就是，放輕鬆。

是ARISE讓凱庫勒（Friedrich August Kekulé）以白日夢中看到的蛇吞尾景象為靈感，想出了苯環結構；也讓理察・費曼只是把一個橡皮圈丟到一杯冰水裡，就證明出橡皮圈在低溫時會失去柔軟度，也因此解釋了導致挑戰者號太空梭失事悲劇的原因。小學自然與生活科技課的實驗就足以解決問題；有時候，只有天才才會明白這一點。

換句話說，玩吧！有時候為了進步，必須退步。

有時候就是要放手，然後ARISE。

系統平衡狀態

馬修・瑞奇（MATTHEW RITCHIE）

藝術家

熱力學第二定律，所謂的時間之箭，通常都會跟熵聯想在一起（然後再跟死亡聯想在一起），是當今人類社會中被深深誤解的抽象速記。我們得改一改。

第二定律的意思是，封閉系統會隨著時間流逝而越來越同質化，最後達到系統平衡狀態。問題並不是系統「會不會」達到平衡狀態，而是「何時」會達到平衡狀態。

生活在這顆星球上，我們全都是一個物理系統的成員，而這個物理系統只有一個目標，就是邁向系統平衡狀態。用邏輯來推理，結論很明顯，就是我們的環境、工業和政治體系（甚至知識和神學的體系）都會隨著時間流逝，越來越同質化。這已經開始了。地球上每個人可用的物理資源，包含空氣、食物和水的品質，都已因為工業化的消耗太高而大量降低；就像地球上每個人可用的知識資源，都已因為高度全球化發展而大量提升。

人類社會的相似性前所未有。（還有人真的懷念崇拜君主的時代嗎？）一個奠基於平權和機會均等的現代民主制度，就是處於平衡狀態的系統，這是非常吸引人的想像。但是，一提到我們目前的碳足跡問題，好像就不是這樣了。如果整個系統的能源消耗太快，系統平衡狀態降到最低的速度太快，使得社會無法公平演進，是否更有可能威脅到現代民主制度？

我們真正的機會，就是運用不斷增加的系統平衡狀態知識，去建構一個公平永續的未來模型。透過網際網路大量傳播和存取資訊，就是我們文明代表性的成就。重新分配全球資源的優異模型，具有創新、預測性和適應性，採用這種模型的社會，未來比較有可能存活下去。

但我們生理和社會的預設狀態，就是排斥討論熵（死亡），無論是社會還是個人，自然而然就會想避開使生活方式產生結構性變化的主題，覺得那很掃興。我們不會檢驗真正的問題，而是把末日的幻想當成「娛樂」來揮霍，然後調侃領

袖人物的無能。我們真的得好好改一改。

很不幸，即使面對這麼基本的概念，都是場艱難的戰役。早期在擴張主義階段的社會，各種像是「進步」和「命運」的隱喻機制，讓隱喻之箭排擠掉先前（公認很打擊士氣）的時間之輪。支持科學實驗和因果關係的知識立場，只要能助這個文化之箭一臂之力，就會受到包容，甚至獲得背書。但是，在這個越來越擁擠和競爭的世界，國力消長的困境也變得越來越明顯。民粹主義、激進主義和魔幻思維復活，讓許多人為之著迷，因為他們拒絕理性思考；但或許最大的問題是拒絕無可厚非的物理定律。

舉例：在全球經濟是否與氣候變遷無關的爭論中，看得到這種否定的實際影響。支持者認為「好」（綠）的成長會持續下去，而反對者認為「壞」（棕）的成長才會持續下去。雙方陣營都是對當今體系所預測之未來經濟環境的輸贏比較感興趣，而不是接受在任何情況下，系統會漸漸達到平衡狀態，這種物理上不可避免的現象。

當然，任何體系都可能暫時矇騙過熵。熱粒子（或社會）可以「偷走」冷（或）粒子儲存的能量一陣子。但最後，總能量燒掉和重新分配的比率，還是會決定這個星球體系達到真正系統平衡狀態的速度。要透過戰爭還是改善隔熱窗貼來延長自己這邊「熱能」的時效，是政治問題。但即使在現實中無法打敗莊家，還是值得一試，不是嗎？

投射思考

琳達·史東（LINDA STONE）

高科技業顧問、蘋果電腦和微軟公司前主管

芭芭拉·麥可林托（Barbara McClintock）因為發現「跳躍基因」而得到一九八三年生理學或醫學的諾貝爾獎之前，科學圈忽略、嘲弄了她三十二年；這些年間，同儕對她有敵意，而為了避免遭到科學圈的排斥，她也沒有出版任何研究。史坦利·普魯希納（Stanley Prusiner）的普恩蛋白理論受到認可之前也遭到同僚嚴厲的批評；他後來也得到了諾貝爾獎，在一九九七年的時候。

巴瑞·馬歇爾（Barry Marshall）挑戰了醫學界認為胃潰瘍是胃酸和壓力引起的事實，並證實了感染幽門螺旋桿菌才是病因。馬歇爾在一九九八年一段訪談中表示：「大家都反對我。」

醫學進展被耽誤，這些「投射思考的人」還是堅持著，儘管他們這一路走得緩慢而孤寂。

「投射思考」（projective thinking）是愛德華·狄·波諾（Edward de Bono）發明的用語，說明的是創新式思考，而不是反應式思考。麥可林托、普魯希納和馬歇爾都表現出投射思考，暫時接受現實，也就是科學界當時接受的觀點。

講明白一點，有智識的人很懂得找出有力的理由，盡量去反駁任何一種觀點；這種批判性、反應式的思維，會使我們的眼光變得狹隘。相反地，投射思考則是保持遼闊、「開放結局」和推測的心態，要能創造環境、概念和客觀性。

麥可林托研究了玉米二十年，為自己創造適合推測的環境。她的知識廣博，觀察力強，推論出改變玉米種子色彩的模式，並進一步提出基因調控的概念，這個概念挑戰了基因體是把訊息以靜態方式代代相傳的理論。麥可林托的研究首先發表於一九五〇年，而投射思考的結果、延伸研究、堅持和願意暫時接受現實，要到很多年之後才被瞭解或接受。

我們所知的一切，緊緊抓住的信念，在某些情況下甚至是認為符合「事實」的東西，都會變成我們檢視和體驗世界的鏡片，使我們偏向批判性和反應式的思

考；有好處，但也可能會減損以開放、創意方式去觀察和思考的能力（火很熱，但碰到就會燙傷）。

如果我們像麥可林托的同儕一樣，那麼僵化固著於自己已知的觀念，可能就會對眼前正確的事物視而不見。我們支不支持擁抱創意思考和暫時接受現實的科學精神？畢竟有時候科幻小說也會成真。

異例和範式

拉馬錢德蘭（V. S. RAMACHANDRAN）

神經科學家、加州大學聖地牙哥分校大腦認知中心主任，著有《告密的大腦和腦中魅影》（*The Tell-Tale Brain and Phantoms in the Brain*）

你需要語言來表達精闢的思維嗎？話語難道只是輔助思想的工具？這些問題可以回溯到維多利亞時期兩位科學家的辯論，他們就是馬克斯・繆勒（Max Mueller）和法蘭西斯・高爾頓（Francis Galton）。

同時變成科學上和流行文化上通用詞彙的詞，就是「範式」（paradigm），而反義詞就是「異例」（anomaly），前者是由科學史家湯瑪斯・孔恩（Thomas Kuhn）提出的。在當今的科學和其他學科中，使用和誤用「範式」的頻率太高，幾乎快要淡化了原來的意義。（人類語言和文化中的「模因」經常發生這種現象，不像微小的基因那麼遵守傳遞的法則）。「範式」這個詞現在常常被不當使用，特別是在美國，用來表示任何實驗程序，例如「史楚普範式」（Stroop paradigm）或「反應時間範式」或「fMRI範式」。

不過，適當使用它，便塑造了我們的文化，而且成果可觀，甚至影響了科學家工作和思考的方式。有一個更普遍的相關詞彙是「懷疑論」，源自希臘派的哲學。這個詞彙的使用情形，比起「異例」和「範式的轉移」頻率更高，意義也更鬆散。

說到統治範式，孔恩稱為常態科學，而我諷為困在特定意義的死胡同裡互相吹捧的俱樂部。在這個俱樂部裡，通常有自己的教宗（而且可能不止一位）、階級制的教士、輔祭，以及一套幾乎像是受到宗教狂熱捍衛的指導假設和公認準則。（其成員也會互相資助，審核彼此的論文和獎助金，輪流頒獎給對方。）

這不是完全無用的；它是逐漸沖積成長的「常態科學」，任用的是科學上的泥水匠，而不是建築師。如果一個新的實驗觀察結果（例如細菌轉型；抗生素治癒的潰瘍），威脅要推翻這個偉大的建築物，就稱為異例；那些實行常態科學的人，典型的反應就是忽視它或把它藏起來，是某種否認的心態；驚人的是，我的

同僚普遍都有這種心態。

這種反應並非不健康，因為大多數的異例最後只是虛驚一場；能夠變成真正異例存留下來的基準率很低，耗費心力最後只是白費功夫（想想看聚質水和冷核融的案例）。但即使是這樣的假性異例，還是有其用處，把科學家從昏睡中敲醒，對他們所屬科學領域的基本公理提出疑問。人有結黨的天性，一群墨守成規的人聚在一起就形成了舒適圈，而異例迫使這些人面對現實的定期檢查，即使那些異例最後是漏洞百出。

而更重要的是三不五時就會浮現真的異例，光明正大挑戰現狀，迫使範式轉移，引發科學革命，而快要發展成異例的不成熟懷疑論，反而可能導致科學的停滯。如果要追求科學的進步，必須對異例抱持懷疑的態度，對現狀也要如此。

科學與天擇演化的過程可以看到相似之處。演化也是如此，發生了突變（等於異例）的短期加速變化（等於範式轉移），打破了滯瘀的時期（等於常態科學），而這些突變，大部分都是致命的（謬論），但有一些卻導致新物種的誕生和新種源遺傳趨勢的萌發（等於範式轉移）。

因為大部分的異例都是假警報（折彎湯匙、心電感應、順勢療法），追求這些只會徒勞無功。那麼該怎麼判斷值得投入的異例？當然可以做測試，然後從錯誤中學習，但那很無聊，又浪費時間。

舉四個耳熟能詳的例子：大陸漂移、細菌轉型、冷核融和心電感應。這些當初興起時都是異例，因為不在當時常態科學的知識框架之內。二十世紀初，韋格納（Wegener）說過，所有陸塊都是從一整片盤古大陸破裂後漂移出來的，證據就擺在人們眼前，海岸線剛好都吻合，巴西東岸發現的化石，跟非洲西岸發現的化石完全一樣等等；但是過了五十年，懷疑論者才接受了這個觀念。

第二個異例是斐德列・格里菲斯（Fred Griffith）的觀察結果，早在DNA和遺傳密碼被發現的數十年之前，他便提出了。他發現，如果把加熱死亡而有劇毒的菌種（肺炎鏈球菌S），注射到之前感染了無劇毒菌種（肺炎鏈球菌R）的老鼠，則R會轉型成S，因此殺死了老鼠。大約過了十五年，奧斯瓦爾德・埃佛里（Oswald Avery）發現用試管都可以辦到，只要把死亡的S和活的R放在一起培養，死亡的S就會把活的R變成活的S，這種轉型甚至會遺傳，連S的汁液都會產生作用。於是埃佛里猜想，汁液中的化學物質DNA可能都帶有遺傳性。這個異例可以複製。彷彿是在說：「把一隻死獅子和十一隻豬放在同一個房間，就會出現一打活的獅子。」這個發現卻被嚴重忽略了好幾年，直到華生和克里克，才

解開了轉型機制的秘密。

第三個異例，心電感應，幾乎可以肯定是個假警報。

這裡可以用一個很好的經驗法則來解釋。第一個異例和第二個異例並不是因為缺乏實驗證明而遭到忽視。即使是小學生都看得出來，不同陸地的海岸線形狀吻合，或者化石的相似度高。第一個異例會被忽視，只因為不在當時知識的框架之內（不動的陸地，或堅硬不可移的地球），而且在板塊構造學出現之前，並沒有發現任何造成陸塊漂移的合理機制。第二個異例也很相似，一再被證實，卻受到忽略，因為它挑戰了生物學的基本教義，就是物種的穩定性。但是，注意第三個異例，心電感應，它被否定的原因有二：第一，不在知識的框架之內；第二，很難複製。這就告訴了我們該怎麼做：花心思在那些通過反駁的考驗而存留下來，可以複製，卻「只」因你想不到有什麼機制，而不被重視的異例。但別浪費時間在儘管一再複製卻未經實驗證實的東西（或者每次複製時效果越來越弱的東西；這就是個警訊！）

話語本身是範式，或者是某種穩定的「物種」，會隨著意義越來越曖昧而漸漸演化，或者有時候就突變成新的話語，產生新的概念。可以耍點「花招」（取名）來把這些融入，變變觀念的戲法，產生全新的組合。身為行為神經學家，我想說，這種把話語精鍊和竄改的程序是人類獨有的，而且發生在靠近左TPO（顳葉、頂葉、枕葉的接合處）的腦部區域。不過這純屬臆測。

遞迴結構

大衛・蓋勒特（DAVID GELERNTER）

耶魯大學電腦科學家、鏡子世界科技公司（Mirror Worlds Technologies）首席科學家，著有《鏡子世界》（*Mirror Worlds*）

遞迴結構是簡單的觀念（或抽象速記），應用之廣泛，遠超出科學界。

如果整體的形狀是以部分的形狀遞迴而成，就是遞迴結構。舉例，由本身就是圓圈的焊接點組成的圓圈；每個焊接點本身也可以是更小的圓圈焊接起來的，原則上它可以是一個無邊無際的巢狀組織，由一圈又一圈的圓構成。

遞迴結構的觀念隨著一九五〇年代電腦科學（也就是軟體科學）的問世而誕生。軟體設計上最困難的問題，就是控制軟體系統的發展趨勢越來越複雜難解。遞迴結構有助於把不見天日的軟體雨林變成法式花園，還是（可能）龐大複雜，但比叢林更容易出入和理解。

本華・曼德博聞名天下的理論，就是自然界有一部分會呈現出遞迴結構，一條典型的海岸線，無論你站在六英寸、六十英尺還是六英里之外看過去，都會看到同樣的形狀或圖案。

在建築史上，遞迴結構是基礎，特別是歐洲的哥德式、文藝復興時代和巴洛克式的建築，大約從十三世紀到十八世紀的五百年間都看得到。「遞迴結構」的奇特存在讓我們明白，要是觀念的拼圖少了一塊，後果有多嚴重。它也告訴我們，要跨越分隔了科學和藝術的文化柏林圍牆去交流有多麼困難。這種現象在藝術界與自然界中一再出現，突顯了人類美感的某種重點。

重複使用一個基本圖形去建造出不同的規模，是中世紀建築的基礎。但是藝術史學家不懂「遞迴結構」的觀念（和術語），每次需要時，不得不隨機應變用各種方式描述。多次即興描述的結果形成了大雜燴，使得我們難以掌握遞迴結構究竟有多普遍。中世紀之後的藝術史學家理所當然會自創說法，混淆了兩個迥異美學世界間巧妙的共通性。

舉例：成熟的哥德式設計，最重要元素之一就是花飾窗格，薄、彎曲、有雕

花的石片，在窗子上隔出許多小一點窗格；遞迴是花飾窗格藝術的基礎。

花飾窗格是西元一二二〇年蘭斯（Reims）大教堂中率先發明使用的，就在亞眠（Amiens）大教堂完成後不久（與沙特爾〔Chartres〕大教堂同為盛期哥德式建築宏偉壯麗的代表作）。要把花飾窗格的設計特色從蘭斯搬到亞眠，只要加上遞迴即可。蘭斯的基本設計是一個尖頭拱頂內有一個圓圈，這個圓圈的下面再由兩個小一點的拱頂支撐。亞眠的基本設計一樣，只是現在每個小一點的拱頂內，有整個窗型縮小版的遞迴。（每個小拱頂之內還是有個再小一點的圓圈，這個圓圈之下又有更小的拱頂支撐它）。

林肯教堂東邊的大窗上，遞迴的巢狀結構又更進步。這個窗是一個尖頭拱頂內有一個圓圈，這個圓圈的下面再由兩個小一點的拱頂支撐，跟亞眠的很像；每個小一點的拱頂內是一個圓圈，由兩個更小的拱頂支撐；每個更小的拱頂內是一個圓圈，由兩個再更小的拱頂支撐。

整個中世紀時期的藝術，都看得到其他的遞迴結構。

尚・波尼（Jean Bony）和爾文・潘諾夫斯基（Erwin Panofsky）是兩位偉大的二十世紀歷史學家，他們當然都注意到了遞迴結構，卻都沒有理解這個結構「蘊含的概念」。因此，波尼在描寫聖德尼（Saint-Denis）大教堂的窗時沒有提到遞迴結構，而是「由一系列相似的形狀構成，這些形狀會漸進切分下去，數量越來越多，尺寸越來越小」。潘諾夫斯基在說明不同建築的相同現象時是這樣描寫的：「漸進式可分性的原則（或者，換另一種方式來看，是可多重複製性）」。潘諾夫斯基的「漸進式可分性的原則」是一種模糊不清、拐彎抹角描述「遞迴結構」的方式。

路易・格羅德茨基（Louis Grodecki）也注意到相同的現象，一個禮拜堂內，有一個形狀像這個禮拜堂縮小版的展示台，放著一個形狀像這個禮拜堂超小版的祭壇，他是這麼寫的：「這是哥德藝術常見的原則」，但並沒說這個原則是「什麼」，也沒有提供一個「通用」的描述，或為它命名。威廉・沃林格（William Worringer）也有注意到遞迴結構，他把哥德式設計描述成「一個重複著縮小版，但用相同手法表現出整體的世界」。

因此，每位歷史學家都各自為相同的基本觀念構想出不同的名稱和描述，使人難以注意到，其實四種論述都在描寫同一件事。「遞迴結構是中世紀設計的基本原則」，但如果不知道「遞迴結構」是什麼，還是很難講出這麼簡單的一句話。

要是從文獻中都很難抓到中世紀藝術遞迴結構的重點，要注意到義大利文藝

復興時代這個全然不同的世界卻重現相同的設計原則，就更難了。

　　喬治‧赫西（George Hersey）描寫伯拉孟特（Bramante）梵諦岡聖彼得大教堂的設計（西元一五○○年）很精闢，說這個教堂是由「一個超大禮拜堂……四個我稱為大禮拜堂的結構、十六個迷你禮拜堂和三十二個超迷你禮拜堂」構成的；然後解釋「就像中國盒中盒的原則，或者說是碎形」。要是他懂得說「遞迴結構就是伯拉孟特思想的基礎」，這整段論述就會更簡單和更清楚，而中世紀與文藝復興時代在設計上吸引人的共通性就會突顯出來。

　　使用遞迴結構的概念，而不是去忽視它，也有其他好處，可以幫助我們瞭解藝術和科技間的關聯，看到引導著工程師和工藝家的美學原則，以及每種成功的設計背後美妙明朗的思維。這些想法都有實在的意義。工藝家必須研究與瞭解優美是什麼，當作設計的目標，任何嚴謹的科技教育都必須涵蓋藝術史。而我們一方面要思考偉大藝術和偉大科技間的關聯，另一方面也要思考自然科學。

　　但如果沒有正確的思考工具，不斷出現像遞迴結構的例子，只會讓世界變得更複雜，而不是更簡潔、更美麗。

設計你的思維

唐‧泰普史考特（DON TAPSCOTT）

商業策略家、大膽見解網站（Moxie Insight）主席、多倫多大學羅特曼管理學院兼任教授，著有《N世代衝撞：網路新人類正在改變你的世界》（*Grown Up Digital: How the Net Generation Is Changing Your World*）、《打造維基型組織：集體協作的威力》（*Macrowikinomics: Rebooting Business and the World*，與安東尼‧威廉斯〔Anthony D. Williams〕合著）

根據最近大腦可塑性和認知負荷危險的研究，認知兵工廠中最有力的工具很可能就是設計。具體而言，我們可以使用設計的原則和紀律來塑造思維。這與取得知識不一樣，而是關於如何針對數位時代，適當有效地設計每個人思考、記憶與溝通的方式。

數位時代對於認知的影響，造就了當今手寫功能的流行，這是好事。不過，也許我們不該預測一個可怕的未來，而是努力實現一個新願景。新的神經科學發現為我們帶來希望。我們知道大腦有可塑性，而且可以隨用腦的方式而改變。有個針對倫敦計程車司機的知名研究顯示，他們腦中與構成記憶相關的特定區域，實際上比非計程車司機的同齡人大。但同樣的效應並沒有出現在倫敦公車司機身上，於是得出一種結論：倫敦計程車司機必須記住繁多的倫敦街道，使他們腦中的海馬迴結構產生變化。

像這樣的研究結果支持了一種觀念：即使是成年人，只要不停密集使用某個腦部區域，真的能使這塊區域變大，腦容量大概也會跟著增加。不僅密集用腦會改變腦部區域的結構和功能，一時的訓練甚至單純的心理演練似乎也有同樣效果。有一系列的研究顯示，明眼人蒙住眼睛時可以改善觸覺（使用點字）。這些人每天蒙眼一個多小時，連續五天，根據他們的腦部掃描結果，就在這短短的幾天內，視覺皮層對於聽覺和觸覺感官輸入訊息的反應力都提高了。

神經終其一生都有可塑性，這個事實已毋須懷疑。大腦信守「不用它，就會失去它」的指導方針。所以，我們可以藉由用它來打造它，對嗎？何不利用資訊

豐富、多樣化刺激、快節奏、數位化多工處理這些現況的需求，去拓展我們的認知能力？青少年心理健康的專家暨精神科醫師史丹・庫奇（Stan Kutcher）博士曾研究數位科技對腦部發育的影響，他表示，我們或許可以：「有新證據顯示，暴露於新科技環境的網路世代（青少年和年輕成年人），腦容量可能會超出慣常的限制。」

優等生一邊做功課，一邊上網做其他五件事時，並不是真的在多工處理，而是工作記憶力發展得更活躍，切換的能力也更強。我不能同時看電子郵件和聽iTunes，但她可以；她的大腦已配備處理數位時代需求的線路。

如何利用設計思維來改變思考方式？良好的設計通常始於原則和運作得起來的目標。你可能希望能有效察覺、吸收資訊，還要能專心、記憶、推斷意義、有創意、說、寫與善於溝通，並享受重要的合作成果和人際關係。要實現這些目標的話，如何為自己設計使用媒體（或禁止自己使用媒體的衝動）的方式？

有些像速讀課一樣老派的方法，可以增加資訊的吸收量，又不至於破壞理解力。這些方法在伊芙林・伍德（Evelyn Wood）的時代行得通，現在更加倍重要，從那時起，我們已學到了很多有效閱讀的方法。

總覺得會分心？最單純的紀律就是每天讀幾篇完整的文章，而不是只看標題和摘要，這可加強專注力。

想成為一名外科醫生？可以玩醫生遊戲，或在通勤時腦內預演。排練令運動皮層產生的變化，跟身體運動引起的變化一樣都很大。有一項研究要一組人實際彈琴，做簡單的五指練習；另一組人腦中想像著用同樣的手指動作彈琴，一次彈一個音符。兩組人的運動皮層都發生了很大的變化，只是腦中練彈琴的人跟實際練彈琴的人，變化的程度不同。

記憶力越來越差嗎？參考一下愛因斯坦的記憶法則，看你打算怎麼發揮吧！有人問愛因斯坦，為什麼要用電話簿查自己的電話號碼？愛因斯坦說，他只會去記查不到的事。現在要記的事太多了。從文明綻放曙光到二〇〇三年之間，收集到的資料有五艾位元組（一艾位元組等於一百萬的三次方位元組）。現在每兩天就收集到五艾位元組的資料！很快會變成每隔幾分鐘就收得到。人的記憶量有限，能不能制定哪些要記、哪些不要記的標準？

或者，想加強有效記憶和多工處理的能力？試試看反過來向青春期的孩子學習吧！孩子掌握某種關鍵大事的指導方針，這是史上頭一遭，而在這方面成功的孩子，也是一種新思考範式的先驅。大量研究顯示，人們可以透過改變簡單的生

活方式，例如將記憶練習整合到日常例行工作中，來改善認知功能和腦部效率。

　　為什麼學校不教設計思維？學校教我們要鍛鍊身體，而不是鍛鍊腦力；強調年輕人要死記硬背資訊，然後測試他們記不記得起來。為什麼不開著重設計偉大腦袋的課程？

　　這個小小的建議會不會引來「專業設計」可怕的魅影？我不這麼認為。設計業是早就成定局的東西，而我是建議，每個人都要當設計師。

自由爵士樂

安德里安・奎野（ANDRIAN KREYE）

慕尼黑《南德日報》（*Süddeutsche Zeitung*）藝文版編輯

二十世紀中期的前衛派爵士總是值得挖掘；要改善認知工具，自由爵士是完美的選擇。它是藝術上一門高度進化的新嘗試（至少在西方是這樣沒錯），以嚴謹切分十二個音符的精準小節來演奏。爵士樂這種音樂類型是從藍調開始的，到了半個世紀後，一九六○年十二月某一天，歐涅・柯曼（Ornette Coleman）在紐約 A ＆ R 錄音室拼湊出聲名狼籍的雙四重奏，使爵士樂的成就達到了巔峰。用科學術語來比喻，短短五十年間發生了從國小數學一躍而成賽局理論和模糊邏輯的變革。

真的想欣賞自由爵士樂手和作曲家超凡的精神，應該把時間往回倒轉一點來開始。柯曼的自由爵士樂鬆綁了樂理的束縛，造就了八位當時最棒的天才即興音樂家，而在這半年之前，約翰・柯川（John Coltrane）就錄下了自己所譜的〈Giant Steps〉一曲，快速的和弦進行是他的絕技，至今仍被認為是最巧妙的爵士獨奏。電影系學生丹尼爾・柯涵（Daniel Cohen）有把柯川的樂譜製成動畫影片放上 YouTube。不需要懂音樂，一樣可以因柯川的聰明而受到震撼。就在聽完主旋律，誤信一切好像都很簡單時，音符開始以令人目不暇給的速度和模式在五線譜中上下狂飆。柯川過去還曾錄下未經排練的曲子當作保鮮的音樂素材，要是注意到這點，就會明白他掌握的認知工具有多麼不凡。

現在，把這四分四十三秒乘上八倍柯川的威力，延長成三十七分鐘，再扣掉音樂上所有像是和弦進行或時間的傳統結構。一九六○年成為自由爵士命名由來的那段演奏，其專輯名稱《自由爵士：歐涅・柯曼集體即興雙四重奏》（*Free Jazz: A Collective Improvisation by the Ornette Coleman Double Quartet*）所預示的，並不僅僅極端自由的風格，還包括某種交流的形式，跳脫單線前行的慣例，進入多線互動並進的境界。

當然，要聽懂這張專輯還是不容易；要聽懂西索・泰勒（Cecil Taylor）、法老王山德斯（Pharoah Sanders）、太陽神「拉」（Sun Ra）、安東尼・布雷斯頓（Anthony Braxton）和岡特・韓沛（Gunter Hampel）的錄音也同樣費勁。去聽現場演奏，比較容易感受到這種音樂的交流過程。有件事可以肯定：它們絕對不是無法無天，從沒打算如此。

　　如果你會演奏音樂，而且能夠受邀參加自由爵士的表演，就能體會音樂家所謂的「悸動」，那妙不可言的一刻，是集體創意和交流的高潮，瞬間降臨到聽眾身上，彷彿觸電似的。這種感覺很難形容，不過大概就像衝浪板的塗蠟，在衝浪者站上浪頭的幾秒間，幫助他結合運動技能與海浪上漲的力量，產生協同作用。它融合了音樂元素，只是違反了一般的樂理。

　　當然，也有很多自由爵士樂不過是應驗了人家的偏見；或正如顫音琴手、編曲家韓沛形容的：「大概就像當了台上最吵的那個人。」但是上述的音樂家都找到了新的樂理型制，柯曼的「和聲旋律」（Harmolodics）只是其中一種。在他們的音樂中，被認為不和諧的部分，其實有著多層次非常純粹的元素，適合當作二十一世紀的認知工具。能夠找到並進而非單行的認知、思考和交流技巧是很重要的，就像自由爵士揚棄了和諧的結構，以便從多旋律的場域中發現新型態一樣，我們可能也得超越既定的認知模式才行。

集體智慧

麥特・瑞德里（MATT RIDLEY）

科普作家、國際生命中心（International Centre for Life）創辦理事長，著有《世界，沒你想的那麼糟：達爾文也喊Yes的樂觀演化》（*The Rational Optimist: How Prosperity Evolves*）

有才智的人，無論是人類學家、心理學家或經濟學家，都認為人類成就的關鍵就是要有才智。他們票選最聰明的人去執政，請最聰明的專家去規劃經濟，把新發現歸功給最聰明的科學家，想知道人類的智慧一開始是如何產生作用的。

他們全都搞錯對象了。人類成就的關鍵根本不是個人的智慧。人類主宰地球的原因，並不是因為腦袋很大，尼安德人的腦袋很大，但他們只不過是另一種有掠奪性的猿人。演化成一千兩百立方公分的大腦，和一堆像語言這樣精美的軟體，是有其必要性，但還不稱不上文明。有些經濟體就是發展得比別的好，當然不是因為負責的人比較聰明；某些地方有了偉大的發現，原因也並非那裡的人更聰明。

人類的成就完全是一種串連起來的結果。我們的社會是透過勞力分配、貿易與專業分工，把所有大腦集合在一起，才碰巧發現了一種提高生活水準、承載能力、精湛技藝，以及知識基礎的方法。這種現象處處可見：太平洋島嶼在技術與相關人口規模之間的關聯性；孤立族群的技術發展匱乏，如塔斯馬尼亞土著；希臘、義大利、荷蘭和東南亞這些貿易城邦的成功；貿易所能締造出來的成就。

人類的成就是基於集體智慧，我們神經網路裡的串接點就是人本身。每做一件事並精於此道，再透過交流去分享與集合這些成果，人甚至因此變得有能力做「自己還不懂」的事。正如經濟學家李奧納・里德（Leonard Read）在〈我，鉛筆〉（I, Pencil）這篇文章（希望大家讀一讀）中所描寫的觀察一樣，即使是一根鉛筆，單單一個人也不會懂得怎麼做，知識是分散於社會上成千上萬的石墨礦工、伐木工、設計師和工廠工人之中。

這就是為何正如佛萊德里克・海耶克（Friedrich Hayek）觀察到的，計畫經

濟從來都沒成功過，一個人再聰明，都比不上有辦法把消費性產品賣出的集體智慧。由下而上的集體智慧，亞當・史密斯懂了，達爾文呼應了，海耶克也在〈知識在社會上的用途〉（The Use of Knowledge in Society）這篇好文章中詳述，是我希望每個人都能當成認知工具的觀念。

風險素養

捷爾德・蓋格瑞澤（GERD GIGERENZER）

心理學家、柏林普朗克人類發展研究院（Max Planck Institute for Human Development）適應行為與認知中心主任，著有《半秒直覺：不多想的力量——少想一點，可能知道更多》（*Gut Feelings*）

識字率是明智的公民參與民主的先決條件，但知道如何讀寫遠遠不夠。科技創新的速度飆升，使得風險素養之於二十一世紀，如同讀寫能力之於二十世紀般不可或缺。風險素養，是以明智的方式處理不確定性的能力。

要是缺乏這個素養，健康和財產都會受威脅、被操控，懷有莫名其妙甚至破壞性的希望和恐懼。然而，在考慮如何應付現代威脅時，政策制定者很少呼籲一般公眾要有風險素養的觀念。有人提議，為了降低另一場金融危機的可能性，應制訂更嚴格的法律、縮小銀行規模、削減分紅制、降低槓桿率、減少短期操作，以及實行其他措施。但還少了一個重要觀念：幫助大眾更瞭解財務風險。舉例來說，許多所謂的「忍者」（NINJA，No Job, No Assets 的縮寫，意思是無收入、無工作、無資產），在次貸危機中除了身上的衣服之外變得一無所有，卻並未意識到，他們的抵押貸款是變動利率，而不是固定利率。

另一個風險素養可幫忙解決的嚴重問題，就是暴增的健保成本，而加稅或配給制往往都被當成唯一可行的解決方案。不過，只要能推廣患者的健保素養，也可以使提升醫護品質的成本降低。舉例，很多家長都不知道，美國每年有一百萬的孩子做了不必要的電腦斷層掃描，這樣的全身掃描放出的輻射劑量是乳房 X 光的一千倍，估計導致每年約兩萬九千人罹患癌症。

我相信，要解決這些現代危機不是僅僅制訂更多法律、加重繁文縟節或多花點錢；具備風險素養的公民越多越好才是首要的重點，可以透過培養統計思維來實現。

簡單來說，統計思維是瞭解與審慎評估不確定性和風險的能力。然而百分之七十六的美國成年人和百分之五十四的德國人，不知道如何以百分比來表達千分

之一的機率（百分之零點一）。學校把大部分的時間都用來教孩子確定性的數學（幾何、三角學），幾乎沒花什麼時間在教不確定性的數學，就算有教，主要還是容易讓他們感到無聊的機率問題。但應該要教導統計思維，它是解決現實世界問題的高超技巧，如統計飲酒、愛滋病、懷孕、溜滑板和其他危險事情的風險。在所有數學的訓練中，統計思維與青少年的世界關係最密切。

在大學階段，法律和醫學的學生很少被傳授統計思維，然而他們所追求的專業工作，就性質而言就是處理不確定的問題。美國的法官和律師一直搞不清楚DNA統計數據，他們的英國同行，對於經常性嬰兒猝死的機率下了不正確的結論。世界各地許多醫生，誤認病人做了癌症篩檢後呈陽性反應所代表的罹癌機率，或無法審慎評判醫學雜誌上新證據的可能性。缺乏風險素養技能的專家會變成問題，不能提供解決方案。

風險素養與基本的識字率不同，必須要重整心理建設才可以，要拒絕安撫用的溫和專制作風，以及對於確定性的奢望；學習承擔責任，適應不確定性，大膽求知。但這條路還很長。研究指出，大多數病患都會相信醫生無所不知，不敢要求舉出證據，但在就診後，依然以為自己什麼都知道了。同理，即使在金融危機後，許多客戶仍然盲信理財顧問，諮詢所花的時間比看一場足球賽還短，使自己的資產岌岌可危。許多人堅信別人可以預測未來，為求虛幻的確定性掏錢給算命師。每年秋季，知名的金融機構都會預測明年的道瓊指數和美元匯率，即使他們的記錄根本抵不過偶然性。我們每年花兩千億預報產業動態，但提供的未來預測大部分都是錯誤的。

教育家和政治人物都應該有所體認，風險素養是二十一世紀的重要課題。不應該鼓動人們輕易照做專家認為正確的事，應該鼓勵為自己做出明智的決定，而且要具備能夠辦到的工具。應該從小學就要開始教風險素養。讓我們敢於求知，風險和責任都是該扛下，而不該迴避的機會。

科學與劇場的對比

羅斯‧安德森（ROSS ANDERSON）

劍橋大學電腦實驗室安全工程教授、資訊安全經濟學與心理學研究員

現代社會浪費數十億美元所做的防護措施，真正目的是安撫，而不是降低風險。我們這些從事安全工程的人，把這個稱為「安全劇場」，在我們身邊屢見不鮮。要進去沒有恐怖分子會攻擊的建築物時得被搜身。社交網路業者為了誘騙使用者洩露個資，好出售給廣告商，便捏造一小群親密的「好友」。使用者沒有隱私權，只是身在上演隱私權的劇場。第三個例子是環境政策，減少二氧化碳排放量會賠上大量的金錢和選票，所以政府的政策只是明顯做做樣子，能產生的效應微不足道。專家知道，政府聲稱要保護地球安全的行動大部分只是演戲。

劇場能不能興旺，全都靠不確定性。無論風險是難以衡量，或後果難以預料，表象都比現實好管理。降低不確定性，以及揭穿表象和現實之間的差異，都屬於科學主要的任務。

我們的傳統做法，是辛苦累積讓人們瞭解風險、選擇和後果的知識。但劇場是一種蓄意建構的東西，而不是無知的意外副作用，因此，或許我們也必須變得世故一點，才能應付劇場機制。科學傳播者必須善於打斷上演的戲碼，照亮舞台黑暗的角落，並把演員的面具拿下，讓大家看看他們的真面目。

基準率

齊斯・德福林（KEITH DEVLIN）

史丹佛大學人文科學與先端科技研究中心（H-STAR）副董事，著有《數學的語言》（*The Language of Mathematics: Making the Invisible Visible*）

　　目前本國機場正在推行的背部影像掃描設備，是否有可能危害健康？美國運輸安全管理局提供了唯一的替代方案，搜身方式卻容易令人感到羞辱，是否最好還是要避免？這兩件事最近都備受爭議，國民因此意識到了基準率的概念。

　　統計學家要根據可用證據預測一些事件發生的可能性時，一定會考慮兩個主要的資訊來源：（1）這個證據本身，必須計算它的可靠度數據；以及（2）事件發生的可能性，純粹用相對發生率來計算。這裡的第二組數據就是基準率。它只是用看似枯燥的過程算出來的數字，一旦有新資訊時常常被忽略，特別當新資訊是「專家」用昂貴設備取得時。發生如飛機遭遇恐怖襲擊的驟變和可怕事件，沒考量基準率，試圖阻止不太可能阻止得了的事，可能就會浪費了大量心力和金錢。

　　舉例來說，假設你做了罕見癌症的醫學檢測。一般人罹患這種癌症的機率是百分之一（這就是基準率）。大量試驗顯示，這個檢測的可靠性為百分之七十九。精確一點解釋，只要有癌症，不會檢測不出來，但是未罹患者中還是有百分之二十一的機率可能檢測出陽性反應，這稱為假陽性反應。當你受檢測時出現陽性反應，那麼問題是，你罹癌的機率是多少？

　　如果你跟大多數人很像，就會假設：如果檢測的可靠率將近百分之八十，而你得到陽性反應，那麼確實罹癌的可能性是百分之八十左右（即機率約為零點八）。這樣對嗎？

　　錯了。你把重點放在檢測和它的可靠度，卻忽略了基準率。鑑於上述情況，你罹癌的可能性只有百分之四點六（即零點零四六）；沒錯，你罹癌的機率不到百分之五。當然，這樣的可能性仍然令人擔憂，但絕不像一開始以為的百分之八十那麼可怕。

至於機場背部影像掃描設備這件事，死於恐怖襲擊的基準率比我們每天很多毫不猶豫在做的事情還低。事實上，根據一些報導，跟通過掃描設備而罹癌的可能性也差不多。

線上索引

馬提・赫斯特（MARTI HEARST）

加州大學柏克萊分校資訊學院電腦科學家，著有《搜尋使用者介面》（*Search User Interfaces*）

根據網路上的Urban Dictionary，「線上索引」（Findex）這個名詞的意思是：在線上查得到想要資訊的程度（The degree to which a desired piece of information can be found online）。

只要腦中浮現一個問題，就可以在幾分鐘，不然就是幾秒內，讓答案呈現在眼前；我們是史上第一批能夠這樣的人類。這無所不在的資訊豐富性，本身完全就是一種認知工具。我對這種現狀一直嘖嘖稱奇。

雖然有人已寫過資訊超載、資料煙霧之類的文章，我的觀點始終維持網路上的資訊越多越好，只要有好的搜尋工具可用。這種資訊有時是用網路搜索引擎的定向搜尋找到的，有時是按了下面的連結偶然發現的，有時是在社群網站上問了上百個人，或在問答網站（如Answers.com、Quora或Yahoo奇摩知識＋）上問了成千上萬的人得到的。

我其實不知道是不是真的有具備搜尋能力的索引，但應該可以運用資訊檢索領域的工具來開發。這個領域有個未決的問題，就是如何幫助搜尋資訊的人判定，有些資訊就是沒辦法取得。

主張往往是實證問題，要靠收集證據解決

普林斯頓大學尤金・希金斯心理教授，著有《嫉妒與輕蔑：地位如何造成我們的隔閡》（*Envy Up, Scorn Down: How Status Divides Us*）

主張往往是實證問題，要靠收集證據解決；這是最重要的科學概念。秘辛再多也不等於資料，輿論再大也不代表事實。同行互審的水準高，才能使科學證據的累積化為知識。人的故事終究是故事，捏造的事情總是吸引我們的興趣；但科學則應該使事實塵埃落定。

科學家就該有科學精神

葛雷格里‧保羅（GREGORY PAUL）

獨立研究員，著有《空中的恐龍：恐龍與鳥的演化，以及飛行能力的喪失》
（*Dinosaurs of the Air: The Evolution and Loss of Flight in Dinosaurs and Birds*）

　　科學思維的大敵是對話，也就是人與人之間典型的話題，大部分是胡扯。我已變得相當厭倦與人交談。真的，這是有問題的。事實上，人腦很容易產生偏好的意見，而且信以為真到了冥頑不靈的地步，即使根本不太懂或完全不知道自己在講什麼。我們都會這樣。人腦是雙耳間一塊多麼容易萌生草率心態的肉。到目前為止，人類或許是這顆星球上是最理性的生物，不過還有次理性的動物，就是黑猩猩，所以這點不值一提。

　　以神創論為例。除了全球氣候問題和父母對於接種疫苗的恐懼以外，還有美國這麼一大塊有政治生命的存在否認了演化和古生物科學，真的相信是神在這麼短的歷史時間內創造了人類，這種事令科學家費解，這麼多人的腦筋究竟是出了什麼差錯？其他回應這個問題的人，都把大眾的神創論當成大眾反科學思維的典型例子。但我不關心為何神創論受歡迎這麼普通的問題；我更關心有那麼多推動科學的人靠的也是神創論，卻以為自己瞭解否認達爾文理論真實性的人，究竟是怎麼一回事。

　　幾年前，有一支反神創論紀錄片，名叫《一群大笨鳥：演化論和智慧設計之鬧劇》（*A Flock of Dodos*）。這個紀錄片在很多方面做得很好，得到一群反對反演化論者的讚揚，但是一提到如何解釋為何那麼多美國人排斥演化論時，答案卻大錯特錯，因為影片製作人蘭迪‧奧爾森（Randy Olson）找錯幫忙挑毛病的對象。值得注意的畫面，就是一群玩撲克牌的哈佛大學演化科學家坐在同一桌交談，發表為何雅虎員工不喜歡他們研究成果的意見。這是一個非常嚴重的錯誤，理由很簡單，演化科學家只懂他們演化科學這個領域的專業知識。

　　如果真的想知道一般人為何會這樣看待自己的行事方式，那麼應該去問那個領域的專家，也就是社會學家。因為《一群大笨鳥：演化論和智慧設計之鬧劇》

從來沒這樣做，觀眾向來都不知道，神創論為何在科學時代還是蓬勃發展，也不知道該做什麼才能馴服那隻偽科學的野獸。

這不是一個無關緊要的問題。在過去的十年裡，研究神創論之所以流行的社會心理學有重大的進展。基本上，只有在嚴重失調的社會裡，神創論才會蓬勃發展，而某種抑制錯誤信念的方式，當然就是把國家治理得夠好，如此一來，憑靠神創論的宗教就會漸漸萎縮成小眾，連帶拔除神創論。

換句話說，大眾要接受演化論，才會有更美好的社會。然而，要喊出這個口號確實很困難，令人不安。那麼，為什麼神創論有問題，以及該拿它怎麼辦，這些大家愛講的偏好論點還是繼續主導著全國人的話題，而創世論支持者的意見也仍然穩如泰山（不過，隨著不信有神的人普遍增加，贊成無神演化論的人也跟著變多）。

其實不僅僅跟演化有關。科學家惹麻煩的對話思維有一個典型例子，就是萊納斯‧鮑林（Linus Pauling）對維生素C的痴迷。通常來說，有很多一般人是抱持懷疑態度的科學家。當研究人員對著不是自己熟悉領域的事，提供不足以成立的意見時，這無助於整體局勢。

那麼能怎麼辦？原則上，解決方法夠簡單的。科學家就該有科學精神。儘管別人篤定的意見很可議，我們也應該多瞭解，而不是只對著不在我們專業範圍內的意見感冒。這並不表示科學家只能管自己懂的研究領域，而限制對其他人事物的觀察。科學家也是自學成才的棒球權威。透過各種手段熱烈討論話題，就是史蒂芬‧傑‧古德爾（Stephen Jay Gould）用的方法。

我一直對二戰的迷思有濃厚的興趣，而且只要有人想聽，我就可以針對為何原子彈轟炸廣島和長崎跟戰爭結束無關，來一段長篇大論。（是蘇聯進攻日本迫使裕仁投降，使他免被當成戰犯處死，也使日本避開了被瓜分占領的命運）。但如果有人向科學家問一些他們不太懂的問題，他們應該拒絕評論，或表示自己的觀察只足以當作一時的參考，而且不是專業意見。

問題點在於，就實際情況而言，科學家當然也是人，跟其他人一樣；所以我並不會屏息期待科學家可以誠實到什麼程度，更別提那種精神水準會普及群眾，啟發大家。聽起來很糟，不過這就是人性。我已盡量別下無意義的註解，別落入了該被質疑的圈套，唯有在確信有能力支持自己的論點時才會侃侃而談。我相信自己在這方面的努力相當成功，而且的確幫我省去了不少麻煩。

零雜工

詹姆斯・克羅克（JAMES CROAK）

藝術家

　　「零雜工」（bricoleur）這個詞，在法文裡是「做雜活兒的人」或「自己動手做」的意思，最近轉到藝術和哲學門下，學者專家應該好好收下當作認知工具。零雜工是有才華的修補匠，是任何材料信手拈來就能做出東西的人；敲掉多餘的排水管，綁緊一圈屋頂的金屬板材，輕輕塗上一些油漆，然後，嘿！變出一個信箱。仔細一瞧，所有的零件都還在，一片屋頂，一條水管，但現在拼裝出來的效果遠不是把那些零件全部堆起來的樣子，而且以不同的型態產生新用途。換句話說，零雜工看起來就像聰明的馬蓋先，把舊貨拼湊成富有新意的複製品，變成個人的次文化創作。

　　拼湊改造（Bricolage）不是什麼新觀念，但已成為理解舊事物的新方式：知識論、反啟蒙運動、十九世紀和二十世紀的「某某主義」無盡的遊行、馬克思主義、現代主義、社會主義、超現實主義、抽象表現主義、極簡主義；這個名單可無限延長，而且往往列出的每一項都有排他性，堅信別項是不可能達到的。這些偉大理論被解構之後的註解學（替代了存在的軌跡），以及過去幾個世紀的類似活動，顯示這些世界觀並不是新發現，而是由零雜工在後台拼裝出來的，把閒置的文本小古董，用釘書機拼接成產生意義的舞台。

　　目前，哲學無所不包的世界觀已被擱置，有風格和成就的大師級藝術運動與它們疊在一起；不再有人把「某某主義」升上旗桿，因為沒人敬禮。對於世界的多元論和中肯描述，已成為純藝術的活動和文字遊戲，把時代精神變成個人化的私密世界。常有人預言，失去偉大的敘事方式就會墮落至漫無目標的煉獄，那將是歷史的末日。而零雜工無處不在，忙著製造誘發意義的隱喻。

　　動態圖像、生物藝術、資訊藝術、網路藝術、系統藝術、故障藝術、駭客主義、機械藝術、關係美學以及其他，這所有目前的藝術運動都被當代零雜工拿去當涼拌小菜。重溫十九世紀哈德遜河的山水畫？有何不可。新羅丹，後新媒體？

涉獵法蘭克福學派的摩門教徒？下個月就會出現。探尋四海通則的旅程暫止，出現了明顯自由拼裝而來的生活，裡面充滿俯拾可得的意義。只要一個零雜工就可以辦到。

科學方法服務的不僅是科學

馬克‧亨德森（MARK HENDERSON）

《泰晤士報》科學專欄編輯，著有《你不可不知的五十個基因秘密》（*50 Genetics Ideas You Really Need to Know*）

　　大多數人傾向用兩種方式來看待科學，一種認為是知識和瞭解世界的主體，如重力、光合作用、演化；另一種認為是從知識的果實中冒出的科技，如疫苗、電腦、汽車。科學的確符合這兩種定義，然而，正如卡爾‧薩根（Carl Sagan）在《魔鬼盤據的世界》（*The Demon-Haunted World*）一書中令人難忘的解釋，科學還有別的意義。它是一種思考方式，是越來越接近事物真相最好、但尚未確立（要是仍然不夠成熟）的方法。

　　科學是暫訂的，開放的，總是可根據新證據來修改；是反威權的，任何人都能有所貢獻，任何人也都可能犯錯。它旨在積極測試自己的主張，而且安於不確定性。用科學方法挖掘事物時，這些特質都能發揮出無與倫比的力量。但是，它的力量往往反被聰明誤，那是一些所謂在歷史上被認為是「科學」的誡律。

　　就算是探索各種實驗室外的事物，科學方法都能提供很大的幫助。但在太多公共事務的行動中它仍然缺席，政治家和公務員也很少體認到，如何用自然科學和社會科學的工具來設計出更有效的政策，甚至贏得選票。

　　在教育和刑事司法方面，經常發生比方說未經適當評估就干預的事，這兩個領域完全經得起科學上最有效的方法「隨機對照測試」的考驗，但在實行新措施前，很少有人會先要求這個。領導人的天性往往很可笑，甚至不會去收集可用來評估政策是否會成功的實用證據。

　　舉例來講，醫學研究委員會的希拉‧伯德（Sheila Bird）曾批評英國推出一種新的社區刑罰，叫做「藥物治療與測試令」，那是遵照領導者的規定，但這種領導者天生無能。受試對象太少，也未經隨機對照測試，沒有正確與其他替代法令比較，甚至沒要求法官記錄如何改判犯刑者的罪。

　　公共服務的文化也可以向自我批判的科學文化學習。正如卡地夫大學的強納

生‧雪佛（Jonathan Shepherd）曾指出的，治安機構、社會福利單位和教育界不比醫學界，因為它們全都缺乏兼具實務經驗和理論才華的中流砥柱。執行政策的人，做研究的人，通常也不是同一批人。根本不鼓勵警察、社工和教師，以醫生、工程師和實驗室中科學家會用的方式，去檢驗自己的方法。有多少警察局會組像讀書會那樣的活動呢？

　　科學方法，以及用批判性思考的態度去面對科學方法要驗證的事物，都不能背離「科學」而存在。如果科學可以幫助我們瞭解開天闢地的一瞬間，以及核糖體的結構，當然也能讓我們更加理解，有哪些方法最能處理這個時代緊迫的社會問題。

生命遊戲，以及尋找產生器

尼克·博斯特羅姆（NICK BOSTROM）

牛津大學人類未來研究中心主任、牛津大學哲學系教授

「生命遊戲」（The Game of Life）是英國數學家約翰·賀頓·康威（John Horton Conway）一九七〇年發明的細胞自動機。不知道這是什麼的人如果想知道的話，最好的方法就是用網際網路上找到的眾多免費實例（要是懂基本的程式設計技巧更好，可以自己做一個）來實驗。

基本上，那是一個方格，方格裡的每個細胞不是死，就是活。你開始在方格上播種，灑下第一批活細胞，然後根據三種簡單的規則讓系統演化。

這為什麼很有趣？當然，「生命遊戲」不符合真實的生命。它沒什麼實用目的。根據一般對於遊戲的認知，它甚至不是一個真正的遊戲。但它是一個了不起的舞台，可以展示幾種重要的概念，是虛擬的「科學實驗室哲學」。（哲學家丹尼爾·丹尼特〔Daniel Dennett〕曾表示，每一個學習哲學的人都有責任去熟悉它）。它提供一個簡單的縮影，使我們可以輕易理解事情是如何發生的，又有足夠的動能去產生有趣的現象。

玩一小時「生命遊戲」，就能自然而然瞭解以下的想法和觀念：

◎「突現的複雜性」：非常簡單的規則如何產生複雜的模式。

◎「基本動態概念」：如自然規律和初始條件之間的區別。

◎「解釋的程度」：你很快注意到出現的模式（如「滑翔機」，這是一種在畫面上爬來爬去的特定模式），而要描述隨附的模式，用高級的術語行得通，卻很難用基礎物理的語言達到同樣的效果（就個別畫素的死活而言）。

◎「隨附性」：會讓人想到在現實世界中不同科學之間的關聯。化學也隨附於物理嗎？生物學也隨附於化學反應？想法隨附於大腦？

◎「概念的形成，以及自然為它們分類」：我們如何、為何能辨識特定模式，並為他們命名。例如在「生命的遊戲」中可以區分：「靜物畫」，是

穩定不變的小圖案;「振盪器」,永遠以固定狀態依序循環的模式;「太空船」,在方格中穿越(如滑翔機)的模式;「槍」,即源源不斷派出太空船的常備模式;以及「蒸氣火車」,在方格中穿越並留下殘跡的模式。當你開始形成這些和其他的概念,就會越來越容易理解畫面上的混亂。發展能夠自然分類的概念,是瞭解這些概念的第一步關鍵,不僅在「生命遊戲」中是如此,在科學和日常生活中也一樣。

再進階的話,我們會發現「生命遊戲」是徹底的圖靈機。也就是說,建構一個可以像「通用圖靈機」(可以模擬任何其他電腦的電腦)那樣運作的模式是可行的。因此,任何可計算的函數都可以在「生命遊戲」中執行,或許包括能夠描述像我們所在宇宙的函數。也可以在「生命遊戲」中建立通用的工程機具,是可以建構多種複雜物件的模式,包括複製自己。儘管如此,演化成「生命遊戲」的結構與我們在現實世界中發現的結構不同;改變「生命遊戲」中的單細胞往往會使它毀滅,就這點而言,「生命遊戲」的結構比較脆弱。試著弄清楚「生命遊戲」的規則,以及支配著我們自己的宇宙,使這一切產生差異的物理定律究竟是怎麼一回事,相當有趣。

最好別把康威的「生命遊戲」視為單純的抽象速記,而是這種抽象概念的產生器。我們得到了一大堆有用的抽象概念(或至少得到如何產生它們的步驟指南),一價購足。這又告訴我們另一個特別有用的抽象速記,就是「尋找產生器」的策略。我們會遇到很多問題,可以試著逐一解決,或者嘗試建立一個產生器,產生針對多種問題的解決方案。

舉例,增進科學認知的挑戰。可以隨機挑選科學問題直接處理,使自己進步;不過,或許也可以靠「尋找產生器」,以及集中精力處理一些附屬的科學問題(最有助於發現許多其他解決方案的解決方案),獲得更大的進步。用這種態度來進行時,我們會最注重:能不能創造可廣泛應用的新方法論?能不能開發可實現許多新實驗的科學儀器?能不能改善幫助我們決定如雇用、資助或推薦對象這種同行評審的制度化程序,使我們的決定更能反映真正價值?

本著同樣的精神,我們對於發展生物醫學上有效的認知工具,以及其他改善人類思想的方式會極感興趣;大腦畢竟還是最出類拔萃的產生器。

軼聞主義

羅伯特・薩波斯基（ROBERT SAPOLSKY）

史丹佛大學神經科學家，著有《猴子之愛：以及論我們生而為動物》
（*Monkeyluv: And Other Essays on Our Lives as Animals*）

　　腦海中浮現的各種概念都想列入認知工具，有「突現」，或者相關的「簡化論的失敗」；但如果你想了解一個複雜的現象，就別採信這個觀念，唯一可用的科學工具，就是把它分解成各部零件，單獨拿出來研究，然後再把這些零件一小片一小片黏回去。這個方法往往無效，而且對於最有趣和最重要的現象越來越沒用。也就是說：你有一只老是走不準的錶，常常要把它拆開，取下零件，找出壞掉的齒輪來修理（其實我不知道，這個地球上還有沒有靠這種傳動機制的錶）。但是，如果你遇到一朵不會下雨的雲，你不會把它拆開成好幾片零件，也不會這樣對待一個腦筋有問題的人；想瞭解社會或生態圈的問題時，也不會這麼做。

　　與這些相關的是像「協同效應」和「跨學科」，但老天保佑，我們不必再聽到更多相關的字眼。除非你面試的時候提到上述任一個字眼，或在背上找一塊小小的位置把它們刺上去，否則在目前所有的科學領域中，你都謀不到教職。

　　另一個有用的科學概念是「遺傳脆弱性」。有人會希望它變成大家的認知工具，因為它邪惡的表兄弟「遺傳必然性」和「基因決定論」已經根深柢固存在，而且長久以來作惡多端。每個人都應該學習像阿維沙隆・卡斯皮（Avshalom Caspi）和同事們從事的工作，他們研究各種神經傳導物質系統的相關遺傳多態性，它們與精神失常和反社會行為有關。太多人會「啊哈！」一聲，然後搬出遺傳決定論這個幾乎無用的醜惡工具，說：「拿出其中一種多態性來看，你就會被必然性打敗。」但那些研究呈現出來的美妙結果，反而是這些多態性對於精神失常所添加的風險，基本上是零。基因決定論，全是放屁。

　　而我選擇的科學觀念很簡單，只因為它不是科學的觀念：「軼聞主義」。每一個好記者都知道它的威力；開始寫一篇有關房屋查封率的文章，或者有個家庭被銀行所害的主題報導？不必考慮太多。放一張顯示大量難民從達爾富爾

（Darfur）湧出的地圖，或難民營中一個餓壞的孤兒的臉？再清楚不過的選擇。刺激讀者吧！

但軼聞主義也可能是充滿扭曲事實的領域；吸收科學的教訓，減少飲食中的飽和脂肪，或引用朋友的配偶的叔叔的例子，什麼都不吃，只吃豬皮，但活到一百一十歲還老當益壯？靠著二十世紀某種延長壽命的基本知識，就讓孩子接種疫苗；或者對八卦雜誌上某篇接種疫苗災難的恐怖故事太入迷，所以就不去打預防針？我對於軼聞主義在當前另一個事件中可能怎麼發展感到不寒而慄；寫文的當下，就在賈瑞德・勞夫納（Jared Loughner）射殺嘉布莉兒・季佛茲（Gabrielle Giffords）和其他十九人的亞利桑納州槍擊案四天後。此時備受尊崇的專家，如精神科醫生富勒・托里（Fuller Torrey）都在猜測，勞夫納有偏執的精神分裂症。如果這是真的，軼聞主義就會讓可以造成悲劇的錯誤觀念長了腳到處跑，讓大眾誤以為精神病患比我們其他人更危險。

因此，當我申論，該把軼聞主義納入每個人的認知工具時，其實是在講兩件應考量的事：（一）見識軼聞主義可以使事物扭曲到什麼程度；以及（二）向特沃斯基和康納曼這樣的人致敬，他們在滿足認知上的研究實在太迷人。有社會性的靈長類動物在專精於臉部識別的皮質區發展得很完備，於是我們發現，個人的臉（無論就字面上或隱喻而言）有特殊的力量。但通常統計學和變因這些沒什麼吸引力、不直覺的模式，可以讓我們學到的東西更多。

可以指出絕對危險的事，但不能指出絕對安全的事

湯姆・斯丹迪奇（TOM STANDAGE）

《經濟學人》數位編輯，著有《歷史大口吃：食物如何推動世界文明發展》
（*An Edible History of Humanity*）

標題的意思是，我認為有個事實值得深入探究：我們不能證明否定的事物會提升科學和科技方面公共辯論的品質。

身為一名記者，我觀察到人們要求「證明」特定技術「無害」的次數，已經多到不勝枚舉。這當然就像要證明黑天鵝不存在一樣不可能。可以用各種方式去找出一隻黑天鵝（害處），但如果找不到，不代表牠不存在；缺乏存在的證據，不能證實它不存在。

能做的，就是用不同的方式再檢查一次。如果用盡所有想得到的辦法後還是找不到，這個問題也還是開放的，「缺乏有害的證據」是指「到目前為止，據我們所知」既「安全」又「依然無法肯定是否安全」。

科學家指出這一點時，經常被指責他們的邏輯矛盾。但是，如果能深入理解，可以指出絕對危險的事，但不能指出絕對安全的事，對於公共議題會非常有幫助。

缺席與證據

克莉絲汀‧芬恩（CHRISTINE FINN）

考古學家、記者，著有《文物：人類學家在矽谷的一年》（*Artifacts: An Archaeologist's Year in Silicon Valley*）

　　我成為人類學大一新生時，第一次聽到「缺乏存在的證據，不能證實它不存在」。現在我知道那是卡爾‧薩根對於薄弱證據觀念的反駁，但當時這句引言，是教授為了幫助我們理解考古探勘的程序而提供的一種認知工具。

　　這在哲學上是一個富有挑戰性的概念，不過在考古遺址中進行挖掘、刷土和抹光的艱苦任務時，一切都變得很明白了。當我們猜測著下面可能有什麼時，這個實用的概念會提醒我們，該注意下面可能沒有什麼。我們發現、觀察、取出的是有形的遺跡，是倖存下來的文物，通常只剩下材質可辨，要是幸運的話，或許保存狀態依然良好。那裡有什麼，以及經過清洗、從實驗室中復原的東西，在記錄中幾乎找不到它們的蹤跡，（例如一個史前火爐的炭層），但這件事仍然是確鑿的證據。這個概念幫助我們得到的就是無形的蹤跡，是早就從參考的時間點上失去，但依然在脈絡上舉足輕重的資料。

　　這個概念的力量之大，足以激發出想像力。我找到了更多哲學之外的例子。聽說在烏爾挖掘公元前三千年美索不達米亞宮殿（現代的伊拉克）的偉大近東考古學家李奧納‧伍利（Leonard Woolley），曾變出缺席的樂器。證據是探勘層中留下的洞，是早已隨時間消失的木製品之魂。他利用這個失去文物的空洞，打造出鑄模，再複製出模型來研究那些樂器。一看到他創造出來的藝術品，我大為震撼；他把缺席的七弦琴模擬出來，讓它們成為了文物。就像最近英國藝術家瑞秋‧懷特雷（Rachel Whiteread）以熟悉缺席的形式而聞名，她用一個房子的鑄模，呈現出室內的陰暗面和空間。

　　認識缺席的證據，不是刻意要從無形中生出有形，而是獲知不存在所具備的可能性。我認為，把缺席這個觀念當成正面的工具，就會發生有趣的事。多年來，中東的考古學家對於北非沙漠中無數孤立的浴室和其他建築結構感到困惑。

居住的證據呢？線索就在缺席的事實中。這是游牧民族的居所，他們只會留下駱駝在沙漠中的足跡。他們的住處是帳篷，是暫時性的，帳篷的材質禁不起風沙的吹蝕，如果他們不帶走，結果就是會消失。用這個角度再去觀察沙漠廢墟的空照圖，彷彿又看到那裡住滿了鬼魅。

缺席的證據就在我們身邊，超越數據痕跡的範圍。

父母過世後，我繼承了他們的房子，清理他們的房間時激起我的情感，也激起考古的氛圍。在客廳的最後一個壁爐架上堆積著超過三十五年婚姻生活的照片、零雜紙張、海邊拾遺的寶貝，以及裝著零落鈕釦和古錢幣的罐子。我想知道，如果只是根據有形的證據來編故事的話，一個陌生人，或許是鑑識科學家，或許是傳統考古學家，他們會怎麼解釋這一排遺物？正當我在這敏感時分，把這些拼裝的物件拿開時，感覺到有好多不在場的東西跟著揚起。有一些看不見又無從計量的事物，從過去以來一直構成這些物件存在的脈絡。

我認得這樣的感覺，回想起了第一次考古探勘的經驗，是跟某種長腿的獵犬有關，根據古典作家斯特拉波（Strabo）的描寫，那是一種透過貿易從古不列顛傳到羅馬世界的「上等獵犬」。當我跪在兩千年的墳中，仔細處理每一塊微小的骨骼，彷彿在做雕塑，我感受到缺席事物的存在。我沒辦法把它們量化，但正是這些看不見的「證據」，使得這些獵犬有了狗的特質。

路徑相依理論

約翰‧麥克沃特（JOHN MCWHORTER）

語言學家、文化評論家、曼哈頓中心資深研究員、哥倫比亞大學英文與比較文學系講師，著有《何謂語言》（*What Language Is〔And What It Isn't and What It Could Be〕*）

在理想的世界裡，所有人都會自然明白政治學家稱之為「路徑相依」（path dependence）的理論，解釋了世界上無數的運作方式。「路徑相依理論」是指，今天看來正常或必然的東西，因過去某一特定時間所做的選擇而出現，儘管後來正當的理由已經崩解，往往還是倖存了下來；因為，它一旦被確立，就有外部因素阻止去逆轉它，或阻止嘗試其他的替代方案。

最經典的例子，就是打字機鍵盤的字母以看似不合邏輯的方式排列。為何不按照字母順序去排列，或把最常用的字母排在最容易使力的指位？事實上，要是打字速度太快，史上第一台打字機很可能就會卡住，所以發明者故意把「A」調整到笨拙的小指位置。此外，第一排還包含「typewriter」（打字機）一詞所有的字母，這樣不熟悉打字的銷售人員只要用到一排，就可以打出這個詞。

然而，機械的進步很快改善了打字的速度，新鍵盤的字母位置是根據字母出現的頻率排列。不過這為時已晚，無法回頭了。到了一八九〇年，全美國的打字員都改用QWERTY鍵盤，這種鍵盤不會那麼容易讓手指擠在一起，他們很快就上手了。要保留舊鍵盤只會耗費更多錢，最後就沒人需要它們了，因此QWERTY鍵盤代代相傳，甚至今天我們的電腦鍵盤——即使打字時已經不會擠在一起——還是沿用了這種看起來怪怪的QWERTY配置。

基本概念很簡單，但一般人人往往比較想聽像QWERTY鍵盤這樣「可愛」的故事，而不想知道一大串沉重的科學解釋和歷史演進。大家自然會比較想知道，現代現象在現代條件下的解釋。

有人可能會認為，貓掩蓋自己的排泄物是因為太愛乾淨；但是，會欣然吞下自己的嘔吐物再跳到你腿上的動物，也是貓。貓掩埋的行為來自牠們野生時期的

本能，可以避免引來天敵，現在卻沒有什麼動機可促使牠們這種特質退化（貓主人應該可以放心）。我常常希望，有越來越多人產生發自內心的衝動，想去採用路徑相依假設，多到跟相信當下就是一切這種急就章論點的人差不多。當下是現況與古老條件動態結合的結果，比起當下就是（主要）一切、而歷史只是「過去」的假設（唯有能夠在當下重建「過去」時，「過去」才有意思；這與路徑相依理論不同），簡直有趣多了。

　　舉例來說，一論起語言，有一些不怎麼精闢的見解，但路徑相依理論能夠解釋的深度卻很大。大部分的民眾都認為，一個人的語言能力代表這個人表達自己思想的途徑，就是不怎麼精闢的見解。羅伯特・麥克拉姆（Robert McCrum）讚揚英文之所以「高效率」，是因為沒有大多數歐語中複雜的字尾變化。這種觀念在講這話的人心中根深柢固，推動著他們去引領大冒險和工業革命的世界。

　　但英文是從西元八世紀後失去字尾變化的，當時維京人入侵不列顛，太多人沒辦法學好英文，以致於孩子都開始這樣講話。之後就沒辦法再把陰陽性和詞形的變化憑空變出來了，除非亙古以後慢慢重建這些變化，否則是回不去了。這意味著，英文目前這種簡潔的結構，跟任何當今甚至四個世紀以前的時代精神統統無關。這種現象的罪魁禍首是路徑相依理論，以及許多談論語言如何建構的觀點。

　　近來聽到很多關於寫作技巧的常見危機，據說是電子郵件和簡訊害的。但圈圈繞一繞還是會回到同一點，講得再精確一點，人為什麼不能用過去寫傳統書信的相同「寫作」風格，去寫電子郵件和傳簡訊？我們也曾聽過電視大概會造成什麼影響，但孩子們無止盡窩在電視螢幕前的情況，一九五〇年代就開始了，比起一九八〇年代國家卓越教育委員會（National Commission on Excellence in Education）提出〈國家的危機〉（A Nation at Risk）這份報告，升起這種高度警戒心態的大聲疾呼還要早很多。

　　再強調一次，一切只看最當下的解釋並不適當；基於承先啟後，而且無法回頭的歷史發展觀才適當。大眾的美式英語開始迅速轉變，從貴氣的風格，到一九六〇年代變成不那麼正式的「口語化」，是從反文化中興起的文化變革。這種氣氛馬上影響了語言藝術課本的編寫方式，因為這些教材使年輕人暴露在一種守舊的氛圍之中，要他們用正式「演說」的語法，要他們保留傳統英語文化的精神。結果，人們就開始強調簡潔、通俗和自然的語法文化。僅僅一代人改變了脈絡，就沒有辦法回頭了。任何堅用昔日誇張用語溝通的人，聽起來就很荒謬，而且沒

資格發揮影響力或受到矚目。路徑相依理論會告訴我們，無論我們對於當代英文的用法是感到氣餒，還是愉快或有興趣，都是因為發生了文化變遷，而電視、電子郵件和其他科技，也只不過是伴隨著文化變遷的現象。

對我而言，人生大部分的面向都跟路徑相依有關。如果我可以從頭擬定國家教育的課程題綱，我會納入這個概念，越早傳授給年輕人越好。

互即互入

史考特・桑普森（SCOTT D. SAMPSON）

恐龍古生物學家、演化生物學家、科學傳播者，著有《恐龍奧德賽：生命網路的化石線索》（*Dinosaur Odyssey: Fossil Threads in the Web of Life*）

　　越南一行禪師的「互即互入」（Interbeing）概念如果納入人類的認知，我們會受益良多。他是這麼說的：

> 如果你是一位詩人，你將會清楚地看到，這張紙裡有一朵雲在飄飛。沒有雲就沒有雨；沒有雨樹木就不能生長；沒有樹木我們就不能夠造紙。雲對紙的存在來說是必要的。如果沒有雲，也就不可能有這張紙了。……Interbeing（互即互入）這個詞，字典裡找不到，但是如果我們把 inter 這個字首與 to be 這個動詞連接起來，我們就可以得到一個新的動詞 inter-be。沒有雲，我們就不可能有紙，所以我們可以說，雲和紙是「互即互入」的。……存在（to be）是互即互入的存在（inter-be）。你不可能獨自存在，你不得不與其他每一件事物互即互入地存在。這張紙之所以存在，是因為其他每一件事物存在。

　　這段話或許聽起來像是深奧的智慧或「新時代」（New Age）的天書，就看你用什麼角度來想。我要說的是，互即互入是一個明確的科學事實（至少到目前為止這樣的事情是存在的），這個概念甚至非常重要，與時並進。

　　在西方的哲學中，可以說最受珍視和根深柢固的觀念，就是我們這副皮囊之下的自我是獨立的，相信我們可以像孤立靜止的機器一樣。我們把身體之外的世界當成不相關的另一種實質存在，然後滿腦子想著要怎麼延長自己的壽命和自我保護。然而，這種根深柢固的隔離概念是虛幻的，我們不斷與「外部」世界交換物質和能量就證明了這點。你吸進的最後一口氣，啜下的最後一口水，或咬下的最後一口食物，什麼時候停止成為外在世界的一部分，然後成為你呢？就像你呼出的氣體和排出的廢物，什麼時候不再是你？我們的皮膚以最容易滲透的薄膜為

屏障，以至於像個漩渦，很難區分其中「你」的結束和世界其他部分的開始。吸收陽光的能量時，生命會把無生命的岩石轉換成養分，養分傳遞給植物、草食動物和肉食動物，牠們再被分解，回到無生命的地球，重新開始循環。我們體內的新陳代謝與地球的新陳代謝密切交織，其中一個結果，就是每七年左右會更換我們體內的每一個原子。

你可能會反對，說出像「好吧！一切當然都會隨著時間而改變。但那又如何？你的自我仍然『隨時』可輕易從他者中獨立」這樣的話。

不完全是這樣。事實證明，「你」不是一種生命形式，也就是說，不是一種自我，而是許多自我。光是你的口腔內就有超過七百種不同的細菌，你的皮膚和睫毛也同樣充滿了微生物，你的腸道也住滿一群類似的細菌夥伴。健康的人體依然有幾處無菌的部位，如腦、脊髓和血管，但根據目前的統計，這個身體本身有約十兆的人體細胞，約百兆的細菌細胞。換句話說，你體內大約百分之九十「隨時」都有非人類，住在這裡的生命形式，比目前地球上的人還多，甚至超過銀河系中恆星的數量！更有趣的是，微生物學的研究證實，我們完全依賴這個日新月異的細菌大隊所提供的各種「服務」，從防範入侵者，到將食物轉化為有用的營養素。

所以，如果我們不斷與外界交換物質，如果我們的身體每隔幾年就會完全更新，如果我們每個人泰半是大量共生之生命形式的殖民地，我們究竟要怎麼把這個自我看成是獨立的？你不是一個孤立的存在。就形而上論，以目前的偏見，會認為你的身體是個不但不準確，還具有破壞性的機器。我們每個人都更像是個漩渦，在一條已經流淌了數十億年的巨大河流中，急促地不斷變化能量密度。在許多方面而言，自我與他者之間的分野都是隨心所欲的，取決你想採用哪一種對於自我的隱喻，可以從很多地方「劃開」界線。我們必須學會視自己為不孤立的自我，而是滲透和相互交織的、大自我之內的自我，包括物種自我（人類）和生物圈自我（生命）。互即互入的角度，鼓勵我們把其他生命形式看成主體，而不是客體，是這條古老河流中的旅伴。就更深的意義而言，它使我們能夠設想自己和其他生物完全不是靜態的「東西」，而是深深在暗中流動、密不可分的過程。

科學教育所遭遇的一大障礙，就是大部分宇宙的存在，無論規模大（如行星、恆星和銀河系）或小（如原子、基因和細胞），都遠遠超出了我們的（獨立）理解。我們演化成只感覺得到中土，或動物、植物和景觀的「介觀世界」。然而，正如我們已經學會去接受，地球不是宇宙中心這種非直觀的科學見解；現在

也必須接受，我們不具有獨立自外性或上述的特性，而是完全在內部交織。互即互入，是受到科學支持的古老智慧，可幫助我們理解這種基進的生態學，轉化必要的思維。

他者

迪米塔爾・薩塞羅夫（DIMITAR SASSELOV）

天文學教授、哈佛生命起源小組（Harvard Origins of Life Initiative）主任

「他者性」或「他者」的概念，屬於一個人如何看待自己身分認同的方式。「我和他人有什麼關係？」則屬於定義出自我、構成自我意識的方式。這是一個廣泛應用於心理學和社會科學的哲學概念。在生命和物理科學的最新進展中，提出了這個概念的新可能性，甚至拓展出意想不到的結果。人類的基因體地圖和個體的兩套染色體基因地圖、我們的地理分布地圖、尼安德人的基因體地圖，這些都是解決人類統一性和多樣性等老生常談的新工具。判讀DNA生命密碼的意義並不止於此；它使人類享受遼闊而多彩多姿的塵世生活。「他者」被認為是一道新的光。每個人體內體外都有上兆的微生物，這些微生物群對我們生理而言很重要，變成我們自己的一部分。

天文學和太空科學正在加緊從火星、太陽系之外的類地球行星，以及環繞其他恆星的超級地球，尋找其他生命。成功與否，或許取決於我們有多瞭解生命本身基礎化學成分的多樣性；不屬於DNA物種的「他者」，是由不同分子構成的生命形式。四十億年來，我們的DNA所創造和設計的成果，將要與「他者們」相遇，這可能是我們在實驗室中第一次體驗到的宇宙邂逅。去年已製造出JCVI-syn1.0，是第一個完全由合成基因體控制的細菌細胞，揭開了這個全新領域的序幕。

現在或許正是思考「他者」和它廣義用途的時候，因為我們已進入探索的新時代。正如艾略特在〈小吉丁〉（Little Gidding）中的預言，我們可能要回到原點，第一次認識「自我」。

生態學

布萊恩·伊諾（BRIAN ENO）

藝術家、作曲家；U2、酷玩樂團（Coldplay）、傳聲頭像（Talking Heads）、保羅·賽門的唱片製作人；錄音室歌手，著有《布萊恩·伊諾日記》（*A Year with Swollen Appendices: Brian Eno's Diary*）

在我看來，這個想法，或一系列的想法，是過去一百五十年來在一般思維上最重要的革命。它讓我們用全新的觀點看待自己是誰，我們適合什麼地方，事情是怎麼發生的。它讓過去屬於神秘主義的觀念變得普及而直觀，這些觀念就是整體性和互相關聯性。

從哥白尼開始，便開始動搖了人類這種半神存在全然處於宇宙中心的地位；我們發現自己是住在一顆小星球上，被位於中等星系邊緣的中型星體圍繞。接著出現達爾文，我們不能再把自己當成生命的中心。達爾文提供一個可把各種形式生命都定位上去的模型，而令人震驚的是，我們並不在這個模型的中心，只是無數套物種中的某一個物種，是織入整塊布料中分不開的一條線（但並非不可缺少的一條）。我們的體積越來越小，卻也同時發現，自己參與了龐大而美麗的一齣戲，叫做「生命」。

在「生態學」出現以前，我們是以金字塔的隱喻來理解這個世界，上帝在頂部，人緊隨在次，再來就與一大群下方的生物和物質明顯分開。在這個模型中，資訊和情報只會單向流動，從有智慧的頂部流動到「基礎」的底部；我們身為宇宙的主宰，對於剝削金字塔下層的生命和物質從不覺得不安。

生態的視野改變了。我們現在越來越不把生命看成一個無限層層相嵌的巢狀系統，而是資訊往四處流竄的複雜網狀系統，這個系統本身，以及當中的一切，都是有創意的。我們不再需要去想系統外有沒有更高智慧的存在；這個生命智慧茂密交織的領域，已可堪稱是「創造」的神作。

生態觀點並不限於有機世界。隨之而來的是瞭解智慧本身如何誕生的新方式。在這個經典的畫面中，看得到有偉大觀念的偉人……而現在我們比較想知道

怎樣可以更豐富，是無數的思想匯集出這條創新之河。這並不意味著我們不再仰慕偉人的成就，而是把它們同視為造就環境的因果，使我們在思考犯罪和衝突、教育、文化和科學的社會制度設計時，有了分歧。

因此我們又重新評估這場戲中各種角色的地位。當我們體認到，故事中清潔工、公車司機和小學老師的戲份跟教授和名人的一樣多，我們就會開始給予他們應有的尊重。

二元性

史蒂方‧亞歷山大（STEPHON H. ALEXANDER）

哈佛大學物理學副教授

　　我走過布朗克斯東北部某個街區，以前我很害怕經過這裡，但這次我臉上卻是燦爛的笑容，因為我用字典裡的新俚語「二元性」平息了惡霸。當我走向東二二五街的二號車站時，有惡霸等著我，我說：「嘿，二位好嗎？」（Yo, what's the dual?）惡霸擁抱了我一下，然後跟我擊掌。我順利搭上車。

　　在物理學中，最美麗卻不被重視的一個觀念就是二元性。二元性可讓我們從兩個不同的角度描述一種物理現象；而通常必須要有創意的靈感，才能同時找到兩個。二元性的力量遠超出這長長兩句話的描述。究竟為什麼要用一種以上的方式來描述同樣的事？在物理學中，有些現象的單一描述無法涵蓋這個現象完整的意義；「超越」個體描述的整體性質會「突現」出來。我會舉兩個美妙的例子，說明二元性如何使突現的性質表露出來，然後以一個奇觀來做結。

　　大部分人都知道量子力學中著名的波粒二象性，光子（和電子）會實現其神奇的特性，可以解釋所有原子物理和化學結合的奇蹟。二元性告訴我們，物質（如電子）同時具有波和粒子的性質，視情境而定。奇怪的是，量子力學「如何」把波粒二象性呈現出來。根據傳統的哥本哈根詮釋法，波是前進的振盪，其中電子可以被視為粒子。

　　量子穿隧效應更奇怪，電子唯有具備波的性質才可以穿透屏障。古典物理學告訴我們，如果物體的總動能低於屏障的位能，就不會越過屏障（像山一樣）。然而，量子力學則指出，即使粒子的動能低於屏障的位能，粒子還是可以穿越（或穿隧）屏障。每當使用隨身碟或光碟機時，就會發生這種效應。

　　大多數人都認為，電子在金屬中的傳導是古典物理學中一個很好理解的性質。但是，當我們再深入一點就會明白，發生傳導是因為電子的波性質，可以把電子稱為通過金屬布洛赫波週期性晶格的波。當電子的布洛赫波產生相長干涉，

就會發生傳導。此外，波粒二象性還可以更進一步讓我們看到超導現象，電子（和其他半自旋的粒子，如夸克）如何無阻傳導？

如今，在我研究的量子重力與相對論宇宙學的領域中，理論學家正在利用其他類型的二元性來處理懸而未決的問題。這個全像的二元性是由李奧納‧蘇斯凱（Leonard Susskind）和傑拉德‧特‧胡夫特（Gerard't Hooft）率先提出，後來璜安‧馬多西納（Juan Maldacena）則以 AdS/CFT（反德西特空間／共形場論）的形式，歸結完成這個二元性的解釋。這表示，量子重力的二元現象一方面可用普通的重力理論（愛因斯坦廣義相對論的加強版）來說明，另一方面可用低維度的時空這種非關重力的物理學來說明。我們不禁會想，要是比照波粒二象性的精神，還可以從這種二元性中撈出什麼樣的新物理學？

在對於量子重力其他面向（如迴圈量子重力）的研究中，堅持全像二元性立場的研究人員還在探索全像真正的意義，以及實驗能夠預測到什麼樣的程度。

二元性讓我們能夠理解、利用物理學中超越單一分析觀點的性質。想像二元性是否會超越在物理學中的定位，進入其他的領域？再等上兩倍的時間，就會知道了。

二元性

雅曼達・蓋夫特（AMANDA GEFTER）

《新科學家》（*New Scientist*）叢書藝文版編輯、文化實驗室（CultureLab）創辦人兼編輯

　　它是最近從物理學中突現的奇怪觀念，採用兩種截然不同理論的描述；維度數量不同、時空幾何不同、物質結構不同。二十年前我們會說，這些肯定都是天差地遠和相互排斥的世界。如今有另一種選擇，兩個截然不同的理論，或許是彼此的「雙重性」，也就是說，它們可能是兩種基於相同現實的不同表現。

　　二元性以違反直覺之姿出現，但物理學中卻充滿了這個觀念。希望統一量子理論與重力的物理學家自己發現，有五個非常不同但一樣貌似有理的弦理論，令人困窘，不知該選哪個好，大家都期待「適用一切的理論」是一個，不是五個。而二元性確實是關鍵要素。值得注意的是，這五個弦理論都變成了彼此的雙重性，是基於單一理論的不同表現。

　　二元性最徹底的實現，或許就是理論物理學家馬多西納一九九七年的研究。馬多西納發現，有個形狀怪異的五維宇宙，其弦理論具有數學上的雙重性，符合粒子位於宇宙四維邊界上這種普通的量子理論。過去人們會爭論，世界是粒子構成的？「或」是弦構成的？二元性把這個「或」改成「和」，兩個互相排斥的假設，同可為真。

　　在日常用語的領域中，「二元性」有別的意思，表示一種嚴峻的二分法：男性和女性，東部和西部，光明和黑暗。但是，接受物理學家所定義的二元性，它就會變成有力的新抽象速記，一次比喻兩個不同觀念卻可能同樣為真的情況。我們的文化命題變得越來越兩極化，因此二元性的概念，顯得比過去任何時候都還要突兀卻必要。在日常生活中，它可以解決老是依賴布林值、二值邏輯與零和這些認知工具，講求不是真、就是假，答是或答否，「如果我是對的，那麼你就錯了」的問題。用二元性，就有第三種選擇。也許我的說法是對的，你是錯的；也許你的論點是對的，我是錯的；或者，也許只是我們反對的論點都適用於雙方。

這不表示我們要陷入某種相對論，或沒有單一的真理；應該是說，真理比我們過去以為的更微妙，偽裝成許多樣貌呈現在我們眼前，我們可以自己決定想看到它的哪一種樣貌。

悖論

安東尼・阿奎里（ANTHONY AGUIRRE）

加州大學聖塔克魯茲分校物理學助理教授

當一或多個有說服力的事實相互矛盾，與其他令人信服的真理發生衝突，或違反不可動搖的直覺時，就會出現悖論。令人喪氣，卻很有吸引力。許多人都認為，應該要避免、粉飾或打發掉悖論才是。然而，我們應該把它們找過來。如果找到了一個，把它磨利，把它推向極致，期望解決方法會自行浮現，因為解決方法一定會帶來真理。

歷史上充滿了例子和失敗的機會。我最喜歡的是奧伯斯（Olber）悖論。假設宇宙中充滿了大致均勻分布、永恆閃亮的星星。遙遠的星星看起來暗淡，因為它們只占天際的一小角，但在那個角度範圍內，他們亮如太陽表面。然而，在一個永恆和無限（或有限但無界）的太空中，每個方向都會在星星占用的角度範圍內。天際會像太陽表面那樣燃燒著發亮。因此，瞥一眼黑暗的夜空，即揭示了宇宙必定是動態的；動態擴張，或動態演化。數個世紀以來，天文學家都在設法處理這個矛盾，為了解決它，制訂出行不通的模式。儘管至少有一個正確的看法（愛倫坡！），但它的影響從來沒真正滲透到思考著宇宙基本結構的人，連一小群都沒有。愛因斯坦也是這樣，他把新理論套用到對於宇宙的研究，尋求一個可能永遠不合理、永恆和靜態的模型，為他的方程式想出了一個後來自己稱之為最大錯誤的詞，於是就沒發明出大爆炸的宇宙理論。

自然界似乎鮮少自相矛盾，因此悖論是一個機會，讓我們公開私藏的假設，找出其中有哪些必須放棄。而好的悖論可以讓我們更進步，並非只在於假設，還有過去用於製造悖論的模式也必須更換。粒子與波？並不是真理，只是便於瞭解的模型。整數與整數的完全平方數相同？不是瘋了，不過如果你發明了基數，那你可能瘋了。哥德爾（Gödel）說：「這個句子是假的。」可以當作任何自我指涉之正式系統的基礎，這樣的例子可以一直延伸下去。

接下來會有哪些矛盾的事？有幾件大事，我百思不得其解：熱力學第二定律是怎麼來的？除非宇宙一開始的條件是以某種方式微調而來，而且這種方式拿來解釋其他理論或任何事物，我們永遠不可能接受。如果宇宙是無限的，每個實驗的每個結果都會出現無限多次，那要怎麼從事科學研究？

　　什麼樣不可能的事情在煩著你？

追尋根本原因：人類「黑盒子」

艾瑞克・托普（ERIC TOPOL）

史克利普斯研究中心（Scripps Research Institute）轉譯基因體教授、心臟病學家

在工業、工程和品質控制的若干事宜上，根本原因分析（root-cause analysis）是迷人的概念。一個典型的應用，就是尋找「黑盒子」（防篡改事件資料記錄儀）去判定飛機墜毀的原因。這個盒子通常都是明亮的橙色，但這個術語是取暗物質的意思來象徵，是裝著幫忙照亮失事經過之關鍵資訊的容器。取得黑盒子的錄音，就是分析飛機失靈根本原因時的要素。

我們每個人都憑藉著數位身分和參與網路上的事件，而逐步變成事件資料記錄儀。不僅我們會發布自己的資料，有時不知不覺中，別人也會張貼關於我們的資訊，而這一切將會永久封存。就這種方式而言，很接近防篡改的性質。隨著使用生物感測器、高解析度影像處理（光是目前的攝影機和影片錄製就很多了，更別提還有數位化的醫療影像處理）和DNA定序越來越頻繁，人類事件資料記錄儀會越來越豐富。

在我們繁忙的網路生活中，不斷溝通、串連和分心，大家已經不太深入關心事發的原因，對於健康醫藥的態度就是如此；醫生很少探尋根源，如果病人出現常見的症狀，像高血壓、糖尿病或氣喘，就會開處方藥給她或他，而不去確定為什麼這個病人會倒下；發生這樣的症狀，說不定是一種新的慢性疾病，通常這些疾病都有特定原因，但醫生都不追根究柢。這種情況到了極致，就是人死了，原因不明，但現在很少會去解剖驗屍。醫生通常對於追尋根本原因都很消極，他們有相當的程度就代表了我們大多數人。諷刺的是，這種現象竟然發生在這個有能力找出解釋的時代，而且這種能力前所未有；大家都太忙了。

因此，要調整我們在數位世界的認知能力；在那個世界裡是不會缺乏資料的，應該使用這些資料，盡量全面瞭解為何會發生意外或不利的事，甚至為何一些大事會被揭發。這是一個太鮮少被開發的科學觀念原型。每個人都漸漸變成非

比尋常的事件記錄儀，也是所有事物網路的一部分。讓我們再深入一點。現在，任何原因不明的事，都值得探尋。

個人資料探勘

大衛・羅文（DAVID ROWAN）

《連線》（*Wired*）雜誌英國版編輯

前Google執行長艾瑞克・施密特（Eric Schmidt）很愛說，從文明綻放曙光到二〇〇三年之間，人類產生的資料有五艾位元組。現在，我們每兩天就製造出五艾位元組，而且頻率還在加快。在這個後隱私權期的世界中，無孔不入的社交媒體分享、GPS追蹤、手機基地台三角定位、無線感應器監控、瀏覽器Cookie目標鎖定、臉部辨識偵測、消費者意願分析，以及其他無止盡把個人存在痕跡登錄到資料庫的方式，遠超出了我們所能及的程度，大部分人民都無法從這些資料中獲益，不能幫助我們做出更明智的決定。行銷行業對於消費者會進行微目標鎖定的資料探勘，信用卡公司有反詐欺的個人資料分析，國家有「全面資訊警覺」（Total Information Awareness）的侵入性監視計畫；現在，把同樣概念回收的時候到了。我們需要多想想，如何探勘自己輸出的資料，以便擷取模式；在這些模式中，原始個人資料會被串連起來，變成可預測、可操作的資訊。如果個人資料探勘的觀念變成流行課題，我們全都會受益。

微軟早在二〇〇六年九月看出了潛力，當時，他們提出了「個人資料探勘」系統，並申請到美國專利第20,080,082,393號。這個系統會收到使用者自己提供或第三方收集的個人資料，接著把這些資料分析成「能夠識別機會和（或）提供建議，以提高使用者的工作效率和（或）改善生活品質」。微軟是否會好好處理你的生活日記，你可以自己決定要不要信任；但這種個人資料探勘，會造成「本來可以保持隱密的個人相關資訊卻被識別出來」，若又變成專利的狀態，就很難去怪罪了。

如果個人資料流可以被探勘，用來擷取模式，當作行動的參考，同為公民和整體社會一分子的你都會有所收穫。這樣的探勘，可以把你的原始資料轉換為預測資訊，預期自己的心情、提高工作效率、使自己更健康、情緒可以更自然流

露、發現自己學術上的弱點和創造力；你會想知道隱藏的訊息，意料之外的相互關係，自己一直沒意識到的趨勢和危險因子。在過度分享的時代，我們都要多想一想，靠資料來自我探索這件事。

　　有一個快速發展的小型自我追蹤趨勢已展現這種思維的潛能，那是受到凱文‧凱利量化自我，以及蓋瑞‧沃爾夫（Gary Wolf）資料驅動生活的啟發。在這種趨勢中，採用行動感應器、APP和視覺化介面，可追蹤與測量運動、睡眠、警覺性、生產力、藥物反應、DNA、心跳、飲食、財務開支，然後分享和展示研究成果，做為綜合瞭解的方式。使用的是叢聚、分類與發現原始資料規則的工具，但大多是簡單量化資料，從雜訊中擷取訊號（資訊）。

　　無論是匯集個人資料幫助科學理解（23andMe），或是讓使用者傳送的資料普及以激勵他人改變行為（traineo），這種思維所累積的回報，都是利他，而非利己。的確，正如丹尼爾‧康納曼、丹尼爾‧吉爾伯特（Daniel Gilbert）以及古樂朋和福勒的研究，在追蹤個人的資料上展現了強有力的精準結果，成為瞭解如何量化人類幸福、社交網路如何影響行為、疾病如何在群體之間傳播開來的關鍵。

　　資料都已經在某處，只待鼓勵大家去接觸、分享，並匯集成知識即可。

藝術和商業上的平行論

薩特雅吉特・達斯（SATYAJIT DAS）

衍生性商品與風險專家，著有《交易員、槍和鈔票：衍生性商品和極限金錢，炫麗世界中的已知和未知》（*Traders, Guns & Money: Knowns and Unknowns in the Dazzling World of Derivatives and Extreme Money*）

匯合（Confluence）的因素，對於掀起複雜系統中的變化極具影響力。談到風險，一個常見的例子就是「瑞士乳酪」理論。只有在所有的控制都失敗，瑞士乳酪裡的洞全部對齊時，才會發生損失。

大家都很瞭解，匯合是指單一情境下發生多個事件的巧合。但在不同情境或不同指導原則下的平行論發展，也可能會影響事件的成形。看似不相關的活動之間，有著邏輯相似、過程相似的巧合，表示未來的發展和風險可能也會非常相似。能夠進一步認識平行論（parallelism），就會改善我們的認知過程。

經濟預測的表現往往慘淡，於是約翰・肯尼思・加爾布雷思（John Kenneth Galbraith）說，經濟學家存在地球上的意義只是為了讓占星術士的形象好看一點。很少有經濟學家預測出目前的金融問題；然而在藝術市場上，發展的預測卻相當準確，特別是預測達米恩・赫斯特（Damien Hirst）的作品時；赫斯特是知名YBA（英國青年藝術家）的一員。

赫斯特最具代表性的作品〈生者心目中無謂之死亡恐懼〉（The Physical Impossibility of Death in the Mind of Someone Living），將一隻四英尺長的虎鯊以甲醛防腐，泡在重量超過兩噸的玻璃櫃中。廣告大師查爾斯・薩奇（Charles Saatchi）花了五萬英鎊把它買下；二〇〇四年十二月，薩奇把這個作品賣給管理一百六十億美金之SAC投資顧問公司對沖型基金的創辦人兼董事史蒂芬・柯涵（Steven Cohen）。大家認為柯涵花了一千兩百萬美金買下這個作品，還有人指稱他「只」花了八百萬美金。二〇〇七年六月，赫斯特想出售一個比照真人頭骨大小、以白金鑄造的骷顱頭，上面鑲嵌了八千六百零一顆密釘鑲法的工業級鑽石，重一千一百零六克拉，價值一千五百萬美金，其中包括一顆在前額中央的粉紅色

鑽石重五十二點四克拉，價值四百萬美金；這個作品就是〈為了上帝之愛〉(For the Love of God)，表示 *memento mori*（拉丁文的「記住，你必將死亡」之意）。這個作品的開價五千萬英鎊，是赫斯特「超越信仰」秀的一部分。二〇〇七年九月，〈為了上帝之愛〉被全額回售給赫斯特和一些投資者，等待之後再轉售。

〈生者心目中無謂之死亡恐懼〉的售出，代表著這股市場上難以抗拒之熱潮的最後一波。正如任何一種經濟指標，〈為了上帝之愛〉出售失敗，清楚標記下顛峰狀態的臨界點。

平行論暴露出不相關目標之間，具有共同的思考過程與類似的評估方法。對沖基金的經理人越來越富有，而赫斯特這樣的藝術家，就是滿足他們炫耀性消費最好的選擇。吹捧過高的價格，表示多餘到不合理。從赫斯特的作品，甚至作品標題受歡迎的程度，可以看出這些金融家傲慢的自我形象。在〈生者心目中無謂之死亡恐懼〉中，鯊魚上下顎大開，彷彿準備吞下獵物，反映出對沖基金殺手們的本能，是金融市場上大家畏懼的掠食者。有人引述柯涵的話，他說「喜歡整體的恐懼感」。日本藝術家村上隆的作品也可確認這一點。村上隆受到十九世紀葛飾北齋版畫〈神奈川衝浪裡〉(The Great Wave off Kanagawa) 的啟發，繪製了兩幅〈727〉，畫中以 Mr. DOB（後核子時代米老鼠）為主角，像一個駕著雲的神，或一隻乘著浪花的鯊魚。第一幅〈727〉由紐約當代美術館收藏，第二幅則到了柯涵手上。

在引發人性考驗的危機中，平行論也是明顯的肇因。人們普遍承認，債臺高築是當前全球金融危機的主要因素，卻忽略了債務的邏輯與其他問題的基礎脈絡相似。金融體系與不可逆轉的氣候變化，以及石油、糧食和水等重要資源短缺的問題之間驚人地相似。經濟成長和財富，都是靠借來的錢。負債的機制，就是社會向未來借貸的機制。它會加速消費，今日拿貸款去購物，而不保證明日一定能償還。社會污染了地球，造成環境發生難以逆轉的變化。有限的自然資源被賤價濫用，沒有適當考量到保育問題。

在每個領域中，社會都向未來借貸，再把問題推向未來。追求目前成長和短期利潤的同時，代價就是不會立即顯現（之後卻會浮現）的風險。

把這樣的問題當成短期思維和貪婪來處理，很膚淺。解決方法背後的關鍵認知因子，與解決向未來借貸、再把問題推向未來這種問題的過程相似。這種過程持續套用在不同的問題上，而不考慮問題的相關性、適用性或有利條件。如果這樣的平行論存在，它可以自給自足、日益壯大，很可能導致整個系統崩潰。

辨識與瞭解平行論，是改善我們認知工具的一種方式；可以提供更容易預測特定趨勢的機制，也可以增進人們對於不同指導原則的辯證深度。而這必須克服過度分門別類和狹窄的教育指導原則、嚴格的體制結構，以及分析解決問題時方法的受限。

創新

羅倫思‧史密斯（LAURENCE C. SMITH）

加州大學洛杉磯分校地理、地球與太空科學教授，著有《2050人類大遷徙》
（*The World in 2050: Four Forces Shaping Civilization's Northern Future*）

身為科學家，我們很能體會今年Edge大哉問的用心。我們以前也自問過很多次，就在實驗室裡，坐在椅凳上或電腦前，度過一無所獲的日子之後。要是想得出新辦法，更快速處理傳遞的資訊，把資訊詮釋得更好，把全世界充滿雜質的資料洪流都調理得清楚明白，那就太好了。總之，要大腦放棄自己熟悉的思考邏輯，然後創新。

「創新」一詞當然已經變成某種陳腔濫調。一想到它，腦中首先會浮現的是固執的執行長、聰明的工程師和坐立不安的藝術家，最後才是有條不紊、對資料痴迷的科學家。但我們有多常去思考，在假設測試、數學約束和依賴資料的實證主義等等這麼乾澀的領域中，創新所扮演的認知角色？

在科學的世界中，當宇宙想要盡可能保住自己的秘密時，創新可以幫助我們拓展思考，尋找解釋。這種「我可以」的態度，使我們在這個受到質量能量連續性、絕對零度或克勞修斯－克拉佩龍關聯（Clausius-Clapeyron relation）等高度約制的世界中，不但沒有削減價值，還變得更可貴。創新是探索周遭，跨越這些藩籬的重要動力；即使科學界反對你的聲浪排山倒海而來，也能臨危授命，幫你打造難得、精采的突破。

從科學的角度重新審視這個詞，會讓我們想起這種認知工具的極致力量，而這是大多數人早已經擁有的。透過創新，我們可以超越社會、專業、政治、科學，以及最重要的，個人的極限。或許我們該更頻繁地使用它。

吉布斯景觀

凱文‧韓德（KEVIN HAND）

噴射推進實驗室（Jet Propulsion Laboratory）行星科學家

　　生物的世界很少浪費。當然，對個別有機體而言，在繁殖和其他活動上都有大量的浪費（想想樹上所有的果實，或衝向卵子的賽跑中數以百萬計輸掉的精子）。但在生態圈中，某隻蟲的垃圾會是另一隻蟲的寶貝；前提是仍可透過環境中其他的反應方式，從垃圾中粹取出某些有用的能量。食物鏈並不是掠食者與獵物之間的關係這麼簡單進行的機制，而是複雜有機體彼此之間以及與環境之間，為了挖掘一切可能產生能量的利基，所產生之大大小小、微觀的交互作用。

　　陸地生物學家和天體生物學家可以測量與探勘出那樣的能量，稱為吉布斯自由能（Gibbs free energy）；要評估地球上生命的能源限制，以及其它星球上可能適合人類居住的地區，找出吉布斯自由能會非常有用。在一個生態圈中，吉布斯自由能（以它的發現者，十九世紀晚期的科學家約書亞‧吉布斯〔J. Willard Gibbs〕為名）就是生化反應中可用的能量，是產生一些必要餘熱與一、兩團的熵後，遺留下來的能量。生物系統會利用這個可用能量，進行修復、成長和繁殖。對於在生命使用的指定代謝途徑，如氧氣對碳水化合物的反應，可測量出反應物每摩爾有多少可用焦耳的能量。人類，以及基本上所有我們熟悉和喜愛的動物，通常都是透過氧氣燃燒食物，充分利用每摩爾好幾千焦耳的能量。微生物則有各式各樣的辦法，可結合各種氣體、液體和固體，利用吉布斯自由能。托里‧赫勒（Tori Hoehler）與美國太空總署艾姆斯研究中心（NASA Ames Research Center）的同事，測量會食用硫酸鹽以及產生甲烷的微生物，得出生命的能量極限可能大約每摩爾十焦耳。在特定的環境中，可能有許多化學反應的途徑在運作，而如果有個開放的能量利基，生命很可能就會找到方法去卡位。我們可以把生物生態圈繪製成能源利用反應和途徑的景觀圖，這就是吉布斯景觀。

　　文明，以及工業生態圈和科技生態圈的崛起，使我們在理解能源需求與資源

之間的動態時面臨了新挑戰。吉布斯景觀是可用來概念化這種動態的抽象速記；我們可以想像，在任何特定城市、國家或陸塊之上鋪著一片可用能量圖，包括（且遠超出）如同生物生態圈所使用的化學架構；舉例，使用內燃引擎靠空氣代謝汽油的汽車、食用發電廠或屋頂太陽能電池板供電的大樓。現代工業社會中的每一分子，都占有這個景觀中的部分利基。

重點是，現在吉布斯景觀中許多好地方都充斥著無人占用的利基。在利用文明生態圈的可用能源上，我們所設計、建構的系統並不完備，效率也不彰；許多設計出來的事物都非常容易產生餘熱，卻鮮少把如何達到最佳使用成果納入考量。從整夜點亮的燈，到填滿廢棄資源的垃圾填埋場；今日的吉布斯景觀之中，還有很大的空間適合用於科技的創新和發展。吉布斯景觀也是一種把未開發可用資源量視覺化的方式，從中輕輕鬆鬆看出太陽能、水力、潮汐和地熱的層次，知道可到哪裡把系統的迴路封閉起來，將各自游離的新科技文明串接起來，以及如何才能達到這些目標。

當我們開始用吉布斯景觀的角度來觀察周遭世界，就會看出現代科技生態圈和工業生態圈中還有許多尚未被開發的潛力。這一開始會令人不安，因為到目前為止，我們所努力的成果竟是如此貧乏；然而，文明與科技之間的結合才剛開始。數十億年來，地球上複雜的生物生態圈已達到這麼好的平衡和連續狀態，而隨著我們不斷創新、力求達到同樣的狀態，這個景觀圖將為我們提供樂觀的理由。

黑天鵝科技

維諾德・柯斯拉（VINOD KHOSLA）

科斯拉風險投資公司（Khosla Ventures）科技企業家和風險投資家、前 KPCB（Kleiner Perkins Caufield & Byers）風險投資公司普通合夥人、昇陽電腦（Sun Microsystems）公司創辦人

回想十年前的世界，Google剛在起步階段，Facebook和Twitter不存在，沒有智慧型手機，沒人可設想得那麼遠，看出當今iPhone中成千上萬APP的可能性。在過去十年間所發生的，少數衝擊深遠的科技（相對於科技上略增的進步）就稱為黑天鵝科技。納西姆・塔雷伯（Nassim Taleb）在他的著作《黑天鵝效應》（The Black Swan）中，把機率低、衝擊高，而且不能預測，只能回顧的事件，定義為黑天鵝。黑天鵝效應可好可壞，而且各個領域都找得到。不過我還是相信，應該把黑天鵝科技當成每個人認知工具中的概念，這有其迫切的理由，不外乎我們在氣候變遷和能源生產上所面臨的挑戰太大，無法用已知辦法來解決，也下不了保守的賭注。

記得十五年前，我們開始做瞻博網路（Juniper Networks）時，絕對沒人對使用網際網路協定取代傳統電信基礎架構（「非同步傳輸模式」才是王道）感興趣。畢竟有幾千億的錢投資在傳統基礎架構，看起來就像當今的能源基礎架構這般不可動搖。要是因循舊有觀念，就會建議逐步改進，把現有基礎架構的潛力發揮到最大；基本上，因循舊有觀念的缺點就是不承認黑天鵝的可能性。未來很可能並非傳統經濟計量學所預測的，而今天的不可能，也會變成明天的舊有觀念。誰會那麼瘋狂，在二○○○年就預見印度到了二○一○年會有幾乎兩倍的人可以擁有手機，就像家常便飯一樣？曾經只有非常富有的人才配擁有無線電話。有了黑天鵝科技，就不必受目前基礎架構、預測或市場的約制，於是改變了設想。

許多人認為，既然已有一些替代能源的科技，就應該迅速部署，但他們沒看到黑天鵝科技可能的潛力，低估了黑天鵝科技，因為他們把「不可能」誤認為「不重要」，無法想像科技的可能性；光是這點就有風險，會把大量金錢投入在

過時的舊有觀念上；甚至更重要的一點，這不會解決我們所面臨的問題。著眼於短時間內漸進的解決方案，只會分散我們對於努力達成改變能源和社會資源相關假設的注意力。目前並不缺乏漸進改善的既存科技（無論是薄膜太陽能電池、風力渦輪機，還是鋰電池），但偏偏全部加起來，仍是無法解決我們所面臨的、這種規模的問題；那些既存科技或許可以創造出有趣，有時甚至是大型的企業，但不會影響能源、資源這麼普遍而大規模的問題。為此，必須找尋並投資成功率低的科技量子跳躍，必須創造黑天鵝科技，讓只有科技可締造的資源成倍數成長。

那麼，這些新一代科技是什麼，所謂能源上的黑天鵝科技？是有風險的投資，失敗的機會很高，但若成功，就是科技的一大躍進，保證產生翻天覆地的影響，如讓太陽能發電比煤炭便宜，或不必靠補貼就足以實施；讓照明和空調提升百分之八十的效能，更為經濟。想想看，效率多百分之百的汽車引擎、超廉價的能源儲存方式，以及其他無數還不能想像的科技大躍進。只嘗試一次，當然不可能實現這些。但嘗試了上萬次之中，即使像Google一樣的成就只有十個，也會顛覆舊有觀念、經濟計量的預測，以及最重要的，我們的能源未來。

要辦到，必須利用、激勵聰明的腦袋，以一套對於未來的全新假設改造社會的基礎架構，問：「可能會是什麼？」而非「是什麼？」。必須打造適合創意主張和集體智慧的動態環境，跨領域產生創新的想法，並使它們能夠成功實現；必須支持一種鼓勵冒險創新的社會生態圈。任何（甚至所有）事物都是可能的，正所謂黑天鵝科技的概念，其普及化，就是把正確思維灌注到企業家、決策者、投資人和公眾的基礎條件。用正確的市場訊號和鼓勵方式去利用和激勵聰明的腦袋，一套今天難以想像的、對於未來的全新假設，將會成為明天的舊有觀念。

擺爛學

葛羅莉雅‧歐里吉（GLORIA ORIGGI）

法國國家科學研究中心尚尼卡研究所（Institut Jean Nicod, CNRS）哲學家

有個重要概念可解釋人生為何往往爛透了，或對低品質的回報有怪異的偏愛，那就是「擺爛學」（kakonomics）。

根據標準的賽局理論，無論人們交易的目標是什麼（想法、服務、貨物），每個人都想從別人身上得到高品質的成果。把所交易貨物的品質水準制式化，結果只有兩種，不是高品質，就是低品質。擺爛學（源自希臘文，期待最差結果的經濟學）是形容，人不僅對提供低品質貨物以獲取高品質貨物（標準的傻瓜回報）有典型的偏好，實際上還「更偏好」無論提供、獲取的貨物都是低品質，也就是默許以低品質交換低品質的現象。

怎麼可能發生這種事？這怎麼會合理呢？即使懶惰，寧願提供低品質的成果（如寧願為一本二流的期刊寫文章，只要對方不要求我們下太大的功夫就好），應該還是比較喜歡工時短一點，收穫多一點，也就是說，提供低品質並獲得高品質。擺爛學並非如此；聽著，我們不僅只想提供低品質的產品，還接受低品質的交換！

擺爛學是一種奇怪但普遍的現象，偏好交換二流的結果，只要沒人抱怨就好。生活在擺爛世界裡的人們，不僅對彼此的要求寬鬆，還期待就是要如此：我不是信任你會完全遵守承諾，而是我想擁有自己不必遵守承諾、也不想因此愧疚的自由。擺爛學有趣和奇怪的地方在於，在所有擺爛的交換之中雙方似乎簽了雙重契約，在正式契約中，彼此都宣示要交換高品質的意願，但在默契上，不但允許打折扣，還期待能夠這麼做，因此，沒人搭了便車。擺爛學這種社會規範，憑靠的是對於品質打折扣的默契，雙方都接受二流的結果，只要他們敢公開堅稱那其實是一場高品質水準的交易，彼此就會滿意。

舉例來說，某位很有名氣的暢銷書作家必須把拖稿太久的稿子交給出版社。

他的讀者很多，他也非常清楚，人家會因為他的名氣來買他的書，而且反正普通的讀者不會讀超過第一章，他的出版社也知道這一點。因此，這位作家決定交出虎頭蛇尾的作品（低品質成果）。出版社很高興，並恭喜這位作者，彷彿他交出了曠世巨著（高品質的形容詞）似的，然後雙方都很滿意。不僅這位作家寧願交出低品質的作品，出版社也以低品質的標準來回應，不會認真校稿就同意出版。他們互相信任對方的不值可信，默許雙方的低品質成果，認為那是有益的。無論是否存在著「低品質對雙方都有好處」的默契，總之這就是擺爛學。

矛盾的是，要是其中一方有高品質、而非期望中的低品質表現，另一方就會憎惡，把這視為違反信任原則，即使他可能不會公開承認這種情緒。在上述的例子中，要是出版社校稿出來的品質很高，作者可能就會憎惡出版社。在這個關係之中，值得信賴這件事也意味著提供低品質。要是某一方也提供低品質、而非高品質的成果，另一方肯定就會願意一再與對方往來，這與賽局理論中的囚徒兩難（Prisoner's Dilemma）相反。

擺爛學不見得總是壞事一樁，有時候，允許一定程度打折扣，每個人的生活都會輕鬆點。我有位在整修自己托斯卡尼鄉村別墅的朋友告訴我：「義大利的營建商從來不會履行他們答應過的事，但好在也不會期待你像當初承諾的一樣付他們錢。」

但擺爛學的主要問題，以及為何它是一種難以根除之集體精神錯亂的原因是，每次低品質的交換都只達到當下雙方都滿意的局部平衡，長遠來看，這種交換方式卻會腐蝕整個體制。因此，對於優良集體成果的威脅，並不只來自搭便車的人和掠食者；正如主流社會科學告訴我們的，還會來自受完整規範的擺爛學，把交換的成果導向爛的品質。社會上的人會團結，並不僅僅是為了享受好事而合作；如果想瞭解為何生活爛透了，也該注意局部最優，整體卻惡化的合作常規。

造假

艾瑞克・維恩斯坦（ERIC WEINSTEIN）

數學家與經濟學家、納創集團（Natron Group）主席

　　最有潛力加強人類理解力的奧妙科學概念，可能不是來自學術界，你可能很難相信，是來自職業摔角界。

　　演化生物學家理查・亞歷山大（Richard Alexander）和羅伯特・特里弗斯（Robert Trivers）近來強調，對選擇性壓力系統起著決定性作用的往往是欺騙，而非資訊。然而，我們多半以為欺騙是交換純資訊時的干擾，使我們在真實可能早被虛假排擠掉的世界中，措手不及苦思著。特別是人類未來的選擇壓力，似乎可能會繼續憑靠具有這種核心概念的經濟理論，也就是假設存在著完美的資訊，並用來建構市場模型。

　　如果認真一點看待人類的選擇，因為無法想像任何事物實際上是否跟看起來的一致，可能就會想問，哪種嚴格的系統可以處理交疊的虛虛實實？這樣的系統已開發了超過一個世紀，目前支持的是個複雜、價值數十億美元，但純粹都是胡扯的商業帝國。大家都知道摔角界圈內人所說的「造假」（kayfabe），一個帶有神秘感的行話。

　　職業摔角是一種模擬的運動，因此擂台上面對面的競爭對手，實際上必須互相合作，組成一個隔絕掉外人的封閉系統（稱為「推舉」）。對手們是內部互相推舉出來的，他們的儀式化戰鬥，多半都是經過交涉、刻意設計和排練的結果，受傷或死亡的風險大大降低。在造假的情況下，結果早就預設好了，因此在摔角中，違反運動家精神的舉動並不算不道德；意外表現出真正符合運動家精神的舉動才是不道德。這種「破壞了造假」而不受歡迎的運動家舉動稱為「實戰」（shooting），照著期望中的劇本來演的，則稱為「工作」（working）。

　　要是造假成為我們二十一世紀的一種認知工具，毫無疑問我們會更容易瞭解，為什麼新聞中已經失去求證的職業精神？為什麼苦苦相逼的企業競爭對手之

間，竟然從合資到遊說，每件事都可以合作？要理解芝加哥宏觀經濟學家的「淡水」論點，與常春藤聯盟理論家「鹹水」論點之間的亂鬥，可能最好把它們當成同在「正統推舉」活動下發生的情況，因為兩邊都沒因為（同樣）無法預測最近的金融危機而受害。在理論物理學界中，弦論和圈論的陣營似乎也是這種例子，因為幾十年來，雙方確實都沒辦法提出與重力有關的量子理論，卻爭著誰比較有資格吹牛，顯然是在圈內合作著互相推舉的對手。

造假這個概念驚人之處在於，示範了某種最完整的過程，透過這個過程，各式各樣重要的企圖便可從失敗的現實轉變為成功的假象。大多數現代運動的愛好者都知道摔角是一種假運動，但很少人會記得，它是從稱為「擒拿」這種有真實輸贏的摔角運動演變出來的，二十世紀初期還舉辦過最後一場誠實的冠軍賽。典型的比賽可能會持續好幾小時，都沒有令人滿意的動作，或因為很多人看好而押注的運動員嚴重受傷便突然結束。這突顯出兩種矛盾風險之間的密切關係，這兩個風險代表摔角這類運動與人類其他活動的共通性：（甲）對參與者而言有偶然但極端的危險，而（乙）對觀眾和參與者而言，都同樣感到千篇一律。

企圖為廣大觀眾提供可信而吸引人的成果，同時去除容易危及參與者的意外劇變時，就會發生造假化（從現實轉變為虛假的過程）。因此，造假化是人類許多重要體系，例如戰爭、金融、愛情、政治與科學的特色。重點是，造假也說明了人抱持懷疑心態的程度很有限，可以先不去存疑，再把幻想和現實完全混為一談。最近摔角的謊言制度變複雜了，有時候摔角選手會發覺，為了擂臺表演而造假的通姦情節，後來在自己的現實生活中竟然成真了。最後甚至造假本身都變成造假成功的受害者，因為謊言膨脹到無法維護的程度，摔角界與外界重大體育賽事規範之間發生衝突。

強迫坦承職業摔角完全不含任何運動的成分，除了只是讓造假免受規範、免承擔責任之外，並無別的意義。從摔角運動中會發現不可思議的事情，觀眾似乎並不渴望現實，哪怕只有一點點真實的成分，本來由表演者扛起的欺騙責任，最後還是被卸下，移到自願被騙的觀眾身上，於是又回到了誠實的初衷。

看來，要上造假這道菜色的話，還是桌邊服務最好。

奧坎剃刀的愛因斯坦之刃

凱‧克勞斯（KAI KRAUSE）

軟體先鋒、介面設計師

一九七一年，我還是個少年，我父親在空難中喪生。不知為何，我開始變得「嚴肅」，想瞭解周遭世界以及我在其中的定位，尋找意義和感覺，開始體認一切都與過去純真童年時的想像不一樣。

這是我自己「建立認知工具」的開始，我記得發現事物時單純的快樂，貪婪地閱讀（與朋友和學校的節奏都不一致），拚命嗑百科全書、哲學、傳記和科幻小說。

有個故事令我印象深刻，尤其是其中這一段：「我們要好好利用塔爾格拉之劍（Thargola's Sword）！指的是吝嗇原理。這是中世紀哲學家塔爾格拉十四首先提出的，他曾說：『我們必須揮劍刺穿任何沒嚴格必要性的假設。』」

這段話真的讓我想了又想。

光要找出這位男士是誰可能就花了不少時間；不過這件事又開啟了另一段遨遊「知識」的故事，與圖書館談戀愛、大部頭書，塵土飛揚的封皮……，我的確發現有位來自橡木林小村莊的僧人，據傳名叫奧坎的威廉（William of Ockham）。多年後，他再次從我面前穿過，當時我在慕尼黑奧坎街附近講課，發現他生命中最後二十年的時光就是住在這裡，那是一三〇〇年中期，路德維希四世國王在位時。

以撒‧艾西莫夫（Isaac Asimov）曾偷走（或者說為了致意）威廉這位老先生的知名用語，也就是現在有各種表達方式的「奧坎剃刀」，意思就是：

在沒有必要的情況下不應斷定複雜度。

若無必要，勿增實體。

或者比較沒照拉丁文逐字翻譯，而更普通或口語一些的講法：

越簡單、訴諸越少假設的解釋，越好。

這就是從此以後令我在各方面都非常著迷的,「單純」與「複雜」之間的相互作用,對我來說,它非常接近「認識世界」的核心,而那就是問題所在。

　　無論是科學還是個人的問題,聽起來挺天真的「保持簡單」,有沒有可能真的是處理大小問題最好的策略?當然,試圖消除多餘的假設可能會是實用的原則,從薩根到霍金身上都可以發現這點,是他們的科學思考方式之一。不過我老是覺得不對勁;根據直覺,有時候事情很明顯就是不簡單,而且光是挑所有解釋中「最簡單的」,也不能當作真理或證明。

◎在任何偵探小說中,偵探都會自豪,他不是從最明顯的跡象中看出是誰做的,或如何發生的。
◎設計一台「高速轉彎時感覺最棒」的汽車時,需要非常複雜的系統,最後才能達到「很單純,就是好」的程度。
◎水流下坡的路徑都是曲折的,而不是直線。

　　不簡單的解決方案是「最簡單的」;換個個角度來看,對於水而言,能否用最少的能量流下淺坡,比起從某一點一直線流到另一點更重要。這就是奧坎剃刀的某種問題,「簡單」的定義是什麼?一點也不簡單。而「簡單」的東西是什麼?其實也沒有比較簡單。

　　「簡單」與「過度簡化」之間有很大的差異。「簡單的事物會導向複雜」,這個看起來更抽象的原理也會一併發酵,我一生都深受影響。

　　一九七〇年代初期,我也開始笨拙地修補第一台大型的模組化合成器,很快就發現,要再創聽起來似乎很「簡單」的聲音多麼不容易。

　　敲在琴鍵上一個簡單的音符有意想不到的複雜性,複雜到甚至能巧妙躲掉數十個大大小小振盪器和濾波器的捕捉。

　　最近在許多計畫中,有一個是重遊把科學視覺化的美學空間,另一個是讓數學上「碎形」的概念變得有形,那是我差不多二十年前就與程式設計大師班·懷斯(Ben Weiss)做過的事,現在靠著手上拿的小小智慧型手機,飛快地即時滑來滑去,就可享受這種樂趣。最極端的例子是,一條小公式,寫下來不到一行,可以遞迴使用,會產生出複雜美麗的影像世界,相當驚人。(就在本華·曼德博過世前幾個月,班曾在TED大會上特別愉快地給他看測試版)。

　　我對於過度使用吝嗇原則有遲疑,可引用愛因斯坦的話來充分形容,他說的

正是奧坎剃刀的反面刃：「事物該盡可能簡單，但不是把它想得太容易。」

因此我們就能善用這個遞迴使用的真理：無論是愛因斯坦還是奧坎，實際上都沒有用跟引述中完全一樣的字眼！在我翻了幾十本書、他的德文文集和信件，以及愛因斯坦檔案庫後，都沒找到；大英百科全書、維基百科或維基語錄中，也都沒有任何人能證實確切的來源；同樣的情況也發生在奧坎身上。要說發現了什麼，那就是它開了先例。

當然，人們可以靠轉推、部落格轉貼和反芻來快速堆積這樣的例子；它們當然已變成了模因。也可以說，在每個案例中，他們一定「可能」說過「就像這樣」的話，因為每個案例都用過幾種形式和精神相似的表達方式。但精確點來說，它們「有點接近」，因此就會變成另一種「沒那麼簡單」的情況！

而且「額外」和「多餘」的資訊之間存在著巨大差異。（否則不就可不讀出「愛因斯坦」〔Einstein〕第二段音節中多餘的「坦」〔ein〕）？

不談語言上的玩笑；剃刀和刀刃構成分析思考時實用的組合工具。剃光光不必要的猜測是件好事，值得列入「每個人的工具」，而「別剃過頭！」也是。

基本上，我的意思是，沒有什麼比簡單更複雜的了。

熱追蹤導彈

戴夫・溫納（DAVE WINER）

紐約大學新聞學訪問學者、電腦軟體開發先驅（部落格、播客、簡易資訊聚合〔RSS〕、Outliners、網頁內容管理〔WEB content management〕）

紐約，我的新落腳處。這個城市告訴我們，雖然人類是群居的動物，但是我們最好不要承認這件事。

當我們穿梭於曼哈頓街頭的種種障礙物之間時，常常會分神去注意在路上遇到的人們。如果你是站著不動的話，那倒還沒什麼問題。但如果你是在走動中，且又正巧與迎面而來的人眼神相遇，那就是你得要跟對方周旋一番的信號了。

這樣可不好，因為這是顯示出你的軟弱的象徵。不管迎面而來的人是否有意識到這一點，他或她都會利用你的軟弱，擋住你的去路，而且還能不跟你做任何眼神接觸。你求助無門。你能做的只是閃開讓路，但即使如此還是避免不了碰撞，因為你的敵人就是會無意識地轉移到你的面前。你的軟弱具有吸引力。他們很輕易就可以占據你前進的空間。在這個時候，你別無選擇，只能就這樣撞上對方；而依照紐約街頭散步的禮儀，這完全是你的錯。

這就是為什麼那些邊走路邊低頭玩智慧型手機、看簡訊和收發e-mail的人，簡直就是路上的霸主。他們是熱追蹤飛彈，他們尋求的就是你發出的熱源。

我並不覺得只有紐約有這種現象；這是人類共通的特性。我們想要尋求同伴。

二〇〇五年時，我曾在佛羅里達南部聖奧古斯汀（St. Augustine）外的海邊住一段時間。那裡的海灘很長，而且幾乎沒什麼人；你可以開車到海邊，找個適合的地點做海水浴，如果願意再走遠一點就可以享受孤獨的樂趣。所以我通常都會開到一個無人的地點，停好車，然後去衝浪。等我回到車子那邊時，幾乎每次都會發現我的車子旁停了另一輛車。其實周遭一英里內有很多空位，他們可以自己找任一個位子停，沒必要跟別人靠在一起。

把這現象列入你的認知工具吧。

纏結

馬可·亞科波尼（MARCO IACOBONI）

神經科學家、心理學與生物行為科學教授、加州大學洛杉磯分校大衛·格芬醫學院（David Geffen School of Medicine）阿曼森—羅維列斯大腦定位中心（Ahmanson-Lovelace Brain Mapping Center）穿顱磁刺激實驗室（Transcranial Magnetic Stimulation Lab）主任，著有《天生愛學樣》（*Mirroring People*）

纏結指的是「鬼魅似的超距作用」（spooky action at a distance）；這是愛因斯坦的解釋（他其實一點都不喜歡這個概念，但也不得不承認這個現象確實存在）。在量子力學裡，當其中一個粒子因為另一個粒子的變化而產生立即的改變時，就出現纏結現象。該現象中所謂鬼魅的部分是：我們可以將兩個「纏結的搭檔」盡量分離得越遠越好，卻無法解開他們的纏結。即使兩個粒子在物理上距離甚遠（我的意思是分別位於兩個國家！），但其中一個粒子若有了變化，另一個粒子一定會立即有反應。

纏結感覺像魔法一樣。我們很難去理解纏結的原理。然而纏結卻是實際存在的現象，我們可以在實驗室裡測量並重現這個現象。不過我們現在還發現更多事實。過去多年來，人們一直認為纏結是一種很細微的現象，只能在量子力學的極小化世界裡才能觀察得到（「真是太好了，我們普通人的世界裡可沒有這種怪東西！」），而且這現象也稍縱即逝，但最近的證據顯示，纏結現象可能比我們一開始所想的還要持久且廣泛。光合作用很可能就是藉由纏結現象而運作的，而最近的腦神經研究資料也說明，位於腦子裡相距甚遠部位的神經元群組，也是藉由纏結現象產生協調性電流活動（coherent electrical activity）。

纏結是很好的認知組塊（cognitive chunk），因為該現象挑戰了我們的認知直覺。我們的腦子似乎傾向以機械式的因果論來解釋自然現象。當我們無法理解某些現象時，就會訴諸非理性的思考——所以我們提到纏結時，就會想到魔法。纏結的粒子告訴我們，我們相信是如此的世界運作模式，可能會跟我們所瞭解的世界運作模式有很大的衝突。不過纏結也教導我們，若我們能堅守好的科學實驗原

則，亦即在一個理論框架之下去觀察、測量，並重現某種現象（或許可以用某個科學理論去預測），我們就可以解釋事物怎麼運作的。即使是像纏結這麼古怪的現象也可以理解。

纏結也是很好的認知組塊，是因為它悄悄告訴我們，有些看起來是因果論的現象，其實跟因果論完全無關。現代接種疫苗的發展進程（這很可能是現代醫學的最大成就），剛好與兒童自閉症開始出現的時間一致。這種時間上的一致性可能會誤導我們，讓我們以為是疫苗讓自閉症的症狀出現。同時，時間上的一致性也應該讓我們去懷疑過於直接的因果論關係，我們應該仔細檢視這個巧合，並且以控制實驗的方式去證明疫苗與自閉症之間是否真的有關連。現在我們知道，這兩者之間並沒有關連。但不幸的是，這種印象很難抹除，也讓許多父母做了具有潛在危險性的決定，那就是拒絕讓孩子接種疫苗。

纏結的故事正是一個人腦如何去理解幾乎超越人類能理解範疇的事物的最佳例子。上述關鍵字是「幾乎」。因為我們「已經理解了」，因此證明了我們是「可以理解」的。不過我們可不覺得自己做到了，不是嗎？直到我們藉由量子理論的預測去觀察、測量、重現這個現象以前，對我們來說纏結仍是「鬼魅似的」東西。（即使是現在還是覺得它很鬼魅，不是嗎？）人類會很自然地傾向去否定與自己所相信的事物不合的事實；且確實，當他們遇到這種狀況時，會自動地去強化自己過去所相信的一切，並掩蓋事實。纏結的美麗故事提醒我們，我們可以「超越人類的極限」，我們不一定要死命抓緊過去的信仰，且我們可以正確理解事物。我們也能夠理解如此鬼魅似的東西。

科技為人類發展舖路

提摩西・泰勒（TIMOTHY TAYLOR）

英國布拉德福大學（University of Bradford）考古學家，著有《人造猿：科技如何改變人類進化的方向》（*The Artificial Ape: How Technology Changed the Course of Human Evolution*）

「認知工具」的概念，是我們的認知裡頭最重要的一項。這可不只是一種譬喻；因為實際存在的工具和我們的想法之間具有深刻的連結關係，這種現象自遠古以來即有。

諸如進化以及久遠以前的史前人類等概念，都跟地球是圓的一樣，已經廣為人知。只有頑固或是輕信的人才會懷疑這些概念。但是第一個出現的人造石製工具其實是早於五十萬年前，而自此，腦部發展成為人類最重要的特徵，這件事情應該要讓眾人都知道才是。

我相信有一個科學概念應該要列入每個人的認知內，那就是科技早於人類發展，並且為人類的進化舖路。我們知道經由事物，並隨著事物一起思考，還有在腦子裡操控想像中的事物，是一種很重要的自我意識過程。我們藉由「抽象化」，並將「實際存在」的工具轉化為某種心理機制，得以內化自己的創造物，就是這種能力讓科技得以發展。

判斷時距

保羅・沙佛（PAUL SAFFO）

科技趨勢預測員、Discern Analytics預測部門常務董事、史丹福大學史丹福
X媒體研究網絡特聘訪問學者

　　五十年前，艾略特・賈克斯（Elliot Jaques）曾經擔任英國一家金屬公司的顧問，他發展出一個深入但引起爭議的洞見。他注意到，位於公司不同層級的員工會有差異極大的時間層（time horizon）。生產線裝配員專注於一個輪班時間內所能完成的任務，另一方面，經理則會將精力投注在需要花上六個月或以上時間才能完成的工作。同時，他們的執行長所追求的是必須花上數年時間才能實現的目標。

　　經過數十年來的實務研究，賈克斯的結論是，就像人的智力有高低不同，每個人處理依時複雜性（time dependent complexity）的能力也各有不同。我們都有自己覺得最舒適的自然時間層：此亦即賈克斯所說的「判斷時距」（time span of discretion），或者說是個人能成功完成一項任務所需花費的最長時間。賈克斯觀察到，組織用一種很隱匿的方式表明了它認知到這項特色，這一點可以由組織從頭銜到薪水的分配看出來。生產線裝配員是給時薪，經理階層是給午薪，而資深的執行長則是給予比較長期的獎勵，例如公司的股份。

　　賈克斯也注意到，有效率的組織通常由具有各種不同判斷時距的員工所組成，每一種員工都依照適合自己的自然時間層工作。如果某個員工的工作超過他的判斷時距，那麼這項工作就會失敗。但如果低於其判斷時距，該員工會覺得工作沒有挑戰性，因此而不快樂。

　　判斷時距即為在明確的時間框架內所能達成的任務。依照賈克斯的模式，我們可以依照分層系統來區分每個人掌握判斷時距的能力。層級一包含銷售助理或生產線裝配員等工作，亦即必須在至多三個月的時間內完成例行任務。層級二到四包含了各種類型的管理職位，時間範圍則是一到五年。層級五的職位包含小型公司的執行長，或是大型公司的副執行長，時間範圍是五到十年。層級五以上的

職位則有政治家和著名的企業領導人，他們天生所適應的判斷時距是二十年（層級六），五十年（層級七），或以上。層級八則是屬於其作為可以影響百年以上的思想家，例如亨利·福特（Henry Ford），而層級九是如愛因斯坦、甘地、伽利略等這樣的人，這些人有能力推動能持續影響未來數世紀的巨大任務。

　　賈克斯的概念在一九七〇年代曾廣為流傳，但後來就消失不見，因為有人攻擊這種分類方式會造成刻板印象，或更糟的是，會造成赫胥黎在《美麗新世界》一書中所描述的集權分層制度。但現在正是重新檢視賈克斯的理論，重新將「判斷時距」當作瞭解我們的社會結構的方式，並用其來解釋當今全球化社會所面臨的巨大挑戰的時候。或許如氣候變遷的問題很棘手，因為我們的政治系統是選了層級二的思想家進入國會，但我們真正需要的其實是層級五的思想家。因此，賈克斯的理論可能讓我們瞭解到，有句老話說「思考最長遠的人終將得勝」，但這還僅只說對了一半而已。若一個社會中的每個人都能明確地依照時間向度來思考該如何達成任務，這就是一個有效率的社會。

可廢止性

塔尼亞‧倫布羅佐（TANIA LOMBROZO）

加州柏克萊大學認知心理學家

從表面上看來，可廢止性（defeasibility）是一個很適當的概念，因為有其邏輯跟認識論上的根源。若有可能藉由新的資訊來「擊敗」某個推論，那麼這個推論就具有可廢止性。但可廢止性推論所推導出來的產物與符合邏輯推理的論證不同，儘管有確證，卻依然是屬於暫時性的推論，隨時都可以被更正。

所有科學性的宣稱——不管是記載於教科書上的聲明，還是不夠嚴謹的假設——都具有可廢止性。這是科學認證過程的品質保證，所有科學宣稱永遠都有可能被修正，或是被剔除，在未來隨時都有可能失去其重要性。但可廢止性並不是某種弱點，反倒正是科學之所以偉大的根源。正因為科學推論具有可廢止性，他們可以回應一個逐漸展露其特性，且隨著時間不停在改變的世界，而這些新的知識可能都與我們所熟知的假設相去甚遠。

可廢止性的概念在描繪人造或自然智慧的特性時，被證實是相當有價值的。日常生活中所做的推論就跟科學性推論一樣，隨時都受到新資料的嚴厲檢視——新資料的出現有可能擊敗先前的信念。經過更進一步的檢視，可能會證實原先以為是正牌骨董的其實是贗品，而被認定有罪的人反倒是無辜的受害者。面臨這麼一個充滿不確定的世界，迫使我們的認知系統得放棄安逸的邏輯推演，採用可廢止推論。

可廢止性是一個強大的概念，尤其當我們瞭解到，可廢止性並非只是謹慎的技巧模式，而是面對每一種信仰的正確態度。在盲目信仰與基進懷疑論之間還有很大卻空曠的空間，而可廢止性就在這其中找到安頓之處。無法取消的信仰顯得愚蠢，永無止盡的懷疑則會窒礙難行。可廢止性所提供的是一種探索這個不確定的世界時所需要的暫時性確信。

不管是在面對科學、政治、宗教，或是日常生活中各種微小事物，我們都必

須明白，我們所信仰的一切都具有被修正的潛在可能性，而這一點正是發展理性論述和進步的必要條件。請試著想像一個世界，在那裡，不管是當地還是全球的領導者，不管是我們個人或具有專業的朋友與敵人，若都能理解到他們的信仰具有可廢止性，並依此特性來行動的話，這個世界會是什麼模樣。至少對我來說，這會是個進步的世界。但當然，我也很有可能是錯的。

以太

理查・塔勒（RICHARD THALER）

經濟學家、芝加哥大學布斯商學院（Booth School of Business）決策研究中心主任，著有《推力：促進健康、財富，與幸福的決定》（*Nudge: Improving Decisions About Health, Wealth, and Happiness*，與卡斯・桑斯坦〔Cass Sustein〕合著）

我最近在Edge上發表一篇文章，向大家募集他們最喜歡的科學謬誤案例。我選出來的最佳案例是由克雷・薛基所提出來的。以下是文章節錄：

以太被認為是光傳播的媒介。以太的存在是藉由類比方式推論出來的——波浪需要藉由水傳播，聲音需要藉由空氣傳播，那麼光應該也需要藉由某種物質 X 傳播，而這個物質 X 就是以太。

我之所以喜歡這個案例，是因為這證明了我們要蒐集證據去證明一個不存在的東西，其實是非常困難的。以太是由十九世紀的理論所提出，而十九世紀的設備是無法檢測出以太是否存在，因此而出現大量形容以太的負面特質：它無味、無色，具有惰性，等等。

還有很多條目（例如「重力」）都跟以太具有相似的功能：它們都是可用來「解釋」一些難解事實的便利虛構理論。德國化學家和醫生馬克斯・佩滕科弗（Max Pattenkofer）在爭辯霍亂是否由細菌引發的問題時曾說：「細菌跟霍亂沒有任何關係！真正重要的是個人的體質。」

所以為了回應Edge最近提出的問題，我建議使用以太這個字以前的拼法（aether），因為現在已經沒有必要使用那個已證明是不存在的東西的字彙了。相反地，我建議用這個字彙來形容某些有相似性質的自由參數：像是，「以太是支撐我的理論的重點」。我們也可以把佩滕科弗說的「體質」這個字替換成「以太」，看會有什麼效果。

通常以太學者（依靠以太變數來支撐其理論的學者）認為，使用以太的概念可以讓自己的理論變得無懈可擊。他們終其一生都認為這種論點是合理的，但是後來出現了幾位頭腦清晰的實證學者，例如邁可森（A. A. Michelson）和艾德華‧墨利（Edward Morley），之後這在過去被視為永遠正確的套套邏輯（tautology）就成了往後科學謬誤的例證。

　　在我的專業領域經濟學裡，以太變數是極度常見的特性。為了做出理性選擇，我們必須極大化實質效益。

　　風險及風險規避是過去已經被清楚定義的概念，但如今卻面臨以太化的危機。能賺取出乎意料的高額金錢的股票被視為具有極大風險，因為依照理論，超額的收入也伴隨著較大的風險。如果很不湊巧地，依照傳統理論的觀測，發現風險（例如市場上的變數和共變異數）其實並不大，那麼這些以太學者還會告訴你，應該會有其他風險；只是他們不知道那是什麼。

　　同樣地，傳統上風險迴避也被認為是最基本的概念；每個人都有一個參數，即迦瑪值（gamma），迦瑪值代表了那個人的風險迴避程度。如今風險迴避被認為會隨著時間而改變，那些以太學者會一本正經地說，二〇〇一年及二〇〇八年的市場崩盤都是由於突然增加的風險迴避所造成的。（注意這其中的因果關係。股市下滑是因為風險迴避失效，而不是相反。）

　　所以，下次若你遇到這種理論，我建議你把那個讓人困擾的概念換成「以太」這個字彙。私底下我正在計畫要把會隨著時間變動的風險迴避變數改成「以太迴避」。

知識的假設性

馬克・帕傑（MARK PAGEL）

英國雷丁大學（University of Reading）演化生物學教授、聖菲研究所（Santa Fe Institute）外聘教授

德爾菲神廟有一個非常有名的神諭用來形容蘇格拉底：「他是全世界最聰明的人，因為他知道自己一無所知。」兩千年以後，數學家轉為歷史學家的學者雅可・布羅諾斯基（Jacob Bronowski）強調（在他於一九七〇年代製作的著名電視節目《人類的攀升》〔The Ascent of Men〕的最後一集），我們過度以人為中心的思想，且自負地認為人類知道一些真相，是一件很危險的事情，證據就是第二次世界大戰期間納粹的殘暴作為。蘇格拉底所瞭解的，以及布羅諾斯基所體會的就是，要獲得知識（真正的知識）很困難，甚至是不可能的事情。我們所獲取的知識有時候可能是誤解，有時候根本違反事實，而更重要的是，這些知識很可能無法達到完全的精確；依照我們對世界的觀察而得來的知識，其中永遠包含一些不確定的成分在內。

到底是什麼讓我們獲得的知識含有不確定的因素？不只是因為生活環境的複雜性；我們所觀測的所有事物中都包含了不穩定的因素。不管用多麼精確的方式去觀測，你仍然會發現還是有極小的機率有可能會出錯。

若你告訴我我身高六英尺，利用最精細的測量方式可以算出我的身高可能是五英尺十一又二分之一英寸，或是六英尺二分之一英寸，但是你（和我）也分辨不出這兩者有什麼差別。如果有些東西很小，你根本沒有方法可以去測量；若這個東西真的非常非常小，即使是使用光學顯微鏡（光學顯微鏡只能看到比可見光的最短波長還要大的物體）也看不出那個東西在哪裡。

如果你重複測量某樣東西，又會如何？

這應該有所幫助，但是請想想看由於重量和長度測量方式的國際標準所造成的困境。在法國的賽夫爾（Sèvres），你看到有塊金屬擺在玻璃櫥窗內。依照國際單位制（Le Système Internationale d'Unités）的法令，這塊金屬有一公斤重。所

以這塊金屬究竟多重？依照國際單位制的定義，不管如何都是一公斤。但有趣的地方在於，你無法再度計算出相同的「重量」。在某些年代，這塊金屬是低於一公斤，那麼你就無法在店裡賣到一個好價錢。但到了某些年代卻高於一公斤，而能賣到更多錢。

大眾媒體總用一種漫不經心的方式去報導科學「發現」，因此而掩蓋了要得到確切可靠的知識是多麼不容易這件事實。就我們所知，高度和重量還只是單一的尺寸而已。現在我們來想想看，若要測量如智力，或吃太多肉會致癌的風險，或大麻是否應該合法化，或氣候是否會暖化，以及造成的原因是什麼，或定義「抽象速記」和「科學」，或藥物濫用引發精神疾病的風險，或減重的最佳方法，或強迫人們接受政府補助金是否比較好，或監獄對犯罪來說是否具有遏止力，或該如何戒菸，或每天喝一杯紅酒是否對健康有益，或3D眼鏡是否會傷害孩子的視力，或刷牙的最佳方法是什麼，都是非常困難的事情。在上述每一個案例中，我們究竟要測量什麼？測量誰？他們的最照組是什麼？要歷時多長的時間？他們跟你我有什麼不同？是否還有其他可以解釋測量結果的因素？

知識具有曖昧不明的特性，這一點也提醒了我們，在我們詮釋和應用知識之時，應該要保持謙遜的態度，這種想法也讓我們在面對他人及他們的解釋方法時，保持容忍卻懷疑的心態。我們應該認為所有知識都是一種假設。直到最近才發現，布羅諾斯基曾服役於英國皇家空軍（他的家人都在奧許維茲集中營被屠殺），他幫忙計算該用什麼方法投擲炸彈，才能炸毀第三帝國的城市（彈道的射程非常殘酷，不分好壞地將所有人都炸死）。或許是因為有這樣的理解，才讓晚年的布羅諾斯基變得更謙遜，他知道我們有可能是錯的，而這錯誤的後果是讓許多人的性命付出代價。有一些熱中於貶低科學的人知道這樣的觀點，可能會歡欣鼓舞地高喊「沒有一件事情是真的」，並說科學及其產物就跟藝術和宗教一樣，都是人類創造出來的概念。這種想法非常膚淺、無知，且天真。

我們必須用謙遜的心態去對待測量方法及其產生出的「科學」和理論，因為這些都是去理解並操控世界的強大方式。觀察是可以被複製的──雖然不夠精確──不過大多數人會同意某些測量標準，不管測量的是智力、希格斯玻色子（Higgs boson）的質量、貧窮、蛋白質完成其三度空間結構的速度，或是大猩猩究竟有多大。

沒有任何一個系統可以像科學這樣取得知識，但這也正是我們在面對科學所做出的結論時必須保持謙遜的主要原因。愛因斯坦非常瞭解這一點，他說：「科

學觀察現實世界所取得的知識其實是非常原始且初級的，然而，」他又說道：「這是我們唯一能取得最珍貴的東西。」

定勢效應

耶夫根尼・莫洛佐夫（EVGENY MOROZOV）

Net Effect 部落格網路與政治評論員、《Foreign Policy》特約編輯，著有《網路幻影：網路自由的黑暗面》(*The Net Delusion: The Dark Side of Internet Freedom*)

我們應該在認知工具加上一條，那就是我們必須經常意識到定勢效應（the Einstellung effect）的存在。定勢效應比我們想像中還要普遍。當我們想要解決一個問題時，通常都會遵循以前的成功經驗，而不是去評估眼前新問題的特性，提出新的解決方案。儘管我們最終能成功解決問題，但也同時可能失去一個更快速、有效、機智的解決方式。

來想想下棋吧。若你是個熟知西洋棋歷史的高手，就會在棋局中看到一些你牢牢記在腦海裡的以前棋局的形式。因為你知道先前的棋局是如何發展的，所以你可能會尋求類似的解決手段。

在相似的棋局使用類似的解決手法，或許是正確的舉動，但如果是遇到其他狀況可就要注意了。你所熟知的解決方法或許並不是最理想的解決方法。最近一個研究棋士在下棋時的定勢效應顯示，當棋士的棋力達到某種程度的水準以上時，定勢效應就會失去其優勢；他們已經瞭解依靠熟知的解決方法會帶來某些風險，而且避免依照設定好的模式去行動。

諷刺的是，若我們認知工具裡的條目越來越多，我們就越有可能會落入依照過去解決方案行事的陷阱，而不是去問，眼前的問題是否跟以前處理過的問題有本質上的相異之處。若認知工具裡頭並沒有定勢效應這一個條目，那麼對我而言，這個認知工具就是有缺陷的。

感官的智人：有感情與理智的動物

艾德華‧沙爾榭多‧阿爾巴蘭（EDUARDO SALCEDO-ALBARAN）

哲學家、Metodo（聚集跨學科和跨國際的社會科學家組織）的創立者和管理人

　　過去三年來，墨西哥的毒販殘害了數百人，只為了確保他們運送古柯鹼的路徑。過去二十年來，哥倫比亞的販毒組織凌虐並燒死數千人，部分是因為他們需要更多的土地來種植毒品作物，以及運送古柯鹼。在上述案例中，這些犯罪者並不僅止滿足於賺十萬美元，一百萬美元這樣的數量，即使是最富有的毒販也會為了更多錢而殺人，或是被殺。

　　在瓜地馬拉和宏都拉斯，被稱為馬拉斯（maras）的幫派成員為了搶地盤，而在貧民區街頭展開殘暴的火拚。一九九四年，盧安達發生種族屠殺事件，只是因為種族不同，過去當了一輩子朋友的人如今成為會取你性命的敵人。

　　人類是開化文明的種族嗎？

　　上述這些可能只是少數案例。可是在任何一個城市，任選一條街道，都可能會有個為了買海洛因的十塊錢而願意殺人或被殺的小偷，也會有一些狂熱教徒以守護「憐憫的真神」之名而殺人或被殺，也會有個看似普通人的鄰居，因為車禍跟別人起衝突而殺人或被殺。

　　人類是理性的動物嗎？

　　以上這些案例讓我們看到，無意識的情緒反應，例如野心、憤怒，或焦慮，都會淹沒我們的理性。這些情緒反應持續對我們施展暴力，就像自然災害一樣——如同暴風雨或地震。

　　我們現代人將自己分類定義為「有智慧的智人」（*Homo sapiens sapiens*），亦即很聰明、很聰明的人。很顯然地，我們人類可以征服自然，不管是一般自然現象、病毒，還是暴風雨。然而我們卻會消費比我們所需求更多的物資，因此毀壞了自然資源。我們沒辦法控制自己過剩的野心。我們就是會屈服於性或金錢的誘惑。儘管我們的腦部有極大的進化，儘管我們有能力以抽象方式爭辯和思考，儘

管我們的大腦新皮質擁有令人驚異的力量，但內在的感情依然掌控了我們行為的動力。

根據神經醫學的觀察指出，人類腦部直覺反應的區域通常都是處於活躍的狀態。我們的神經系統經常受到決定情緒反應層級的神經傳導物質和荷爾蒙的控制。根據實驗心理學和行為經濟學的觀察，顯示我們並不總是以思考當下或未來的最大利益為前提去行動。過去我們認為經濟人（*Homo economicus*）的一個主要特徵就是理性預期（rational expectation），但是神經醫學卻告訴我們這一點無法成立。有時候人就是只想要滿足當下的慾望，不管那個慾望是什麼。

人類確實有其獨特的理性思考能力。沒有其他動物可以像人類一樣，能去衡量、模擬，和決定最大利益是什麼；然而，擁有這種能力並不表示人類就會去實踐這種能力。

爬蟲類腦（the reptilian brain）位於人腦深處，也是最古老原始的部分；爬蟲類腦掌管人類的本能和習慣反應，同時也具有保存有機體的功能。因為爬蟲類腦的運作，讓我們可以不用思考每一個動作的後果；我們得以如同自動機械和無意識感應器一般行動。我們走路的時候不會一一去思考下一步會不會踏在堅實的土地上。當我們感覺受到威脅時會想要跑開，但這不是出於理性的計畫，而是本能的反應。

唯有透過嚴厲的訓練，我們才能以理性戰勝本能。對大多數人來說，只有在我們並不覺得恐懼的時候，「別怕」這句安慰警示的話語才能真正發揮功效。我們人類的定義應該是，會依據感官接收到的訊息而產生的本能、感情，和無意識反應來採取行動，而不是經過深思熟慮的計畫。經濟人和政治人（*Homo politicus*）的名稱，與其說是描述性的模式，不如說是行為性的指標。藉由文明的討論來計算最大利益以及解決社會糾紛，是一種行為的烏托邦，而不是在描述我們究竟是什麼樣的物種。然而過去數十年來，我們在建立政策、模式和科學時，所依據的卻是這些假設，而非真正的現實。感官的智人才是正確描述人類的字彙。

那些自由派的超理性主義者（hyperrationalist）和保守派的超社群主義者（hypercommunitatian），都只是在誇大人類的其中一個面向而已。前者是過於誇大新皮質的能力：理性可以戰勝本能。後者則是誇大了內部爬蟲類腦的功能：人性是由感情和內聚力機制所組成。但是，我們人類其實同時擁有這兩種面向。我們身處於感官和智性的拉鋸之間。

感官的智人這個概念讓我們了解，我們人類就處於過度相信自己的理性能力，以及屈從於本能反應之間的地帶。這個概念也讓我們能更進一步釐清某些社會現象。社會科學家不應該總是在區分理性和非理性行為。儘管這麼做比較便利，但他們應該放棄實證主義式的片段資訊蒐集方式，並將各種科學領域的總和起來，以類比而非數位方式來解釋人類行為——亦即將人類定義為持續在感官和理性之間來去的物種。若能以這種修正的概念來思考，公共政策也應該會得到更好的建議。

人類的第一個重要特徵就是感官的部分，這部分讓物種得以行動、繁殖和保存自己。智性的部分則讓人類的心理層面得以在本體論世界的物質與能量，以及認識論世界的社會文化構成，想像、藝術、科技和符號的創建之間激發出火花。這兩者的結合讓我們明白人類及其祖先的主要特徵，那就是人類經常處於情感和理智的拉扯之間，且我們也可以藉此在生物和文化的進化之間尋找到一個立足點。我們並不是恐懼所有事物的膽小鬼，也不是對一切都能縝密思考的計畫者。我們是感官的智人，是有感情與理智的動物。

瞭解錯構症

菲利・庫許曼（FIERY CUSHMAN）

布朗大學認知，語言和心理科學助理教授

我們通常對自己行為的動機一無所知。我們所提出來的解釋經常都是編造出來的，而且也往往無法完全說明動機。不過錯構症（confabulation）給我們的感覺並不是如此；相反地，我們表現出一副知道自己在做什麼，以及為什麼會這麼做的樣子。這就是所謂的錯構症：為自己的行為提出看似合理的解釋，然後經過反思以後認為這些解釋是確實存在的。有些心理學家為了讓學生對錯構症的概念有更深刻的瞭解，常常提出一些誇張的例證。錯構症看似有趣，但也具有很嚴肅的面向。瞭解錯構症，可以讓我們在日常生活中以更好的方式去行動和思考。

有關錯構症的一些著名案例，常常都是出自因病情需要而以外科手術分離左半腦和右半腦的腦分裂患者。腦神經科學家已經發展出一些很機智的測試方式，我們若對右半腦提供某些訊息（例如給患者看裸體照片），另一個半腦就會做出某些行為反應（發出尷尬的傻笑）。接著腦分裂患者會被要求對自己的行為提出口頭說明，而掌管語言說明能力的是左半腦。患者雖知道自己在笑，但卻不知道那是因為看到了裸體照片，因此左半腦就會虛構出一些解釋自己行為的理由。（「我在笑是因為你一直問我好笑的問題，醫生。」）

這些腦神經疾病患者的錯構症狀確實會讓人目瞪口呆，但那有部分是因為這些症狀無法反映出日常經驗。我們大部分的行為都不是出自狡詐的腦神經科學家對我們的右半腦做出下意識暗示。當我們步出實驗室——當我們的大腦能正常連結時——我們大部分的行為都是審慎思考和無意識行動的綜合產物。

諷刺的是，正因為如此，才會讓錯構症變得非常危險。如果我們慣常地以錯誤方式來解釋說明自己的行為——就像腦分離患者有時候呈現的症狀——我們可能更應該意識到錯構症會為我們帶來更普遍卻不可見的影響。問題在於，我們對自己行為提出的解釋有部分是正確的，那是因為我們正確地瞭解自己有意識和深

思熟慮的行為動機。但不幸的是，我們把「部分正確」錯認為「全部正確」，因此我們不僅沒有意識到，也不肯承認潛意識對行為有同等重要的影響力。

舉例來說，我們會選擇一個工作，有部分是依靠仔細而審慎的考量，例如對該職業的興趣、工作地點、收入，和工作時間等。但同時有調查顯示，我們對職業的選擇也受到許多無意識的因素所影響。根據一份二〇〇五年的研究，名叫丹尼斯（Dennis）或丹妮斯（Denise）的人有很高的機率會當牙醫（dentist），而叫做維吉妮亞的人則很有可能會住在（你已經猜到了）「維吉尼亞」（Pelham, Carvallo & Jones, *Psychol. Sci.*）。還有另一個研究報告就不怎麼有趣了，它指出以平均看來，人們會選擇較不具優勢，工作地點較不佳，收入較少的工作，只因為他們不想在女性主管底下工作（Rahnev, Caruso & Banaji, 2007, unpub. ms., Harvard Univ.）。當然，人們並不想要只因為自己名字的發音就選擇了某樣工作，或是為了性別歧視的理由就犧牲工作品質。但事實上，人們確實沒有意識到是這些因素影響了自己的選擇。當你問他們為什麼要選擇這個工作的時候，他們通常會提出一連串有意識思考的過程：「我一直都很喜歡做義大利水餃，里拉的幣值也回升了，而且羅馬是所謂的戀人之都……」這個答案有部分是正確的，但也有部分是錯誤的，因為它忽略了人類行為當中位於底層的無意識過程。

人如果處於一個臭氣四溢的房間裡，他們就會做出比較嚴厲的道德標準判斷，這一點反映出，令人作嘔的氣味在道德意識的情緒中所扮演的角色（Schnall et al., 2008, *Pers. & Soc. Psych. Bull.*）。相較於非排卵期狀態，處於排卵期狀態的女性較少跟父親有所互動，反映出她們想要迴避亂倫衝動；在女性跟母親的互動中卻沒有發現這種行為模式（Lieberman, Pillsworth & Haselton, 2010, *Psychol. Sci.*）。有一群學生在流行感冒期間進行問卷調查，若旁邊擺設有洗手液裝置的話，受試者的政治觀念就會趨於保守，這反映了環境的威脅也會影響到意識型態的運作（Helzer & Pizarro, 2011, *Psychol. Sci.*）。受試者的手中若是拿著熱咖啡，而非冰咖啡時，就會對陌生人做出比較寬容、有愛心的評斷，這反映了「溫暖」的人際關係這個譬喻（Williams & Bargh, 2008, *Science*）。

無意識行為可能具有非常高的組織性，甚至是有目標性的。例如有研究顯示，人們會作弊到什麼程度，取決於在什麼範圍內他們沒有意識到自己在作弊（Mazar, Amir & Ariely, 2008, *Jour. Marketing Res.*）。這是個很值得我們注意的現象：你身上的一部分決定了你會作弊到什麼程度，而這個程度也成為另一部分的你沒有意識到自己在作弊的範圍基準。

人們擺脫這個詭計的其中一個方法，就是做出自己是無辜的錯構：當學生在為測驗做自我評分時，他們會想：「我會選E，我知道答案就是這個。」這不是在說謊，這就跟你說因為最近這個月很忙所以沒空給你爸爸打電話一樣，都不算謊言。這些只不過是不完整的答案，錯構症反映出的是有意識的思考過程，但同時也忽略了無意識的思考過程。

　　上述事實讓我們瞭解一個重點，那就是錯構症是日常生活中的重要概念，而非只是大學生在課堂上耍的小把戲。也許有時候你會注意到，人就是能嗅出別人行為底下不合宜的動機，但是當自己的行為動機也一樣不合宜時，卻置若罔聞。其他人的作為是不想屈居於女主管之下（性別歧視者），是誇大自己的成績（作弊者），而我們選擇羅馬，並且覺得自己真的知道勃朗特姊妹的老三叫做安妮。在這個雙重標準裡頭，有著雙重悲劇。

　　首先，我們過於快速地下結論，認為別人的行為反映了不良的動機和無能的判斷，並且將可能是受無意識影響的行為歸因於有意識的選擇。第二，我們假設自己的選擇只受到我們所想到的有意識說法的影響，卻拒絕承認或忽略我們心底也可能存在無意識的偏見。

　　藉由瞭解錯構症，我們可以矯正這兩種錯誤觀念。我們依然可以認為他人要為自己的行為負責，但不需要責難他們有意識的動機。我們也可以藉由檢視自己行為中受到無意識所影響的部分（這些部分是不可見也不被需要），來為自己的行為負擔起責任。

性選擇

大衛・布斯（DAVID M. BUSS）

德州奧斯汀大學心理學教授，著有《慾望的演化：人類尋找配偶的策略》（*The Evolution of Desire: Strategies of Human Mating*）、《女人為什麼需要性愛》（*Why Women Have Sex*，與辛蒂・梅斯頓〔Cindy M. Meston〕合著）

　　大多數人在提到「物競天擇」時，多半都會想到「適者生存」，「大自然的無情殘酷」等句子。這些句子都跟達爾文主義的生存競爭有關。大多數的科學家都知道，演化天擇是藉由成功繁殖可遺傳的差異性構造，而非因為具有差異性的個體可以成功生存下去。成功的差異性構造繁殖，多半歸因於成功的差異性配對，這也是達爾文在一八七一年提出的性選擇理論的重點。

　　達爾文發現，在性選擇的過程中有兩個分開（但有潛在相關性）的因果進程。第一個，性內（intrasexual）或同性競爭，意指同性成員在各種方面做相互競爭，例如體力或其他，優勝者有優先進行配對選擇的權利。具有較高素質的勝利者可以成功演化；其他失敗者則在演化的過程中消逝。隨著時間的轉變，演化即為性內競爭的結果。第二個，性間天擇（intersexual selection），也就是優先取得配對選擇的權利。若同性成員都同意，選擇配偶的條件是需要對方具有某種素質，而這些素質有部分也具有可遺傳性，那麼擁有所需求素質的另一性別成員就較具配對優勢。他們會首先被選為配偶。不具備所需求素質的成員則會被迴避、放逐，並始終找不到對象（或許屈就於其他素質較差的對象）。隨著時間的轉變，演化即為所需求素質的增加與不被需求素質的減少的結果。

　　達爾文所提出的性選擇理論在他的時代受到一些爭議，且在出版該理論以後，也被忽略了近一個世紀，但如今在演化生物學和演化心理學上卻茁壯成長為非常重要的理論。過去十年來，我們做了大量有關人類尋找配偶策略的研究，而且對性選擇已經有了更深入的瞭解。在每個人的認知內列入性選擇這一條目，能讓我們更加理解以往覺得曖昧不明的某些人類現象。在其現代模式中，性選擇理論提供了讓科學家與許多非科學家困擾的重要問題的答案：

◎為什麼男性和女性的腦部運作不同？

◎如何解釋人類尋找配偶的豐富策略？

◎為什麼性別間的衝突會這麼普遍？

◎為什麼男性和女性之間的衝突多半集中在性的議題上？

◎如何解釋性騷擾和性脅迫？

◎為什麼在世界上的每一個文化圈，男性的平均死亡年齡都比女性低？

◎為什麼大多數謀殺犯都是男性？

◎為什麼男性較女性對戰爭感到熱中？

◎為什麼較多男性成為自殺型恐怖主義者？

◎為什麼在實行一夫多妻制，且因此而出現許多沒有配偶的男性社會中，會
　比較盛行自殺型恐怖主義？

　　簡單來說，若能將性選擇理論加入每個人的認知內，我們就能更深入瞭解人
性的本質，瞭解我們對性和尋找配偶的沉迷，性差異的根源，以及許多困擾我們
已久的大型社會衝突。

證明完畢的時刻

巴特．科斯可（BART KOSKO）

南加州大學電器工程教授，著有《噪音》（*Noise*）

每個人都應該知道證明是什麼感覺。證明能把其他種類的信仰都貶低到遙不可及的二流地位。證明就位於認知確信標準度的遠遠那一端，且這標準度會隨著懷疑的等級而改變。大多數人都沒有過這種經驗。

若能完成一項證明，你就能理解證明是什麼感覺。這並不是找出教科書上的答案，或是回答出老師腦子裡預設的答案。當你踏上推論階梯的最後一個邏輯台階時，證明就出現了。只要達成了這項英勇的邏輯功蹟，你就可以歡樂地宣稱「QED」，即「這就是所要證明的」（*Quod erat demonstrandum*），或是「小事一樁」（Quiet easily done）。QED即表示，你已經證明或展示了自己想要證明的事情。證明並不需要是具有原創性或是令人驚訝的事物。只要在邏輯上具有正確性，就可以讓我們體驗到QED的時刻。能證明畢達哥拉斯定理就能讓我們滿足了。

唯一能完成上述證明步驟的通常都是數學和形式邏輯。每一步的邏輯推演都必須能保證在邏輯上充分合理。邏輯推演的步驟都必須一一經過雙重確認（binary certainty）。藉由雙重確認，才能導出最後的答案。就好像證明者必須要在證明的每一步驟裡將數字一相乘一樣。相乘的結果仍然是一。這就是為什麼最後的證明結果能夠讓我們宣稱QED。這也是為什麼，若證明者在某一步驟無法證明合理的話，證明過程就會嘎然而止。任何出於信仰的行為、臆測，或抄捷徑，都會破壞證明程序，且無法達成其對雙重確認的要求。

但其中的圈套在於，我們只能證明套套邏輯。

最偉大的數學雙重真理在邏輯上與套套邏輯相同，例如一等於一，綠色是綠色。這跟我們觀察真實世界所做的事實陳述不同，例如「松樹針葉是綠色的」，「葉綠素會反射綠光」。這些事實陳述只能表達近似狀況。在技術層面上，事實

陳述往往模糊而曖昧不清。事實陳述也通常帶有無法確認的可能性:「松樹針葉有很高的可能性是綠色的」。請注意,以上這句陳述當中包含了三個不確定成分。第一個是,綠色松樹針葉的定義其實相當模糊,因為在綠色和非綠色之間是沒有明確界線的;一切都只是程度的問題。第二個是,松樹針葉是否具有綠色的模糊屬性,也只是可能性的高低而已。而最後一個是可能性本身的強度問題。關於強度,所使用的形容詞也是相當模糊而曖昧不明的「高度」這個詞彙;因為同樣地,在有高度可能性和沒有高度可能性之間,也沒有清楚的界線。

沒有一個事實陳述可以像數學理論一樣,能呈現百分之百的雙重真理狀態。即使是像量子力學這樣準確的能量預測理論,也會有小數點的誤差。若是雙重真理的話,會要求其正確率能達到無限小數點的地步。

很多科學家都瞭解這一點,也為其苦惱良久。數學模式的邏輯假設前提只能大略符合該模式所意欲建立的世界。我們並不清楚基礎錯配(grounding mismatches)是如何影響模式預測。每一個受到感染的推論步驟都會減低我們對結論的確信度,如同乘以一以下的分數一般。現代的統計數據可以讓我們更確信結論,尤其若能有充足的樣本,或是若該樣本能夠非常近似該模式所要求的雙重假設。這麼一來,至少我們只要付出資訊做為代價,就可以增加結論的確定性。

從不完美的科學推論,到近似的三段式演繹法則,是很大的進步。有一些人爭論道,相似的前提應該會導致相似的結論。不過所謂的相似性也有其近似模式匹配(approximate model matching),例如內含有曖昧性質的因果行為,或不可見的心理狀態,例如動機和先見之明。法官最後判決的「認可」和「否決」,只能解決現實問題。但是這在技術層面上是「不合理的推論」(non sequitur)。介於零和一之間的任何數字都是小於一。所以唯有推論連鎖的步驟增加時,對於結論的確信度才會降低。法官手中小木槌所敲出的嘈雜聲響,並不能取代證明。

在我們使用自然語言的時候,這種近似推理可能會讓我們更接近 QED 的時刻。每天在我們腦子裡嗡嗡作響的爭論其實僅能達到低下的邏輯水平。這正是為什麼我們至少需要證明一樣東西——至少要體驗過一次什麼叫做 QED 的時刻。這種稀少而神聖理想的確定性,讓我們不會把它跟其餘水準低下的推論給搞混了。

理解和溝通的對象

理查・索爾・渥曼（RICHARD SAUL WURMAN）

建築師、製圖師、TED 發起人，著有《33：理解改變與理解中的變化》（*33: Understanding Change and Change in Understanding*）

我的夢想是，認知工具裡的項目充滿了能夠理解和溝通的對象。

我列入認知工具內的項目會一一回應我。它們會在我說話時對我點點頭，讓我變得更像自己，也會提供我第二、第三條能拓展好奇心的路徑。

這個認知工具是由無知和疑問交織而成，讓我想要追求更多的知識。

在這幅交錯的認知工具內，還有很多地圖與圖案，上頭綴滿能夠讓我選擇的項目，我也可隨心所欲地將這些項目黏合在一起。我想要有一個可以對我點頭的 iPhone/iPad/iMac。

我希望可以有個儲存電影檔案的資料庫。我希望用 iPad 和 Kindle 保存雜誌、報紙，和書籍檔案。

我希望可以有個新的程式，讓我能以不同等級的複雜度，以不同語言與其交談，它還能明白我的問題當中各種細微的差異。

我希望有個方法可以把我這些一閃而逝的靈感跟我的夢想結合。

我相信我們正在踏出第一步。

而這第一步讓我們感受到新程式所放射的光明未來。

生命猶如副作用

卡爾·季默 (CARL ZIMMER)

記者、The Loom 部落格版主,著有《糾纏的河岸:演化掠影》(*The Tangled Bank: the Introduction of Evolution*)

自從查爾斯·達爾文出版他的《物種原始》已經一百五十年,時至今日我們依然很難領會這個簡約、傑出論點的核心。那就是,並沒有所謂生命的多樣性,因為對生物來說,多樣性正是必要事物。鳥並不是因為有了翅膀才能飛翔。人類並不是因為有了眼睛才能閱讀。相反的,翅膀、眼睛,和其他生物身上各種美妙的功用,都是因為生命的副作用才出現的。生物掙扎求生,他們會繁殖,但是並沒有辦法完美地複製自己。演化就是這個循環產生的副作用,就像引擎的副作用是發熱一樣。在試圖理解生命猶如副作用時,我們已經慣於在其背後尋找動力來源。我想每個人都可以克服那種想要在一切事物背後尋找動力的衝動,因為其實並沒有什麼所謂的動力。這也說明了,為什麼我們總是會在一開始時先去尋找其背後的動力來源。

維克效應

葛雷哥利・克區蘭（GREGORY COCHRAN）

猶他大學人類學講座教授，著有《一萬年大爆炸：文明如何加速人類
的演化》（*The 10,000-year Explosion: How Civilization Accelerated Human
Evolution*，與亨利・哈本汀〔Henry Harpending〕合著）

我們都熟知某種相當惹人不快的修辭策略，恐怕我們大多數人都多少會在別
人身上運用這種策略。我稱這種修辭策略為「維克效應」（第一種）*——當某人
為了符合他比較想要的結論而竄改證據的標準時，維克效應（Veeck effect）就出
現了。

為什麼是維克？比爾・維克（Bill Veeck）是個出名的棒球隊老闆和出資者。
在他的自傳《維克——受挫的人生》（*Veeck - As in Wreck*）中，他提到他如何在
密爾瓦基釀酒人隊（Milwaukee Brewers）球場的右外野設置一個可動式圍籬。剛
開始的時候，他只有在隊伍裡有許多強大的打擊者時才會把圍籬立起來，但後來
他越做越過分，輪到客隊擊球時他就把圍籬立起來，輪到主隊擊球時則把圍籬放
下。

科學的歷史就充滿了這種可動式圍籬。根據燃素（phlogiston）理論的預測，
當鎂燃燒的時候會釋放燃素。但是實驗證明，鎂燃燒以後反倒會變重，這對燃素
理論就很不妙了；但是燃素理論的支持者還是很樂觀地解釋，這是因為燃素具有
負重量（negative weight）特性。

想想約翰內斯・克卜勒吧。他發現可以用五個套疊的柏拉圖多面體（Platonic
solids）來解釋（當時已知的）六大行星之間的距離。這理論可以適用於地球、
火星，和金星，但是卻沒有辦法用來解釋木星。他放棄思考木星的問題，並說：
「既然木星的距離這麼遠，我想沒有人會在意這件事。」當然，克卜勒的理論也
無法適用於其他星球，不過幸好天王星是在克卜勒過世後才發現的，所以他一生
都過得心安理得。

想要讓證據維克化的衝動幾乎可以在各個領域內看到，不過真正最常見的是

在人文和歷史科學領域。在這些領域內，那些否定所謂無稽之談的明確實驗結果通常都是不可能、不實際，且不合理的。其中擁有最強烈維克化傾向的人就屬文化人類學家了，他們似乎除了一再翻修食人族的名聲以外，就沒有其他存在意義。

有時候他們會否定某個特定食人族群的存在，例如美國西南部的阿納薩齊（Anasazi）。那裡找到了堆積如山的例證證明食人族存在。考古學家找到了一堆被刮除肌肉的人骨，有些骨頭被撬開，抽出骨髓，有些則因為被放入陶鍋內攪拌而受到磨損。他們甚至還找到了人類的排泄物裡有消化的人體組織成分。但這些證據還不夠。首先，這些證據暗示了阿納薩齊的先民可能是食人族，但對於他們目前居住在普偉布洛（Pueblo）的後代子孫而言卻是一種侮辱，而這種感情勝過了如山一般多的血淋淋證據。你可能會想到，同樣的法則也讓文化人類學者去擁護某一族群為保全顏面而說的謊言——南方真的不是因為關稅而脫離聯盟？不可能會有這種事的。

有些人類學家甚至把維克效應發揮到極致，他們否認在任何一種人類文明裡曾經出現過食人現象。他們不只是否定了在阿納薩齊挖掘到的考古證據，也否定任何一種形式的證據，從考古證據到歷史記述，甚至是現在還存活的人的研究報告。當艾爾瓦羅‧德‧孟丹納（Álvaro de Mendaña）發現所羅門群島時，他在報告中提到，有個友善的頭目設宴款待他，給他的餐點就是四分之一個男孩。當然，這都是捏造的。來自歐洲的征服者形容阿茲特克人是個食人帝國。這不可能是真的，即使有考古證據證明他們說的是對的。當莫比士港（Port Moresby）的巴布亞人提議要在停屍間舉行野餐時（當然是為了要吸引觀光客了），他們也只是在表現某種熱情款待的精神而已。

發生於第四季的大滅絕，讓世界上的巨型動物群幾乎全數死亡，這事件讓古生物學家開始豎起他們的圍籬。大約五千年前，當第一批人類登陸澳洲不久之後，大型有袋類、折翼鳥，和爬蟲類就消失了。大約一萬年前，北美洲和南美洲的大型哺乳類動物同樣都在人類出現在這塊土地之後就消失了。在玻里尼西亞人殖民紐西蘭不到兩個世紀以後，恐鳥（moa）就消失了，而在人類來到馬達加斯加島以後不久，大型折翼鳥和狐猴就消失了。這個模式可以讓我們瞭解造成大型動物滅絕的原因嗎？當然是因為氣候變遷了。會是因為人類獵殺太多動物嗎？怎麼可能！

日常生活中甚至比科學研究領域還要常出現維克效應，只是因為我們對科學

家的要求比較高。不過科學證據通常很明確清晰，一目了然，而瞭解這個修辭策略可以讓我們不會輕易就屈服於這些說詞。

　　無論如何，行政官員說證據不足並不表示就沒有證據，而一些心理學家依然爭辯佛洛依德式精神療法適用於某些人，雖然證據顯示對大多數人來說是無用的；從以上看來，比爾‧維克的精神始終健在。

　　*若你想知道什麼是第二種維克效應，這是指派弱者上場打擊。不過要說明清楚可又得再寫一篇文章。

隨附性！

約書亞‧格林（JOSHUA GREENE）

哈佛大學認知神經科學家暨哲學家

世上有許多東西：樹木、汽車、星系、苯、卡拉卡拉浴場、你的胰臟、渥太華、無精打采及華特‧孟岱爾（Walter Mondale）。這些東西彼此有何關聯呢？一言以蔽之——隨附性（supervenience）；動詞為隨附（supervene）。隨附性是源於英美哲學的抽象速記，可做為思考萬物間各式關聯的整體架構。

隨附性的科學定義其實有些尷尬。隨附性為兩組屬性間之關係，且稱為甲組與乙組。甲組屬性與乙組屬性的隨附關係建立前提為：甲組屬性的條件與乙組屬性完全相同，若甲組有所改變則乙組也必然有所改變*。

此定義固然準確，卻讓人難以理解隨附性的真正涵義，亦即不同程度的現實間之關聯。以電腦螢幕顯示的影像為例。從高階影像階來看，螢幕呈現出的或是一艘划船裡有一隻蜷曲於救生衣旁的狗。但螢幕內容物也可說是像素的組合，由一連串位置與相對應色彩組合而成。影像隨附於像素，除非兩個螢幕的像素階屬性不同，否則一台螢幕的影像階屬性（那隻狗、那艘划船）無法異於另一台螢幕的影像階屬性。

像素與影像說到底都是一樣的東西。但是，重點來了，兩者間的關係並不對稱。影像隨附於像素，但像素並不隨附於影像。因為就算螢幕的像素階屬性有所改變，其影像階屬性也不會改變。比方說，相同影像能以兩種不同的大小或解析度呈現，即便移除幾個像素也不會改變該影像。（你不會因為改變了幾個像素而能免於侵犯版權的指控。）理解隨附性之不對稱關係最容易的方法，或許是思考到底何者決定何者。決定像素必然決定影像，但決定影像卻不必然決定像素。

隨附性的概念應該要更廣為流行，好讓我們得以更清楚思考除了影像與像素外的許多事情。例如，隨附性能解釋為何物理學是最重要的基礎科學，而物理學家研究的事物又為何是基礎。對許多人來說，聽起來就只是價值觀的判斷而已，

其實不然，或者該說，不必如此。物理學為最基本，因為從你的胰臟到渥太華，宇宙間的萬物都隨附於實體。（至少我這種「物理論者」認為如此。）若世上有與我們完全相同的宇宙，那個宇宙裡就會有個胰臟跟你的一模一樣，也會有個渥太華跟加拿大的一模一樣。

隨附性在應對以下三項極具爭議又密切相關的議題時特別有幫助：（1）科學與人文學的關係，（2）心智與大腦的關係，（3）事證與價值的關係。

人文學家有時視科學為帶有帝國主義色彩，欲取代人文學科，將一切「簡化」至電子、遺傳學、數字及神經元，並進而將所有賦予生命意義的東西全「合理化」。伴隨該類思維而來的常是輕蔑或恐懼，端視大家認為這番野心的可信度有多高。科學家本身有時確實專橫，認為人文學家及其追求的目標幼稚、不值得尊敬。隨附性有助於思考科學如何與人文學相襯，思考為何有時會認為科學侵占人文學領域，以及到何種程度時會認為這番觀察確有或毫無根據。

表面上看來，人文學家與科學家的研究領域不同。人文學家在意的是愛情、復仇、美貌、殘酷，以及我們對這類觀念的演進。科學家研究的是電子與核苷酸。但有時科學家又好似過於貪婪。物理學家追求建構完整的物理學理論，又稱為「萬用論（TOE）」。若人文學家與科學家的研究領域不同，而若物理學已涵蓋萬物，那麼人類學家（又或者該說，非物理學家）還剩什麼可以研究呢？

萬用論可說真是萬用論，也可說不是。萬用論是完整的一套理論，涵蓋萬物及隨附的其餘萬物。若有兩個物理上完全相同的世界，那麼人文上他們也必定完全相同，涵蓋一模一樣的愛情、復仇、美貌、殘酷及其觀念。但那不表示萬用論獨自便能取代其餘所有理論，想得美。萬用論可不會與你分享《馬克白》或義和團之亂的精采情節。

或許物理學的威脅根本不嚴重。時至今日，若確有此威脅，真正的威脅應來自於行為科學，特別是將我們在高中時都學過的那種「生硬」科學與人文學議題相連結之科學學科。從這個角度來看，我認為有三門科學領域特別突出：行為遺傳學、演化心理學及認知神經科學。我研究的道德判斷是典型人文學主題。研究方式為在受試者進行道德判斷時掃描他們的大腦。近來我開始研究基因，研究內容由演化思維主導。我的研究內容為假設心智隨附於大腦，而我設法從相互競爭的神經系統中解釋人類價值觀，例如：個人權益及為眾人著想間的張力。

我以個人經驗與各位分享，這種研究內容會讓某些人文學家感到不舒服。某次我在哈佛人文中心演講完後進行會後討論，有位知名教授表示我的演講（不特

指任何結論而是整體手法）讓他感覺身體不適。人文學主題自始至終隨附於物理學主題，但過去的人文學家卻能輕易忽略其隨附的物理細節，正如欣賞某影像的人會忽略其像素階細節。至今仍然如此嗎？或許是。或許得視個人興趣。無論如何，都不需要過於擔心。

　　＊有些人指出 supervenience 也可作「便利至極」用，例如「轉角開了新的中華料理外帶餐館，超方便啊（supervenient）！」

文化週期

海柔・蘿絲・馬庫斯（HAZEL ROSE MARKUS）／亞嵐娜・康納（ALANA CONNER）

海柔・蘿絲・馬庫斯是史丹佛大學行為科學教授，著有《論種族：給21世紀的21篇文章》（*Doing Race: 21 Essays for the 21st Century*，與寶拉・莫亞〔Paula M. L. Moya〕合著）。亞嵐娜・康納是科學作家、社會心理學家暨加州聖荷西科技博物館館長

專家引用文化來解釋各種悲劇與勝利：年輕男子為何朝政治人物開槍；非裔美國小孩唸書為何如此辛苦；美國為何無法在伊拉克建立民主制度；亞洲工廠為何能打造比較好的車子。快速點閱瀏覽早晨新聞便能發現以下關鍵詞：槍枝文化、推特文化、倫理文化、亞利桑那文化、永遠待命文化、贏者全贏文化、暴力文化、恐懼文化、永續性文化及企業貪婪文化。

然而卻沒有人解釋文化到底是什麼，如何運作或如何加以改善。

填補這個空隙的認知工具便是文化週期（culture cycle），該工具不僅描述文化的運作方式，還規定了永久改變的方法。文化週期是一種反覆訴諸的過程，人會創造出自己後來採用的文化，文化再進而為人類塑造出會讓文化永垂不朽的行為。

換句話說，文化與人（有時還有其他靈長類）相互成就彼此。該過程包含四個交錯層次：個人自我（思想、情感與行為）；反應並塑造這些自我的日常實踐與人為因素；扶植或阻撓這些日常實踐及人為因素的機構（教育、法律、媒體）；對善惡、是非、人性所持有的普遍概念並同時影響四個層次也受其影響（見下頁圖表）。

文化週期適用於各種社會區隔，由宏觀（國族、民族、種族、區域、宗教、性別、社會階級及世代等）至微觀（職業、組織、社區、興趣、偏好類型及家庭等）。

文化週期的後果絕非個人心理特質或外在影響擇一所導致的行為，永遠都是

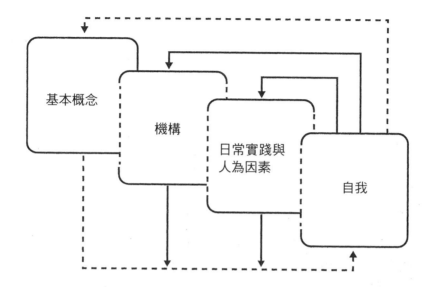

同時受雙方影響。正如同文化不可能沒有媒介，媒介也不可能沒有文化。人類是文化塑造出來的塑造者。因此，以校園槍擊事件為例，若只問犯人是因為心理疾病、在不友善的學校環境裡受到欺負、容易取得特別致命的文化物品（即：槍），或到處可見崇尚反抗及暴力的概念與影像而犯案，都太過簡略。更為適合且為文化週期所需要的問題是：這四個層次的勢力如何互動？是的，公共衛生先鋒研究者認為，單獨的社會壓力源或個人弱點都不足以引發大多數的心理疾病。相反地，生物與文化、基因與環境、先天與後天的相互作用才是大多數精神障礙的肇因。

　　社會科學家則臣服於如此反思的另一型態。以面對卡翠納颶風為例，據多數新聞報導，成千上萬的貧窮非裔美籍居民「選擇」不撤離到墨西哥灣沿岸。較為慈悲的社會科學家都已經想好怎麼解釋，拚命要讓人注意自己的說法。「他們當然沒有走，」心理學家表示，「因為窮人有所謂的外控」或「自我效能低」。「他們當然沒有走，」社會學家與政治科學家表示，因為他們在日積月累下欠缺足夠的收入、貸款、教育、交通、醫療照護、警方保護及基本公民權，於是留在原地成為他們的唯一選擇。「他們當然沒有走，」人類學家表示，因為親族、宗教信仰或歷史連結讓他們離不開。「他們當然沒有走，」經濟學家表示，因為他們缺

乏離開的物質資源、知識或經濟動機。

　　該跨領域爭執最諷刺的一點在於，每個人說的幾乎都對。但是所謂的對，大概就跟古代寓言故事〈瞎子摸象〉差不多：沒能整合各領域的貢獻導致人人都錯，更糟的是，還沒什麼用處。

　　文化週期展現出這些不同分析層次彼此間的關係。確實，我們對該四層次過程的解釋，或許不如目前幾乎主導所有公開論述的單一變數理由那樣精巧。但是，與較為深思熟慮的專家所提供的「這很複雜」及「這要看情況」等標準答案比起來，卻更為簡單準確。

　　此外，文化週期內建了反向工程的指示：一個層次要能永續改變，通常需要四個層次一起改變。沒有捷徑可言。以美國進行中的民權運動為例，便需要打開每個人的心房與心智；從日常生活中讓所有人平等雜處，還要有媒體報導；法律與政策改革；從根本上修改國人對善良人類的概念。

　　話雖如此，人有能力改變自己的文化，卻不表示他們能輕易做到。最大障礙在於多數人根本沒意識到自己有文化，反而把自己當成是標準配備款的人類──自己這樣是正常的；偏離正常明顯及正確軌道的是那些其他人。

　　然而我們都處於多元文化週期中。我們應該要引以為傲，因為文化週期是人類的聰明絕招。因為有文化週期，我們才不用等待突變或自然淘汰才能橫越地球，從新的食物來源中攝取養分，及因應氣候變遷。現代生活會越來越複雜，社會與環境問題也會更加廣泛與根深柢固，因此人們必須了解文化週期並善加運用。

過渡階段及過渡規模

維多利亞・斯達登（VICTORIA STODDEN）

哥倫比亞大學計算法律學者，統計學助理教授

　　物理學家發明「過渡階段」（Phase Transitions）一詞來形容物理系統中的狀態改變，例如由液態轉為氣態。相同概念自此延伸應用於各種學術圈，用以形容其他類型的轉變，從社會（例如狩獵採集到農耕）到統計（例如演算效能隨著參數改變而突然變化），卻至今未成為常用語彙。

　　有趣之處在於，過渡階段描述的是前後看似毫無關聯的狀態改變，因而成為更加挑戰我們直覺的現象模式。只知道水是液態的話，誰能想到加熱就會轉變成氣體呢？過渡階段在物理情境下的數學定義相當完善，但即便沒能如此精準，相同概念也能善加延伸用於描述更廣泛的現象類別，特別是規模擴增便會突然且意外改變的現象。

　　想像二維空間裡的點，一張紙噴上許多小點。再想像三維空間裡的雲狀點，小黑點盤旋於立方體內部。就算我們能想像四維空間的點，我們有辦法猜到那些小點會遍布於該雲狀點的凸出外殼上嗎？大於三維的空間裡都是如此。以數學來說沒有所謂的過渡階段，但隨著維度增加，系統的轉變就會超出我們的直覺預期。

　　我稱這類改變為「過渡規模」（Scale Transitions），規模增加會產生意料之外的結果。比方說，在系統中互動的人數增加便會帶來無法預測的後果：大規模的市場運作通常都反直覺。想想租金管制法令對供應合理租金的屋舍有何限制性影響，或是最低薪資法令會如何減少低薪資工作。（詹姆斯・弗林以「市場」為例來解釋「抽象速記」；我對大規模市場體系的運作經常反直覺的現象很感興趣。）想想強化溝通造成的意外收穫效應，例如合作及人際連結會產生出乎意料的新概念或創新；或科學中大量計算造成的反直覺效應會降低實驗重現性，因為資料與編碼本身比其描述內容還要難以分享。過渡規模的概念是刻意鬆散，好做為架

構，用以理解自然直覺何以在大規模情境下誤導我們。

　　上述觀念與社會學家羅伯特・K・莫頓（Robert K. Merton）的「非預期結果」（unanticipated consequences）概念相反，他認為過渡規模指的是系統而非個人的刻意行為，同時也直接與規模增加導致改變的觀念相關。直覺似乎常隨著規模而潰散，我們需要將生活中的反直覺改變結果化為可用的概念。數位時代最為顯著的特徵或可說是規模能大幅度增加，無論是指資料儲存、處理能力或連結力，進而讓我們得以前所未見的規模處理前所未見的問題數量。隨著科技逐漸普遍，我相信過渡規模也將變得常見。

可複製性

布萊恩・努特森（BRIAN KNUTSON）

史丹佛大學心理學與神經科學副教授

來訪的教師各提倡了相互矛盾的哲學，村民因而問佛祖到底該相信誰。佛祖建議他們：「這些事情……當你自己采納奉行後，能帶來健康與幸福，那就照著做照著生活。」宗教領袖口中吐出這種憑藉經驗的建議聽來或許讓人有些驚訝，但由科學家這麼說就不會了。

「自己試試看」是科學界的潛信條。光是做實驗並報告結果還不夠，其他重複相同實驗的人也必須要獲得相同結果。可重複的實驗稱為「可複製」。科學家雖然相當尊重可複製性，卻沒能賦予其該有的功勞。

從某個角度來說，忽略可複製性是再自然不過了。從微妙的視覺閃爍到磅礴的狂喜熱潮，人類神經系統的設計原本便是要能回應急速的轉變。要讓感官調適應變就需要執著於快速的改變，所以何必把有限精力花在已逝的機會或威脅上呢？但是面對進展緩慢的難題時，執著於改變只會讓人見證災難。（想想悶鍋裡的龍蝦或溫室裡的人類）。

文化也會促進對改變的執著。科學界裡，有些高知名度期刊，甚至是整個研究領域都強調新意，把可複製性丟到垃圾桶表示不重要、無法發表。形式上來說，科學家評鑑通常基於研究新意而非可複製性。H-index 是日益盛行的評估指數，將研究影響力量化，前面的數字（h）表示該研究員發表過 h 篇論文，並且引用次數為 h 次或以上（意思是，如果陸仁賈發表過五篇論文，並且每一篇的引用次數都為五次或以上，他的 h-index 評估指數便是五）。雖然某些領域（例如物理學）的影響因子與聲望相關，還是會產生問題。比方說，陸博士發表極富爭議（因而有人引用）的論文或許便能提高影響因子，但其研究結果卻不可複製。

何不建立個可複製性（r）指標來搭配影響因子呢？就像 h，可以用 r 來表示科學家原本記錄了 r 個不同的效應，並且各自複製了 r 次或以上（意思是，如果夏

蘇西發表了五個獨立的效應，並且每個效應都有其他人複製了五次或以上，她的 r-index 評估指數便是五）。複製指數當然會比引用指數低，因為效應必須先有人發表才會有人複製，但或許仍能透露不同的研究資訊。複製指數或許還能跟引用指數一樣應用於期刊與研究領域，用以制衡針對複製結果之發表與宣傳而有的偏見。

可複製性指數對非科學家來說或許會更有用。許多在實驗室裡花上大量時間深耕的研究員，直覺上早已知道很多概念行不通，行得通的有時則是出於碰巧或詮釋較為寬容。反過來說，他們也清楚可複製性的存在，表示自己方向走對了。但是對一般大眾來說可不是這麼回事，反而一次次地以經過媒體渲染的可怕研究來挑戰科學進步。也因此，外行人與記者一再地對最新反直覺實驗結果遭到新結果反駁而感到訝異。可複製性手法有助將大家的注意力轉向遞增的貢獻。在同樣道理下，若能考慮將可複製性條件應用於改善健康、強化教育或遏制暴力的公共政策干預也很有意思。個人或許也能運用可複製性條件來優化自己的私人習慣（例如減肥、運動、工作等更有效率）而從中受益。

複製應該要受到歡迎而非中傷。常視為理所當然的可複製性，其實或許是例外而非常規。正如滴水能穿石，可複製性也能找出最為可靠的實驗結果、研究員、期刊，甚至是研究領域。更廣泛地來說，可複製性在評估私人與公共政策時，或許都是不可或缺的工具。《卡拉瑪經》的故事也暗示了，可複製性或許還能協助我們決定該相信誰。

環境記憶與中性觀察神話

潔妮‧賈丁（XENI JARDIN）

科技文化記者：波音波音（Boing Boing）網路雜誌夥伴、撰稿人暨編輯；
波音波音影片執行製作暨主持人

就像那些童年生活記憶穿插著創傷的人，我的記憶也穿了孔。有些洞一舉穿透許多年的記憶，有些則剛好大到能吞噬那些瞬間即逝，但迴響數十年的痛苦事件。

大腦對這些經驗的記錄有時會沉潛再浮上水面，時間久了有時又會再沉潛。在我長大、茁壯、更能堅守自己的記憶後開始意識到，自己的內在記錄跟同樣經歷過該時刻的他人是如何不同。

我們每個人將經驗鎖於永恆記憶的方式都不同。時間與人類經驗並非線性，活過的每個時刻也不會只有單一中性記錄。人類是極為複雜的壓縮檔，由肌肉、血液、骨骼及呼吸構成，還有會穿過所有神經及神經元的電脈衝；我們就是一堆載重的電脈衝，像擊中伺服器的回音。我們的身分神秘難解，與環境息息相關：沒有背景便無法呈現故事。

我這個世代的人類，是最後一個生於前網路世界，又與那個網路密布的心智協力成長的世代。上線工作的過程中，每天都要將新記憶注入網路心智，我於是逐漸瞭解這些我們共同記憶的事件、事實、傳記與事證，全都跟我們自己多數的私人記憶一樣，會改變與消長。

隨時可編輯的維基百科取代了百科全書。密集的推特讓形式固定有其階級的溝通方式相形失色。我們童年記憶中的新聞播報方式，三台任選但只有單一象徵權威的聲音，如今已由高速演化、混亂、較難定義的東西所取代。就連國家的正式歷史也可能由維基解密或其尚未問世的後代所改寫。

這個年代的事證流動性較古早時代要高。在網路密布的心智裡，光是觀察行為本身（報導或推文，或放大某些經驗片段）便會改變故事本體。資訊軌道、該知識在網路裡傳播的速度，都會改變所記住的知識本質、記住該知識的對象，以

及會留存在我們共有檔案裡的時間。沒有任何永久的狀態。

　　我們對記憶與記錄的概念也必須演化。

　　現在所創造的歷史是活的。我們要找出新的方式來記錄記憶、訴說故事、反映人生。將新歷史記錄下來的同時，我們也要擁抱如此無限的錯綜複雜。

　　我們來重新定義記住的意義。

理解科學程序之顯著統計差異

黛安‧哈彭 (DIANE F. HALPERN)

克雷蒙麥肯納學院心理學董事級教授 (Trustee Professor)、羅伯特研究員 (Roberts Fellow)

　　統計上的顯著差異 (statistically significant difference)：對科學來說相當簡單卻必要的用語,逐漸也成為受教育成人的常用術語。短短幾個字透露的卻是對科學程序、隨機事件及機率法則的基本理解。提到研究便會出現該用語,報上文章、「奇蹟」般的飲食廣告、研究發表及學生實驗報告等,諸多領域族繁不及備載。該用語是一系列包含實驗 (或其他研究設計)、虛無及對立假說規格、(數字) 資料集合、統計分析,及不可能結果之發生機率等事件。寥寥數字卻傳達了許多科學內涵。

　　不先對研究員是否找到「統計上的顯著差異」證據是什麼意思有基本的認識,便很難了解任何研究的結果。可惜的是,俗話「學淺誤人」便適用於對該用語的片面了解。問題在於,「顯著」在平日對話與研究結果報告中的意義不同。

　　多數時候,顯著一詞意指發生了某件重大的事。比方說,外科醫生若告訴你,手術過後你將會顯著地感覺身體舒服多了,而你解釋成疼痛將大幅減少便是正確的:你不會再感覺那麼痛。但是,用於「統計上的顯著差異」時,「顯著」意指結果不太可能歸因於巧合 (若虛無假說為實);至於結果本身,或許重要或許不重要。此外,有時結論還會是錯的,因為研究員僅能基於某種程度的機率主張結論。「統計上的顯著差異」是研究與統計的核心概念,但任何曾教過大學統計或研究方法的人都能告訴你:這可不是什麼直覺便能理解的想法。

　　雖然「統計上的顯著差異」傳達了許多科學程序相當必要的想法,多數專家仍希望停止使用該用語,因為大家常會誤解其意思。該用語說明了科學與機率理論之結合,但儘管熱門 (或者正是因為如此受歡迎),有些專家呼籲該讓兩者分道揚鑣,因為該用語的含意並不恰當,常誤導大眾。事實上,專家本身也常遭誤導。想想以下的假設狀況:某項操作完善的實驗比較了兩種藥物對比安慰劑的效

果，藥物X可能與安慰劑有統計上的顯著差異，但藥物Y沒有，然而藥物X與Y兩者本身可能不具有統計上的顯著差異。結果可能導致藥物X與安慰劑的統計差異機率度在 $p < .04$，但藥物Y與安慰劑之統計上的顯著差異機率度僅在 $p < .06$，比多數用於測試統計顯著之先驗度還要高。若閱讀上述段落讓你頭痛，你便也屬於認為自己瞭解對科學方法如此核心的重要抽象速記之用語，但其實可能只有粗淺認識的多數大眾。

　　深入瞭解伴隨該用語而來的陷阱，對改善自身認知工具相當有幫助。若一般人對該用語的認識包含：（a）研究結果可能不重要，及（b）以找到統計上的顯著差異與否做出的結論可能是錯的，便能大幅精進我們的總體知識。閱讀或使用「統計上的顯著差異」便是肯定科學程序，肯定其儘管有所限制及誤解，仍比任何替代方式都還要有助於瞭解這個世界。只要把該用語的意義再加上這兩個重要概念，便能改善普羅大眾對科學的看法。

欺慰劑效應

碧翠絲・葛隆（BEATRICE GOLOMB）

加州大學聖地牙哥分校醫學副教授

欺慰劑效應（想想「欺騙」與「安慰劑」合成的詞）指的是，在不展開其概念及所仰賴之假定的情況下構成的便利用途，對思考無助，反而會將推論導入歧途。

能夠捕捉概念的文字與詞組會成為通用俗語：奧坎簡化論（Ockham's razor）、安慰劑、霍桑效應（Hawthorne effect）。原則上，這類詞組與碼字能促進論述，確實也是如此。運用這類文字或標語，便能排除審核封存於文字中的原則與假定的討人厭需求，進而增加互換效率。可惜的是，忽略說明驗證該構成所仰賴之條件與假定的需求，可能會進而忽略考量這些條件與假定是否合理應用。如此一來，運用該詞組非但不能營造完善論述，反而會破壞其論述。

以「安慰劑」及「安慰劑效應」為例。將兩組用語展開，安慰劑的定義是某種生理上無作用，但使用者相信有作用或可能有作用的東西。「安慰劑效應」則是某人接受安慰劑後情況改善：因為預期／暗示的效果而改善。

這些用語隱藏於行話中，連帶產生的欺慰劑效果歷歷可見。針對安慰劑及安慰劑效果的主要假定往往都是錯的。

1. 聽到「安慰劑」，科學家常直接假定為「無作用」，卻未先瞭解所謂生理上無作用的物質是什麼？沒錯，原則上會是什麼物質？沒有什麼是已知生理上無作用的東西。沒有任何規定限制安慰劑是什麼，常由研究新藥的製造商所決定的成分也往往不會公開。少數註明安慰劑成分的個案裡，還發生過安慰劑成分顯然產生了偽效果的記錄。有兩項研究各使用玉米油及橄欖油做為降低膽固醇藥物的安慰劑。其中一項研究記下控制組「意料之外」的低心臟病發作率，可能是膽固醇藥物未能見效的原因。另一項研究

則記下，藥物對癌症患者的腸胃疾病有「意料之外」的效果。但是癌症患者得到乳糖不耐症的機率本來就有可能增加，安慰劑卻是乳糖類的「糖錠」。以「安慰劑」一詞取代實際成分時，便不會再去思考控制劑可能會如何左右研究。

2. 由於許多有問題的人使用安慰劑後，回報的平均改善幅度都很高（見第三點），許多科學家便接受（暗示的）「安慰劑效應」在其範圍內有具體並廣泛的作用。丹麥研究員亞斯彼勇·霍佳松（Asbjørn Hróbjartsson）與彼得·吉厄許（Peter C. Götzsche）系統化地回顧了比較安慰劑與無治療效果的研究。他們發現，安慰劑通常……沒有效果。多數時候，根本沒有出現安慰劑效應。對疼痛與焦慮來說，短期內可見溫和的「安慰劑效應」。對付疼痛的安慰劑效應，據說由特別涉及疼痛之安慰劑效應的內生性類鴉片麻醉拮抗藥物那若松（naloxone）所攔截，因而無法預期在可測量的所有可能結果下起作用。

3. 聽到使用安慰劑的人有所改善時，科學家多半假設那一定是因為「安慰劑效應」、預期／暗示的效應。然而那些效應往往源於完全不同的地方，例如疾病自然史或迴歸平均值。想想鐘形曲線之類的分布。無論該結果為疼痛、血壓、膽固醇或其他東西的下降減少，只要到了分布的某一端（例如高點）的人，一般來說都會選來進行治療。但是這些結果是會有所變化的量（例如因為生理變化、自然史、測量錯誤等），而且，無論有無安慰劑，高位值平均都會倒退改變，這個現象稱為「迴歸平均值」。（丹麥研究員的研究結果便是如此。）

不同的欺慰劑問題也困擾著泰德·凱查克（Ted Kaptchuk），他近來在哈佛主持研究，研究員會發給腸燥症患者安慰劑或什麼都不發。研究員將安慰劑放在清楚標示「安慰劑」的瓶子裡給藥，也告知患者他們服用的是已知有效的安慰劑。研究主張為告知安慰劑效用多強大、與受試者建立密切關係，便能坦白、毫無欺瞞地駕馭其預期效應。研究員反覆與受試者見面，讓受試者覺得自己倍受關心，並再三告知受試者安慰劑很有效。使用安慰劑的受試者相當配合地告訴研究員自己症狀越趨緩和，而且如此回報的人數比沒有服用安慰劑的人多。科學家將此結果歸因於安慰劑效應。

但是，搞不好受試者只是說出科學家想聽的話呢？為《紐約時報》撰稿的丹

尼斯・葛雷迪（Denise Grady）表示：「成長過程中，我每個星期都要打花粉熱的針，我覺得一點效果都沒有。但我一直很希望打的針有效，醫生人又非常好，所以每次他問我有沒有覺得比較好，我都會說有⋯⋯」這類想要討好人的渴望（或可說是某種「社會認可」的回報偏差）便成了溫床，造就並操作我們所謂的安慰劑效應，意指主觀的實際感覺對症狀有助益。讓人不禁懷疑，若象徵哈佛研究團隊在眾多強勁可能性中所選詮釋方法的既有用語（「安慰劑效應」）不存在，是否仍能運用如此嚴重的錯誤假設。

與這些結論一致的另一解釋為特定生理效用。凱查克的研究使用非吸收式纖維「微晶型纖維素」，並告知受試者有效的安慰劑為此。作者因為公開成分而廣受好評。但其他非吸收式纖維對便秘及腹瀉（都是腸燥症狀）有幫助，也會因此配做用藥，洋車前子便是例子。因此，也不能排除「安慰劑」對該症狀產生的特定生理效用。

以上論點都是要說明，不可直接假設「安慰劑」一詞暗指「無作用」（而且通常並非如此）；另外，研究時在以安慰劑治療的患者身上看見症狀大幅改善（預期是單靠配置考量的結果），也不能就這麼推論是因為暗示。

因此，證據顯示，以詞語替代原本要表達的概念（這裡以「安慰劑」與「安慰劑效應」為例）非但沒有促進更完善的論證，多數時候，包含推論可能進而影響醫療之高風險情況，反而會阻礙或忽略思考重要的議題，甚至可能從根本上影響到所有人。

親人性

安德魯 · 雷夫金（ANDREW REVKIN）

記者、環保人士、《紐約時報》點地球（Dot Earth）專欄作家，著有《北極曾在此》（*The North Pole Was Here*）

想在日益受人類影響卻充滿驚喜的有限星球持續發展，便需要超強效的親人性（anthropophilia）。我提出這組用語做為嚴謹冷靜之自我關懷，甚至是自我欣賞的抽象速記，可用於個人或社群面對伴隨重大不確定性及兩極化分歧而來的決定。

該詞語刻意呼應威爾森（E. O. Wilson）對培養親生物性（biophilia）的重要貢獻，後者為重視與關懷我們稱為自然的非人類世界面向之人性。我們已經太久沒有用心思考（甚至是擁抱）人類在自然裡的角色，而更重要的，或許是沒有思考自己的內在本質。

從歷史上來看，驅動人類長期發展的努力都圍繞兩大思緒組織：「我真可憐」及「我們真可恥」，還摻了好一些的「你真可恥」。

哪裡有問題？

悲哀令人麻痺，責怪則會導致分裂又常搞錯真正目標。（壞人是誰？是英國石油，還是我們這些用汽油開車發熱的人？）圍繞這些概念架起的論述經常引起政治辯論。以氣候為例，如某人曾描述給我聽的，那些辯論聽起來就是：「呱啦，呱啦，呱啦，碰！」從九一一攻擊事件及近來多數金融風暴前，許多警訊都無人理睬，便可輕易看出相同現象。

更仔細考量我們的本質，也就是比爾 · 布萊森（Bill Bryson）總結為「神聖與犯罪」的雙面，便有助於辨識我們知道自己往往會出錯的難題類型。光是承認這種傾向，便有助於改善選擇的方式，至少下次出錯的機會將稍微少一點。以我個人來說，我知道自己今天晚上走進廚房時，會傾向於拿餅乾吃而非蘋果。事先考量這項特點後，我逃過幾百卡非必要卡路里的機會便稍微高了一點點。

以下幾個例子是相同概念應用於更大的規模。

人類總是無法從在地災難學到廣泛教訓。中國經歷四川大地震時，成千上萬的學生（及他們的老師）埋在倒塌的校舍下死去。因此，美國俄勒岡州已經知道，下次西北海岸的卡斯卡底斷層起伏時，有上千所學校會面臨相似危險，改造的速度卻還是非常緩慢。以經驗為底的社會學家瞭解，為什麼即便有如此可怕的前例，俄勒岡州的危機又如科學評估般清晰易懂，認知卻仍然存在如此斷層。但是在規劃政策及執行授權撥款的國度裡，會有誰認真看待人類對事件「即將來臨」與「此刻就要發生」的認知偏差？看來很少。

　　態度適當嚴謹的社會科學家也知道，人類驅使的全球暖化爭論點主要與文化有關，無論是科學或政策辯論。正如同許多其他糾紛（想想醫療照護），主要是兩個基本人類社群子集合的競爭：社群主義者（又稱自由派）對上個人主義者（又稱個人自由主義派）。這類情況的研究顯示，資訊其實沒有什麼意義。各方團體都會選擇強化自身立場的資訊，也罕見資訊最後扭轉立場的案例。這更是為什麼，大家不用期待下一次聯合國跨政府氣候變遷小組審核氣候科學時，會突然開出一條和平的康莊大道。

　　越能認清這類現實，便越有可能從中間建立起創新的協商方式，而非在邊緣無止盡地爭吵。以氣候研究為例，相同的研究單位針對發展地球需要發展其有限的可負擔能源便沒那麼多歧見。

　　面對多面向問題時，物理學家莫瑞‧蓋曼（Murray Gell-Mann）常說，需要「看待整體原始面貌（crude look at the whole）」，他甚至幫這個過程取了縮寫CLAW。只要能力可及，都必須採取這種方式，唯有如此，才能誠實地分析表現良好的物種。

　　永遠不會有方法創造新的替代品來取代聯合國或眾議院之類的組織。但現在時機正成熟，可以嘗試新的積極論述與解決問題的方法，而第一步就是接納我們的人性，無論好壞。

　　這就是親人性。

崩潰思維的解決辦法：訊號偵測理論

米札琳‧巴納吉（MAHZARIN R. BANAJI）

哈佛大學心理學系理查‧克拉克‧卡波社會倫理教授

我們透過感官感知這個世界。透過這種方式接受大腦調停過的資訊，進而構成我們對世界的理解基礎。從這裡開始，參與、感知、記憶、感受及推論等所有普通及獨特的心智活動便有了可能。透過這些心智過程，我們能理解，並對這個物質與社會的世界產生作用。

我坐在南印度寫著這篇文章，這裡有許多人不同意上述評論。有些人（包含我身邊親近的人）相信，要認識世界還有超越五種感官的超感覺方式；他們相信未經測試的「天然」食物及取得資訊的方法會優於實證方法。例如，我在這趟旅程中瞭解到，他們相信有人能夠連續數個月不進食還能活（雖然體重會下降，但那也只有在接受科學觀察的時候才會）。

印度聯邦屬地的旁迪切里曾遭法國統治長達三百年（法國人就在我窗外多次餓死戰中的英國士兵），印度獨立後仍由法國繼續統治了幾年。除了諸多旅遊景點，該地也成了靈修聖地，吸引諸多人（白人及本地人）放棄世俗生活追求心靈成長、身體療癒、為廣大社群做好事。

昨天我認識了一位優秀的年輕人，他曾經當過八年律師，如今住在靈修中心並在賣書部工作。你八成會說：「法律工作當然會讓好人想要靈修。」但我向各位保證，這裡的人放棄了財富及各種工作，只為了追求這種生活方式。重點在於，這些看起來如此聰明的人似乎都渴望如此非理性的思考模式。

我沒有要特指任何城市，更非特指如此特殊的地方，這裡有多少精力都傾注於讓我們讚嘆的藝術、文化與社會提昇。但是這座城市也吸引了特定類型的歐洲人、美國人及印度人，那些心智上似乎更自然願意接受以下觀念的人：草藥能治療癌症、要避免接受標準醫療照護（除非迫切需要做化療）、從星期二開始新的計畫很不吉利、腳的大拇指有個特定穴道掌管消化系統，另外，帶領他們來到旁

迪切里的是，他們出生時的星座方位以某種來自上天又難以言喻的進程，還有來自「修女」的願景——就是那位死後對靈修中心及鄰近區域的管理都比諸多資深政治人物在位時還要來得徹底的法國女子。

這類信念看似極端，世上卻有很多人不這麼認為。只要換掉內容便會發現，其實處處可見這種基本的錯誤思考方式。我在美國的家最近剛下了七公尺的新雪，想必也會有人相信，這是因為神經病科學家不停散播全球暖化之不實消息，惹惱了老天爺才下雪。

我琢磨著可加入認知中最為強大的工具是什麼，我想就是簡單卻威力無比的「訊號偵測」概念。事實上，今年 Edge 提出的問題正是我已經琢磨好一陣子的問題。我以大衛‧格林（David Green）與約翰‧史威茲（John Swets）的《訊號偵測理論與心理物理學》（*Signal Detection Theory and Psychophysics*）為樣板提出，儘管該想法其實源於早期科學家因擔憂光子波動對視覺偵測及聲波對聽覺之影響所做的研究。

訊號偵測理論威力的基礎概念很簡單：世界給我們的資料充滿雜訊又不純粹。例如，聽覺資料會因各種與聲音通訊之物理特性相關的原因退化。用於觀察的生物體特性，將進而影響體驗及詮釋那些資料的方式，例如敏銳的聽覺、處理資料的場景（如大雷雨）、動機（如漠不關心）。訊號偵測理論讓我們得以將刺激與反應者放在一起，瞭解資訊在實際與心理上不確定的傳遞條件下，會決定出什麼樣的品質。

為瞭解訊號偵測理論的癥結，任何資料撞擊接收器的事件都會編入四大類，才能產生可形容該決定的語言。其一面向與事件是否發生有關（是否閃燈？）；另一面向與人類接收體是否偵測到有關（是否看見燈？）。我們因此得到如下的 2 x 2 表格，並可用來配置各種不同類型的決定。例如，是否服用順勢療法藥物？疾病是否治癒？

是否發生事件？		
	是	否
是	擊中	假警報
是否偵測到事件？		
否	失誤	正確拒絕

擊中：出現訊號，並且偵測到訊號（反應正確）

假警報：沒出現訊號，但偵測到訊號（反應錯誤）

失誤：出現訊號，但沒偵測到訊號（反應錯誤）

正確拒絕：沒出現訊號，也沒偵測到訊號（反應正確）

　　若訊號清楚猶如深色背景上的閃亮光芒，下決定者又視覺敏銳，也有注意訊號的動機，我們應該會看到大量的集中與正確拒絕，以及非常少量的假警報與失誤。隨著特性改變，決定的品質也會改變。在正常的不確定條件下，用訊號偵測理論來評估刺激與反應者品質，包含反應者下決定的異常條件（或切截分數），是非常厲害的方法。

　　訊號偵測理論應用範圍極廣，諸如以聲納定位、記憶的品質、理解語言、視覺知覺、消費者行銷、陪審團裁決、金融市場價格預測及醫療診斷。每位科學家都該有訊號偵測理論做為工具，因為該理論為瞭解決策過程之性質提供了數學嚴謹的框架。每個會思考的人都該有其邏輯當作工具，因為分析任何陳述（例如「本週將有優質管理職等著射手座」）之品質都必須完成四大分類。

日常錯覺聯想

大衛‧皮薩羅（DAVID PIZARRO）

康乃爾大學心理學系助理教授

　　人類大腦出奇地善於偵測模式。我們擁有諸多機制，得以揭開物品、事件及人之間的隱藏關係。少了這些機制，襲向感官的浩瀚資訊海必會顯得隨機混亂。但是，偵測模式的系統出錯時，往往會改為發現模式其實不存在。

　　德國神經學家克勞斯‧康拉德（Klaus Conrad）創了「錯覺聯想」（apophenia）一詞，用以形容個案罹患的某種心理疾病。但是從行為科學的諸多研究結果可清楚看出，該傾向不僅限於患者或未受教育者；健康聰明的人也常犯下相似錯誤。迷信的運動員會發現獲勝與襪子之間的關聯；家長會因為感知到接種疫苗與疾病的因果關係，拒絕為孩子施打疫苗；科學家在隨機的雜訊中看出驗證假說的結果；數以萬計的人因為誤把偽造的巧合當成有意義的關聯，深信音樂軟體上的「隨機播放」功能已損毀。

　　簡而言之，模式偵測系統造就了人類這個物種的多數成就，但該模式其實輕易便會背叛我們。過度偵測模式的傾向，很可能是模式偵測機制在善於應變下無法避免而生成的副作用。但是，只要「日常錯覺聯想」成為眾人皆易了解的概念，便能輕易發現、追蹤，並預防這個具有潛在危險的傾向。

滿是垃圾的認知工具

恩尼斯·沛普爾（ERNST PÖPPEL）

神經科學家、慕尼黑大學人類科學中心主任，著有《心智運作：時間與意識經驗》（*Mindworks: Time and Conscious Experience*）

　　垃圾一定要清除。心智垃圾也是。都因為我們是自己的受害者，讓認知工具裡充滿這類垃圾。應該定期把垃圾桶倒乾淨，不然（要是喜歡坐在垃圾堆裡的話）也可以看看「抽象速記法」會如何限制創造力（本身也是抽象速記）。認知工具為什麼會充滿垃圾呢？

　　我們來回顧歷史（抽象速記）：現代科學（抽象速記）可說起始於法蘭西斯·培根在一六二〇年出版的《新工具》（*Novum Organum*）。現在的我們應該要佩服的是，他的分析（抽象速記）便從描述（抽象速記）我們從事科學時會碰上的四個錯誤開始。可惜我們常會忘記這些提醒。首先，培根主張我們是演化（抽象速記）的受害者，意即我們的基因（抽象速記）定義了必然會侷限理解能力（抽象速記）的約束。再來，我們苦於這些約束的銘印效應；我們生活的文化（抽象速記）為後生計畫（抽象速記）提供了框架，其框架最終定義了神經元處理（抽象速記）的架構（抽象速記）。再者，我們因語言（抽象速記）而敗壞，因為思維（抽象速記）無法輕易轉為以口語表達。最後，我們受到理論（抽象速記）的引導，甚至是控制，無論理論明確與否。

　　認知工具有什麼意義？舉例來說，我們受困於語言陷阱。我們擁有建立於演化遺產的抽象能力（抽象速記），但儘管有些值得說嘴的優勢（為了讓自己顯得比其他生物優越），該能力結果仍是一團災難：抽象往往以言語呈現；而顯然少了言語，我們便無法抽象。我們必須要「存在」；為了自過程（抽象速記）中擷取知識（抽象速記）而發明名詞。（我指的不是厲害的圖像抽象速記。）抽象顯然是相當複雜的簡化過程（抽象速記），把一切變得簡單。我們為何要這麼做？演化遺產的指定速度便是快。然而，速度對求生工具來說或許是優勢，對認知工具來說卻不是。誤以為行動速度是思考速度便屬於分類錯誤（抽象速記）。淘汰

的壓力要求速度快，進而促使我們忽略事證之豐富。這種壓力也讓簡明扼要、容易理解、容易指涉、容易溝通的抽象速記得以介入（抽象速記）。因此，由於我們是自身生物過往的受害者，因而是自己的受害者，最後就只有拋棄現實又寒酸的抽象速記法。「單一因果關係」可說是所有人類共有的疾病，亦即根據單一原因解釋萬物的動機（抽象速記）。或許是不錯的智力練習，卻相當誤導人。

我們當然仰賴溝通（抽象速記），而溝通需要用到的口語指涉往往伴隨著語言而來。但是，在溝通框架或指涉系統（抽象速記）下，若無法了解「存在」只是讓我們成為自己的受害者而繼續創造「實用的」抽象速記法，我們所使用的認知工具也只是心智垃圾。

除了極端地拋棄心智垃圾，還有什麼實用的解決之道嗎？或許有的：不要使用工具裡明顯的主要抽象速記法就好了。磨練意識，就（至少一年）不要使用抽象速記的「意識」。若要磨練「自我」，便永遠不要明確指向自我。爬梳自己的垃圾，過程中，你會發現許多誤導人的抽象速記法，就像我注意的幾個焦點（抽象速記）：大腦網、功能局部化、表徵、抑制、閾限、決策及當下。簡單的解決之道當然就是以比喻（抽象速記）來指稱這些抽象速記法，但這也是逃避問題（抽象速記）。我意識到自己也是演化受害者的事證（抽象速記），而暗示「垃圾」也是抽象速記法這件事，也陷入同樣困境；就連垃圾本身的概念也需要發現（抽象速記）。但除了意識到這項挑戰（抽象速記）也沒有其他辦法，還要瞭解認知工具的內容以自我指涉性（抽象速記）為特點，亦即，抽象速記法本身藉由自己未反映出的用途來定義自己。

致謝

感謝史迪芬‧平克為今年的Edge題目提出建議，並感謝丹尼爾‧康納曼指導呈現方式。謝謝HarperCollins的彼得‧哈伯德（Peter Hubbard）不懈的支持，以及莎拉‧立平考特（Sara Lippincott）如此細膩編校。

國家圖書館出版品預行編目資料

大思考,微解說 / 約翰‧柏克曼 (John Brockman) 著；楊晴, 顏慧儀, 柯
乃瑜譯 .-- 初版. -- 臺北市 : 商周出版 : 家庭傳媒城邦分公司發行,
2014.03
面；　公分 .-- (莫若以明)
譯自 : This will make you smarter : new scientific concepts to improve your
thinking
ISBN 978-986-272-535-1(平裝)

1. 思考

176.4   103001554

大思考，微解說
This Will Make You Smarter: New Scientific Concepts to Improve Your Thinking

作　　　　者 / 約翰‧柏克曼（John Brockman）
譯　　　　者 / 楊晴（19-269）、顏慧儀（270-298）、柯乃瑜（299-324）
企 畫 選 書 / 余筱嵐
責 任 編 輯 / 余筱嵐

版　　　　權 / 黃淑敏、吳亭儀、江欣瑜
行 銷 業 務 / 周佑潔、黃崇華、張媖茜
總　編　輯 / 黃靖卉
總　經　理 / 彭之琬
事業群總經理 / 黃淑貞
發　行　人 / 何飛鵬
法 律 顧 問 / 元禾法律事務所 王子文律師
出　　　　版 / 商周出版
　　　　　　台北市104民生東路二段141號9樓
　　　　　　電話：(02) 25007008　傳真：(02)25007759
　　　　　　E-mail：bwp.service@cite.com.tw
　　　　　　Blog：http://bwp25007008.pixnet.net/blog
發　　　　行 / 英屬蓋曼群島商家庭傳媒股份有限公司 城邦分公司
　　　　　　台北市中山區民生東路二段141號2樓
　　　　　　書虫客服服務專線：02-25007718；25007719
　　　　　　服務時間：週一至週五上午 09:30-12:00；下午 13:30-17:00
　　　　　　24 小時傳真專線：02-25001990；25001991
　　　　　　劃撥帳號：19863813；戶名：書虫股份有限公司
　　　　　　讀者服務信箱：service@readingclub.com.tw
　　　　　　城邦讀書花園：www.cite.com.tw
香港發行所 / 城邦（香港）出版集團有限公司
　　　　　　香港灣仔駱克道193號東超商業中心1樓；E-mail：hkcite@biznetvigator.com
　　　　　　電話：(852) 25086231　傳真：(852) 25789337
馬新發行所 / 城邦（馬新）出版集團 Cite (M) Sdn. Bhd.
　　　　　　41, Jalan Radin Anum, Bandar Baru Sri Petaling, 57000 Kuala Lumpur, Malaysia.
　　　　　　Tel: (603) 90578822　Fax: (603) 90576622　Email: cite@cite.com.my

封 面 設 計 / 楊啓巽
排　　　　版 / 極翔企業有限公司
印　　　　刷 / 韋懋實業有限公司
經　銷　商 / 聯合發行股份有限公司
　　　　　　地址：新北市231新店區寶橋路235巷6弄6號2樓
　　　　　　電話：(02)2917-8022　傳真：(02)2911-0053

■2014年3月4日初版　　　　　　　　　　　　　Printed in Taiwan
■2021年8月9日初版4.1刷
定價380元

城邦讀書花園
www.cite.com.tw

廣　告　回　函
北區郵政管理登記證
北臺字第000791號
郵資已付，免貼郵票

104　台北市民生東路二段141號2樓

英屬蓋曼群島商家庭傳媒股份有限公司城邦分公司　收

- -

請沿虛線對摺，謝謝！

書號：BA8002　　書名：大思考，微解說　　　編碼：

讀者回函卡

感謝您購買我們出版的書籍！請費心填寫此回函卡，我們將不定期寄上城邦集團最新的出版訊息。

不定期好禮相贈！
立即加入：商周出版
Facebook 粉絲團

姓名：＿＿＿＿＿＿＿＿＿＿＿＿＿＿＿＿＿＿＿＿＿＿＿＿　性別：□男　□女

生日：西元＿＿＿＿＿＿＿年＿＿＿＿＿＿＿月＿＿＿＿＿＿＿日

地址：＿＿＿＿＿＿＿＿＿＿＿＿＿＿＿＿＿＿＿＿＿＿＿＿＿＿＿＿＿＿＿＿＿＿

聯絡電話：＿＿＿＿＿＿＿＿＿＿＿＿＿　傳真：＿＿＿＿＿＿＿＿＿＿＿＿＿

E-mail：

學歷：□ 1. 小學 □ 2. 國中 □ 3. 高中 □ 4. 大學 □ 5. 研究所以上

職業：□ 1. 學生 □ 2. 軍公教 □ 3. 服務 □ 4. 金融 □ 5. 製造 □ 6. 資訊

　　　□ 7. 傳播 □ 8. 自由業 □ 9. 農漁牧 □ 10. 家管 □ 11. 退休

　　　□ 12. 其他＿＿＿＿＿＿＿＿＿＿＿＿＿＿＿＿＿＿＿＿＿＿＿＿

您從何種方式得知本書消息？

　　　□ 1. 書店 □ 2. 網路 □ 3. 報紙 □ 4. 雜誌 □ 5. 廣播 □ 6. 電視

　　　□ 7. 親友推薦 □ 8. 其他＿＿＿＿＿＿＿＿＿＿＿＿＿＿＿＿

您通常以何種方式購書？

　　　□ 1. 書店 □ 2. 網路 □ 3. 傳真訂購 □ 4. 郵局劃撥 □ 5. 其他＿＿＿

您喜歡閱讀那些類別的書籍？

　　　□ 1. 財經商業 □ 2. 自然科學 □ 3. 歷史 □ 4. 法律 □ 5. 文學

　　　□ 6. 休閒旅遊 □ 7. 小說 □ 8. 人物傳記 □ 9. 生活、勵志 □ 10. 其他

對我們的建議：＿＿＿＿＿＿＿＿＿＿＿＿＿＿＿＿＿＿＿＿＿＿＿＿＿＿＿＿

＿＿＿＿＿＿＿＿＿＿＿＿＿＿＿＿＿＿＿＿＿＿＿＿＿＿＿＿＿＿＿＿＿＿＿＿＿

＿＿＿＿＿＿＿＿＿＿＿＿＿＿＿＿＿＿＿＿＿＿＿＿＿＿＿＿＿＿＿＿＿＿＿＿＿